尽善尽美　　弗求弗迪

问题快解

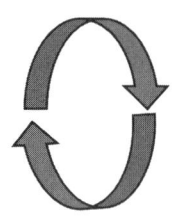

结构化假设思考六步法

樊辉 ◎ 著

电子工业出版社
Publishing House of Electronics Industry
北京·BEIJING

内 容 简 介

这是一本介绍如何运用结构化思维和假设思考法，快速解决企业管理问题的书。本书由技术篇、方法篇和精进篇三部分组成，技术篇包括第一章至第三章，主要介绍了运用结构化思维和假设思考法解决问题时所需的关键技术和工具；方法篇包括第四章至第九章，详细介绍了运用上述技术和工具快速解决企业管理问题的 6 大步骤和 22 个子步骤；精进篇包括第十章和结语，该部分为读者提供了全面提升问题解决能力的三种思维框架，以及成长为问题解决高手的最佳实践。

未经许可，不得以任何方式复制或抄袭本书之部分或全部内容。
版权所有，侵权必究。

图书在版编目（CIP）数据

问题快解：结构化假设思考六步法 / 樊辉著. —北京：电子工业出版社，2024.7
ISBN 978-7-121-48004-1

Ⅰ.①问… Ⅱ.①樊… Ⅲ.①企业管理–研究 Ⅳ.①F272

中国国家版本馆 CIP 数据核字（2024）第 110793 号

责任编辑：黄益聪
印　　刷：三河市鑫金马印装有限公司
装　　订：三河市鑫金马印装有限公司
出版发行：电子工业出版社
　　　　　北京市海淀区万寿路 173 信箱　邮编：100036
开　　本：720×1000　1/16　印张：15　字数：216 千字
版　　次：2024 年 7 月第 1 版
印　　次：2024 年 7 月第 1 次印刷
定　　价：69.00 元

凡所购买电子工业出版社图书有缺损问题，请向购买书店调换。若书店售缺，请与本社发行部联系，联系及邮购电话：（010）88254888，88258888。
质量投诉请发邮件至 zlts@phei.com.cn，盗版侵权举报请发邮件至 dbqq@phei.com.cn。
本书咨询联系方式：（010）68161512，meidipub@phei.com.cn。

序 言
三本书解决三类问题

世界经济论坛将解决复杂问题的能力列为 21 世纪人类亟须提升的首要能力，全球各大公司、组织机构在招募人才时也都将解决问题的能力视为第一需要。然而，在互联网及自媒体造就的信息泛滥时代，尽管人们获取信息的难度大大降低了，但结果却是越来越多的人只愿意待在网络平台依据其个人喜好，并用各种算法为其量身打造的信息茧房中，因而正在逐步丧失独立思考并解决实际问题的能力。

快速解决自己所负责领域的经营与管理上的问题，是每名职场人士对企业最基本的价值体现。在商业环境日趋复杂的今天，职场人士所面临的问题比以往任何时候都更难以掌控，且处理过程更为艰巨，因而解决问题的能力也从未像今天这样显得如此重要。

职场人士分析和解决问题的能力一方面正在凸显其重要性，另一方面却因人待在信息茧房中"能力日渐退化"，本应成为解决问题的人，现在却成了最需要被解决的"问题"。我作为一名企业管理咨询顾问，直接帮助企业分析和解决各种问题本是我的职责所在，然而我更愿意成为一名"教练型"顾问，除了授人以鱼，更想授人以渔，以帮助企业及其管理者提升解决实际问题的能力。除了咨询和培训的言传身教，写书也是一条能帮助我实现此愿望的有效途径。于是我提出了一个十年写作计划，争取用三本书将我在华为从事业务管理工作及随后进入咨询行业的所有经验教训，总结提炼成可供读者朋友直接用于分析和解决问题的思维框架和工具方法。

问题是期望状态与现状之间的差距，差距有业绩差距和机会差距之分，业绩差距是发生型问题，机会差距是设定型问题，发生型问题可再细分为短期如何救火与长期如何防火两类子问题。针对发生型问题应优先考虑采用"救火"的症状解，然后再从根本上为"预防火灾"设计根本解；而为了解决设定型问题以实现未来的远景目标，则需要设计愿景解。不要妄想用一种思维框架去解决这三类问题，我则是将自己解决这三类问题的方法总结提炼成了三种思维框架。已经付梓出版的《业务增长战略：BLM 战略规划 7 步法》，正是对我的愿景解设计方法和思维框架的全面阐述和实例展示。2024 年年初新出版的《研发再造：IPD 变革管理六步法》则意在教会企业如何自学习、自诊断、自设计、自推行 IPD 变革，该书以构建卓越研发体系为实例，深入且系统地阐述了我的设计根本解的思维框架和相关工具方法。

《问题快解：结构化假设思考六步法》是我写作计划中的第三本书，它是为教会读者朋友如何设计症状解而写的。请不要轻视症状解的作用，实施症状解是为了给接下来实施根本解赢得时间，火灾现场救火就是在救命。职场上，提供一个应急方案帮助企业在三个月内迅速扭转销售收入下滑的趋势，也会被视为能力卓越的一种表现。

《业务增长战略：BLM 战略规划 7 步法》和《研发再造：IPD 变革管理六步法》是愿景解和根本解的设计方法在企业经营管理活动中的某特定业务领域的具体应用，因而这两本书都具有较强的现实指导意义。而《问题快解：结构化假设思考六步法》则算是一本问题解决的通识类书籍。诚然，当前市场上此类书籍已经很多了，我为什么还要写这么一本可能是在徒增读者阅读烦恼的书呢？原因有三个。

原因之一是愿景解、根本解和症状解一起形成了解决企业经营管理问题的闭环，三者缺一不可。症状解为实施根本解争取了时间，根本解为实施愿景解夯实了基础，愿景解则可以帮助企业实现最终的战略意图。为一脉相承的三种问题解的设计方法分别写一本书就成了我写作本书最直接的驱动因素。

原因之二是我翻阅了上百本与问题解决相关的通识类书籍，其中包括许多源自著名咨询公司如麦肯锡和波士顿的书籍，发现极少有书能真正讲清楚如何综合运用议题思考、假设思考和结构化思维快速解决一个棘手的现实问题。举一个简单的例子，问题是期望状态与现状之间的差距，所以解决问题的方向应当有两个：一是直接满足问题所有者期望背后的真实需求，二是找出造成问题的原因并消除之。而当前市面上几乎所有的书都在解决问题的这两个方向上语焉不详，来回打转转，以至于读者也被绕进去了，在晕头转向、囫囵吞枣式地读完之后还是没有学会一招半式。特别是有关假设思考法的运用，它既可用于对问题原因的假设，也可用于对解决方案的假设，做出假设之后还需要对假设进行论证。因此，假设思考法的应用过程就可能需要两轮论证。在我阅览过的书籍中，还没有看到有书籍能如此清晰地讲明白假设思考法的具体用法。于是，为了补齐这一不足，从相关技术和使用方法两个维度详细描述假设思考法的具体用法，就成了我写作本书的目的之一。

原因之三是当前绝大多数解决问题的通识类书籍，还在不断地强调源自笛卡尔还原论的线性分割思维，并简单地将满足 MECE 原则的全面思考等同于系统思考，以至于有读者错误地认为"把大问题分解成小问题，小问题解决了，大问题也就解决了"的线性分割方法，可用于应对企业经营管理中的所有问题。我想通过本书明确地阐述结构化思维和假设思考的适用范围与边界条件，即表明结构化假设思考法有其重要的用武之地，但它不是无所不能的超级问题解决术。教会读者朋友将结构化假设思考法正确地回归本位，也是我写作本书的意图之一。

通过三本书教会读者朋友设计三种解，用以解决企业经营管理中的三类问题，也算是对我的咨询方法论做一个总结吧。希望这三本书能真正帮助读者朋友解决实际问题，提高工作效能，最终实现自身的职业价值。

樊辉

2023 年 12 月 7 日

内容摘要

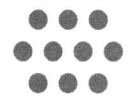

这是一本描述与问题分析和解决相关的技术、过程和方法的书。问题可分为发生型问题和设定型问题,针对发生型问题又可设计症状解和根本解,本书则是一本聚焦如何运用问题分析与解决的相关技术、过程和方法设计症状解的书。

本书由技术篇、方法篇和精进篇三部分组成,技术篇主要介绍了设计症状解时所需的关键技术和工具,包括解决问题的 S 线路径、基于议题的思考方法、以假设为导向的思考方法、结构化思考技术、议题分解技术、逻辑推理技术及呈现表达技术等。

方法篇将本书所聚焦的假设思考六步法细分为 6 大步骤和 22 个子步骤,并对每个子步骤的任务与活动进行了详细的介绍,其中 6 大步骤包括界定问题、明确议题、构建方案、收集信息、论证方案和整合汇报。方法篇侧重于对问题分析和解决过程的介绍,部分内容与技术篇有重叠,这是因为问题解决过程必然会涉及相关技术和工具的应用。

精进篇顾名思义是与进一步提升问题分析与解决能力相关的内容。作为一名优秀的企业管理者,只针对问题设计对症治疗的症状解是不够的,还应当从组织体系的根源上解除根因,同时思考如何达成本组织未来更加美好的远景目标。本部分为读者提供了可全面提升问题解决能力的三种思维框架的概述,以及成长为问题解决高手的最佳实践。

正如序言所述,通过三本书教会读者朋友解决三类问题是笔者的十年写作计划之目标,尽管笔者已倾尽毕生之所学与所用来保证本书内容完整、方法实操和逻辑清晰,但难免会存在疏漏之处,欢迎读者朋友们批评指正。不吝赐教。相关信息可以关注公众号(锐恩 BLM 及 IPD 咨询)或笔者的微信号(18665802507)。

目录

技术篇

Chapter 1 第一章　从议题出发的问题解决路径

第一节　基于议题的问题分析与解决　2
　　这是谁的问题　4
　　议题：真正待解决的问题　6
　　从议题出发分析和解决问题　8

第二节　分析和解决问题的四条路径　10
　　分析和解决问题的折线路径　11
　　分析和解决问题的抛物线慢路径　12
　　分析和解决问题的抛物线快路径　13
　　分析和解决问题的 S 线路径　14

第三节　金线：解决企业管理问题的 S 线路径　15

Chapter 2 第二章　假设驱动的问题解决方法

第一节　症状解设计过程中的假设思考　20
　　什么是假设思考　20
　　为什么需要假设思考　25

第二节　假设思考六步法及案例速览　28

第三节　假设思考法的四个核心原则　36

以假设为导向　36
以事实为依据　38
效率优先原则　40
MECE 原则　42

Chapter 3
第三章　假设思考法的四项关键技术

第一节　结构化思考技术　45
洞察系统本质的结构化思维　45
结构化思考工具之逻辑树　48
结构化思考工具之其他框架　55

第二节　议题分解技术　57
基于时空关系的议题分解　58
基于业务公式的议题分解　61
基于构成要素的议题分解　62
基于功能或特征的议题分解　64

第三节　逻辑推理技术　66
逻辑思考中的判断与推理　66
归纳推理及其应用　67
演绎推理及其应用　70

第四节　呈现表达技术　72
以故事的形式呈现最终提案　73
用金字塔结构组织提案的内容　74
用图表呈现和表达信息更有力　77

方法篇

Chapter 4
第四章 及时发现并正确界定问题

第一节　由经营分析及时发现问题　80

第二节　正确界定待解决的问题　86

　　界定问题所需背景信息的快速汇总　87

　　应当站在谁的立场来看待问题　89

　　问题所有者的期望和目的是什么　92

　　解决问题的时限和紧急程度如何　95

　　解决问题的约束条件有哪些　96

Chapter 5
第五章 明晰问题解决方向和关键主议题

第一节　选错议题会造成全盘皆输　99

第二节　如何识别并选定基础的根议题　104

　　如何识别出更多的可选根议题　105

　　如何选定真正待解的根议题　108

第三节　分解根议题并选定关键主议题　114

Chapter 6
第六章 提出核心建议并构建初始方案

第一节　解决方案的四个基本要素　119

第二节　将主议题结构化后提出方针和策略　122

第三节　针对枝叶议题提出具体的行动举措　126

第四节　以终为始构建方案故事的整体架构　130

Chapter 7 第七章　收集论证方案所需的信息

第一节　明确充分且必要的分析内容　134

第二节　制订信息收集和分析的工作计划　137

第三节　高效的信息收集工具和方法　140
　　　　对利益相关方的深度访谈　141
　　　　资料查阅与案头研究　144

Chapter 8 第八章　分析论证并完善解决方案

第一节　基于事实和逻辑的方案论证过程　148
　　　　结论要能体现出明确的判断和建议　149
　　　　通过清晰的逻辑推导出想要的结论　150
　　　　从杂乱的信息和数据中发掘出事实依据　151
　　　　用充分且必要的事实支撑各层观点和结论　153

第二节　方案论证所需的各种分析方法　154
　　　　因果关系与相关性分析　155
　　　　对比与对标分析　160

第三节　用图表推进信息分析与方案论证　163

第四节　通过论证让方案逐步走向靠谱　171
　　　　如何避免证实性偏见的陷阱　173
　　　　假设与核心建议被推翻时怎么办　175

Chapter 9
第九章　整合方案并结构化呈现和汇报

第一节　推敲方案故事的整体结构　179

第二节　用图表讲好方案故事　185

　　　　明确图表要表达的观点或结论　185

　　　　用数据图表呈现定量分析成果　187

　　　　用概念图形表达定性分析成果　191

第三节　分享和汇报最终提案　191

　　　　事先沟通以避免汇报时出现意外　192

　　　　根据沟通对象将报告量体裁衣　193

　　　　提案的正式汇报、答疑与结案　194

精进篇

Chapter 10
第十章　解决企业管理问题的三种思维框架

第一节　结构化假设思考驱动的症状解设计　199

第二节　以系统思考为基础的根本解设计　203

第三节　以零基思考为核心的愿景解设计　208

结语　成为解决企业管理问题的高手

附录　对书中某些概念的澄清和说明

缩略语表

参考文献

技术篇

第一章　从议题出发的问题解决路径

议题才是真正需要解决的问题，从议题出发的问题分析与解决的 S 线路径是解决企业所有管理问题的金线，它集成了假设思考、系统思考与零基思考等多种思考方式。

第一节　基于议题的问题分析与解决

在实际的工作、生活和学习中，问题无处不在。人们会用各种不同的形式来描述问题，归纳起来大致有如下四种描述类型：

- What 型：例如"我们今年的销售目标是多少？"
- Why 型：例如"为什么今年完成销售目标的困难这么大？"
- How 型：例如"我们如何才能完成今年的销售目标？"
- Which 型：例如"完成今年销售目标的方案有两套，我们应当选择哪一套？"

What 型问题是在描述问题"是什么"，包括了"是谁""什么时间""在哪里"等信息。在问题解决的初始阶段，What 型问题是对问题的粗略描述，等到对问题有深刻理解之后，What 型问题则是对事物的内涵或本质所提出的疑问。Why 型问题是在追问"为什么"，这类问题既可能是在探寻造成问题的原因，也可能是在发掘问题背后的真实需求和目的。How 型问题则是在启发人们思考"如何做"，在问题解决的初始阶段，它是在启发人们思考解决问题的大致方向是什么，等到确定了问题的根因或真实需求，它则是在启发人们思考解决问题的具体行动方案又是什么。Which 型问题是在要求人们在面对多个问题或解决方案时做出选择与决策。整个问题解决的过程会经历一条 What 型问题→Why 型问题及 Which 型问题→How 型问题及 Which 型问题→What 型问题的螺旋式上升的循环。

面对这些让人眼花缭乱、心烦意乱的问题，人们总是急于提出解决方案，而不愿花点时间认真思考一下真正要解决的问题是什么。只有在解决问题的进程受阻，苦思冥想中才有可能被一个局外人一语点醒：你到底想要解决什么问题？如此，我们也就总能见到"很努力地解决了一个错误的问题"这种现象了。为了以示区别，我们常将企业管理中的不良症状、冲突矛盾、困难和麻烦等，统称为问题（Problem，一个 What 型问题），而将真正要解决的问题称为议题或者课题（Issue 或 Question，一个 How 型问题）。那么，什么才是真正要解决的问题？如何才能找出真正要解决的问题？要回答这两个问题，得先从理解问题的本质开始。

问题的本质是什么？诺贝尔经济学奖获得者赫伯特·西蒙在《管理决策新科学》中提到："解决问题就是设定目标，发现现状与目标之间的差异，并且选择恰当的、已知的，或者通过探索获得的，在探索过程中的某种适当的方式，让这些特定的差异逐渐减少。"简而言之，问题就是期望状态与现状之间的差距。另外，期望状态又可分为过去所确立的期望状态和为未来所设定的期望状态，因此，差距又可分为相较过去的期望状态所产生的业绩差距和与未来期望状态相比较而产生的机会差距。业绩差距也常被称为发生型问题，机会差距则常被称为设定型问题。两种期望状态与现状之间所产生的业绩差距和机会差距，如图 1-1 所示。

依据"问题是期望状态与现状之间的差距"这一定义，我们可以得到以下两条推论：

> 推论一：不同的个体或者组织，其期望状态会有所不同，所面临的问题也就不同。因此，解决问题前要先明确问题的所有者。

> 推论二：差距是一种相对数值或者感受，因此，弥补差距就可以有两个基本方向：一是改善现状，即分析出造成不良现状的原因（主

要原因或者根因），然后改善它，向上弥补差距；二是满足期望，即挖掘出隐藏在问题所有者的期望（Want）背后的真实需求（Need），然后通过某种方式直接满足问题所有者的真实需求，改变他的期望状态，从而向下弥补差距。

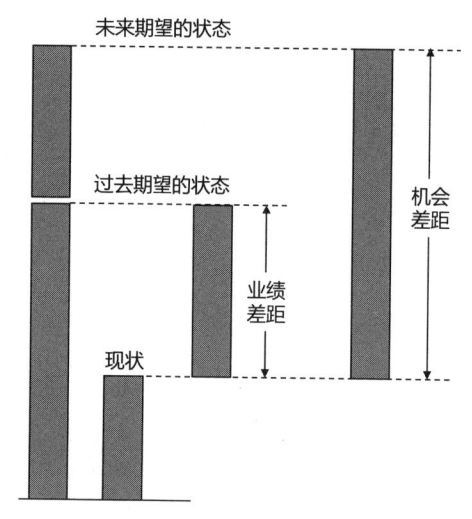

图 1-1 两种期望状态与现状之间的业绩差距和机会差距

这是谁的问题

下面是一则改编自《你的灯亮着吗？发现问题的真正所在》一书的故事。

某一线城市的中心地带，矗立着一座 50 层高的高档甲级写字楼。遗憾的是，尽管这座楼里还有未出租的空余办公室，但楼里的电梯已经明显不够用了，有的公司甚至以退租来要求大楼业主尽快改善电梯服务。面对这一现象，你认为的问题会是什么呢？

如果你是站在电梯使用者的角度，那么你看到的问题可能是"该死的电梯"。针对此问题，聪明的你可能会提出如下的多条改善建议：

√ 提高电梯运行的速度。

√ 按高层和低层分开运行。

√ 在楼外加装电梯。

√ 错峰上下班。

√ 重新安排租户的楼层分布。

然而，如果你是站在大楼业主的角度，那么你看到的问题可能是"该死的投诉"，针对此问题，你可能会提出下面这两个解决办法：

√ 以电梯不够用为契机，趁机塑造写字楼热租的形象，提高租金。

√ 在大楼的人行通道里贴上爬楼梯的阶梯数与卡路里消耗量的对照表，鼓励大家多爬楼梯。

这则故事告诉我们，面对同一现象，不同的人看到的是不同的问题。因此，不要在没有确定问题的所有者之前，就仓促地去解决问题。例如笔者经常听到有父母抱怨自家孩子不爱学习，爱玩游戏。那么这会是谁的问题呢？是孩子的问题吗？对照问题的定义，孩子的期望是能够多玩玩游戏。现在他只要有空就在玩游戏，现状与期望之间没有差距，所以孩子是没有问题的。要说有问题，那也是玩游戏的时间太少了。那么这到底是谁的问题呢？笔者认为是父母的问题，是父母对孩子的期望与孩子的实际表现之间存在差距。把孩子爱玩游戏归为父母的问题，父母就可以从两个方向来解决这个问题：一是降低对孩子要考个好大学，将来出人头地的期望；二是打骂、惩罚孩子，要求他做出改变。在孩子自己对现状很满意的情况下，又该如何要求他做出改变呢？因此，正确的方法应当是引导孩子提升他自己的期望，让他看到自己新的期望与现状之间的差距，因而主动做出改变。如此，便把父母的问题转化成了孩子自己应当解决的问题。这种思考问题的方式在企业管理者管理下属员工的问题时也不失为一种很好的借鉴，如此思考和解决问题的管理者才是充满智慧的管理者。

同时，这则故事也提醒我们，不要只站在某一方的立场去看待并解决问题。同一现象下，不同的人会有不同的利益诉求，我们要寻求多方共赢的解决方案。

议题：真正待解决的问题

明确了问题的所有者，接下来就该思考真正要解决的问题也就是议题是什么了。正如前文所说，解决问题的基本方向有两个：一是改善现状，二是满足期望。这两个方向分别类似于心理学派解决心理问题的西格蒙德·弗洛伊德的"原因论"和阿尔弗雷德·阿德勒的"目的论"。举一个生活中的例子，"我没钱买奔驰车"是一个问题，该问题的期望状态是"想拥有一辆奔驰车"，现状则是"没有足够的钱"。于是，解决问题的两个基本方向的示例如图 1-2 所示。

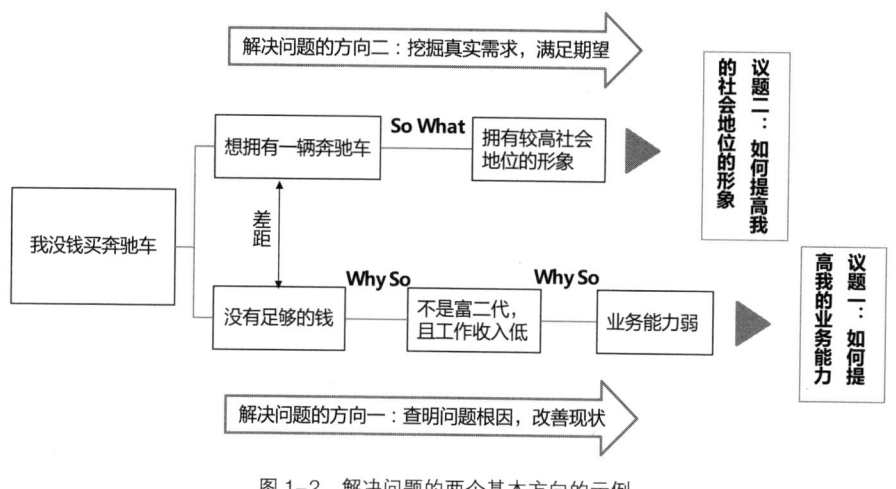

图 1-2 解决问题的两个基本方向的示例

如果我们选择的解决问题的方向是改善现状，则需要通过不断地问"为什么"来追溯问题的根因是什么，假如最后找到根因是工作上"业务能力弱"，于是在此方向上真正要解决的问题是"如何提高我的业务能力"。如果我们选择的解决问题的方向是满足期望，则需要进一步挖掘出问题背后的真实需求是什么，因为"奔驰车"并不是问题所有者的真实需求，这只是他为了解决此问题而提出的自己的解决方案而已。发掘真实需求的方法也是通过不断地问"为什么"，假如最后识别出来的真实需求是想"拥有较高社会地位的形象"，于是在此方向上真正要解决的问题是"如何提高我的社会地位的形象"。

无论是追溯根因还是发掘需求，方法都是不断追问"为什么"，但内涵是不一样的，实际工作中常用"Why So"（原因或理由是什么？）和"So What"（然后呢，那意味着什么？）来加以区别。

通过在两个方向上不断地追问"Why So"或"So What"两个 Why 型问题，我们就可以从问题（What 型问题）出发，识别出真正待解决的议题（How 型问题）。即使在同一个方向上，也可能会有多个议题出现，如"想拥有一辆奔驰车"的真实需求既可能是想"拥有较高社会地位的形象"，也可能是"对自己大半辈子辛苦赚钱的一种犒劳"。此时，就需要对多个议题进行综合筛选和评估，也就是通过一个 Which 型问题选出真正要解决的议题。至此，我们对最初的 What 型问题"我没钱买奔驰车"就有了较为深刻的认知，并确定了真正待解决的议题。而为了更高质量地解决这个议题，我们还应思考另一个更为本质的 What 型问题：我需要的社会地位的形象或者我应当提升的业务能力究竟是什么？如此，整个过程便形成了一个螺旋式上升的循环。

识别出了真正要解决的议题，提出解决方案就会变得水到渠成。如上述生活中的例子，若真正要解决的议题是"如何提高我的业务能力"，那么解决方案就可能是"强化业务培训和实践"，这是一种消除根因的耗时且费力的长期解决措施，笔者称为"根本解"；若真正要解决的议题是"如何提高我的社会地位的形象"，那么解决方案除了"买奔驰车"，还可以是"买一块高档手表"，这是一种可快速满足需求的短期解决措施，笔者称为"症状解"。一般来说，一个系统性的解决方案，既要有短期可救火的症状解，也要有长期可预防火灾的根本解，采取症状解是为实施根本解赢得时间。

而在实际的问题解决过程中，人们总是无法清晰地辨识自己的思考正处于解决问题的哪一个方向上。上一秒钟还在"Why So"的方向上夸夸其谈自己对于问题根因的重大发现，下一秒钟却又跳跃到了"So What"的方向上提出针对问题所有者真实需求的解决办法。

因此，找出真正待解决议题的方法是从问题出发，问出正确的"为什么"（"Why So"或"So What"），然后才是针对该议题提出解决方案。这种思考问题的方法，笔者称为"基于议题的思考"。

从议题出发分析和解决问题

在中国，老人们正在跳广场舞；在美国，人们正在海滨沙滩上玩耍，世界一片祥和。突然，一群外星人乘飞船来到了地球，并想侵占我们的家园。地球人该如何打败外星人并将它们赶出地球？于是，美国的英雄大兵出现了……

上述场景是拍摄美国大片的惯用手法，在上述描述中，地球人是问题所有者，"一群外星人乘飞船来到了地球，并想侵占我们的家园"是对问题的描述，而"地球人该如何打败外星人并将它们赶出地球"则是地球人提出来要解决的一个议题。事实上除了这个议题，还应该有另外两个议题，三个议题组合在一起才算是考虑了所有可能的问题解决方向，也就是满足了MECE原则。

√议题一：地球人该如何打败外星人并将它们赶出地球？

√议题二：地球人该如何与外星人在地球上和谐共处？

√议题三：地球人该如何找到另一个可以生活的星球？

议题才是真正要解决的问题，由议题出发思考解决方案，是一种基于议题的思考方法。那么问题与议题的本质区别是什么？问题是期望状态与现状之间的差距，是一种What型问题。议题则是含有明确解决方向或者切入角度的提问，只不过这个解决方向或切入角度还只是一种假设而已，同时它是一种How型问题。

例如"A产品的销量不好"是问题，运用业务公式：销量 = 竞争优势 × 销售策略，可以提出如下两个议题：

√议题一：如何提高A产品的市场竞争优势？

√议题二：如何才能为 A 产品制定出好的销售策略？

再如"连锁店的整体营业额在下降"是问题，运用业务公式：营业额 = 店铺数量 × 单个店铺的平均营业额，可以提出如下两个议题：

√议题一：如何增加加盟店的店铺数量？

√议题二：如何提高单个店铺的平均营业额？

需要注意的是议题依然是一个问题，只是它针对问题的解决方向或切入角度做出了某种假设而已。在随后的问题解决进程中，还会再一次针对被选中的议题提出具体行动方案的假设。以上述的外星人侵占地球为例，将外星人赶走、地球人主动走、外星人与地球人共处分别代表了三个解决问题的方向或切入角度，但它们都没有给出具体的行动方案，如由各国部队组成联合军队，引诱外星人进入沙漠无人区并用核弹将其消灭。正因为议题确定了问题的解决方向，如果议题选择错了，具体行动方案再完美，其结果也只能是南辕北辙。

在解决问题的初始阶段就通过议题对解决方向和切入角度做出假设，然后基于议题思考如何分析和解决问题，可以从以下三个方面为我们带来帮助。

基于议题的思考可以帮助我们从议题出发迅速提出解决问题的具体行动方案。例如对于销量不好的 A 产品，如果公司经营层决定通过调整销售策略而不是提高竞争优势来提振销量，也就是选择了"议题二：如何才能为 A 产品制定出好的销售策略"为真正要解决的问题，则与销售策略相关的解决方案如调整产品价格、加大品牌宣传力度及搞好大客户关系等方案就会很自然地被呈现出来。

基于议题的思考还有助于聚焦问题分析的范围。实践表明，不是收集和分析的信息越多，范围越广，就越有利于提出正确的解决方案。在没有明确真正需要解决的问题是什么之前，就着手广泛地收集信息并对问题进行全方位的分析扫描，往往是在没有收集到真正有用的信息或触及问题的本质之前，时间和资源就已消耗殆尽，匆忙之余提出来的解决方案只能用于交差，根本谈不上是一份高质量的方案。

基于议题的思考也确保了问题解决的充分性。由于在提出议题的过程中遵从了 MECE 原则，如果基于最初选定的议题所提出的解决方案随后被证伪了，也只是说明了此路不通，问题解决者还可以从议题列表中选择下一个最有把握的议题，重新设计方案。因为提出议题时已经考虑了所有可能的解决方向，因此从议题出发思考问题的解决方案也就有了充分性保障，而不用担心是否存在重大遗漏。

第二节 分析和解决问题的四条路径

人们分析和解决问题的过程可以用四条路径来描述，它们分别是折线路径、抛物线快路径、抛物线慢路径和 S 线路径。解决问题的四条路径如图 1-3 所示，横轴表示解决问题投入的时间或资源，纵轴表示问题被解决的程度，虚线以下是问题域，虚线以上是解决方案域。

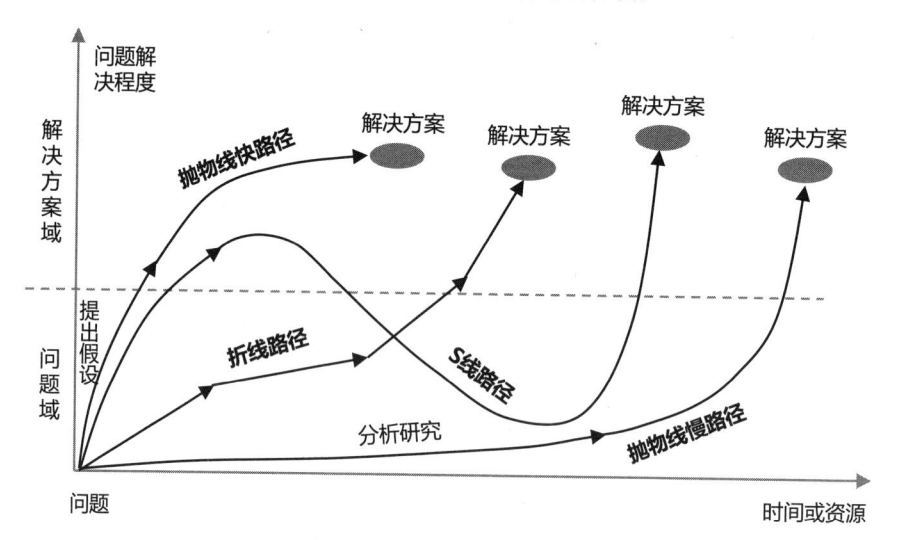

图 1-3 解决问题的四条路径

分析和解决问题的折线路径

折线路径是绝大多数专业技术人员凭借自己的专业知识和技能处理问题时所采取的方法，这些人几乎每天都在使用这一方法处理各种技术性问题，但他们不一定能意识到这种思考过程，因为解决此类问题对他们来说已经轻车熟路，不需要消耗多少思考的脑力，而且随着经验的增加，他们还会成为处理此类问题的专家。

对于可以运用折线路径处理的问题，例如一台液压设备漏油了，或者要升级一款办公处理软件，问题解决者在一开始就对最终的解决方案有了很好的了解。尽管如此，问题处理过程也还是会出现一些意料之外的波折，因此，整个过程不会是一条直线，而是一条折线。因最终的解决方案是清晰和确定的，折线路径在中间过程可能会出现某些偏离，但总体指向是明确的。

正所谓难者不会，会者不难。有的人认为侧方位倒车入库很难，有的人则认为这不过是小菜一碟。当我们遇到无法凭自己的知识和技能用折线路径就能解决的问题时，最好的办法是求助精于此道的专业人士或外部供应商。例如软件公司想通过 CMMI 的认证，或者制造业企业想通过 ISO 质量体系认证时就会引入外部提供专业认证服务的供应商。

折线路径是专业技术人员有条不紊地处理解决方案已知的问题时所遵循的方法，他们将当前的问题与之前解决过的问题进行比较，在一开始就确定了整个处理过程所必须完成的关键任务，并为其制订出详细的工作计划，包括每个阶段的工作任务、时间进度及输出成果，接下来只需凭借专业知识和技能严格按计划执行便可达成期望目标。

采用折线路径分析和解决问题的思考方法主要是如 5WHY 法之类的线性思考方法，这是一种以还原论为基础的线性分割思维，即将大问题分解成几个关键的小问题或工作任务，解决了所有的小问题或按步骤完成了所有的工作任务，也就解决了原来的大问题。

分析和解决问题的抛物线慢路径

分析和解决问题的抛物线慢路径的特点是问题解决者从一开始就沉浸在大量信息的收集和分析中，在问题域经过一段相当长时间的与信息处理和事实确认相关的工作之后，大多数情况下是在问题解决期限即将临近时才抛出来一个解决方案。

当面对一个复杂问题，根本不知道解决方案是什么或者能想象出很多种解决方案却无法确定该选哪一个时，绝大多数人会选择从信息的收集和分析开始。因为面对最终结果的不确定性，人们总是会感觉无所适从，只有在掌握了足够多的信息和数据，通过大量的分析研究和清晰的逻辑推理，将充满不确定性的表象转化为确定性的事实或者自认为的准确预判，因而对问题建立起全面的认知之后，才敢提出自己的观点和结论，正所谓没有调查就没有发言权。

与折线路径一样，采用抛物线慢路径分析和解决问题的方法也是人们从小到大，在生活、学习和工作中被家长、老师和上司所灌输并习得的一种方法。采用这种方法解决问题的人会被他人认为是一个理性、稳重而非凭感觉行事、不成熟之人。工程技术人员、律师、会计师、研究型学者及大学教授等都是频繁采用此方法解决问题的人。他们解决问题的共同特点是花时间去收集信息，发掘事实，基于大量的数据分析和确定性的事实，让解决方案自然地呈现出来。采用这种方法解决问题的一个基本假设是：掌握的信息越多，就越能做出正确的决策。

抛物线慢路径的方法确实很强大且有效，然而此方法的运用需要投入足够的时间和资源。在对解决问题没有任何方向感的情况下，人们只好竭尽所能全方位地收集、分析和论证大量信息，极有可能在时间和资源即将耗尽之时，还是没能获得足以支撑其提出最佳解决方案的依据，于是不得不在最后时刻抛出一个临时救急的解决方案。

在抛物线慢路径早期的信息收集和分析阶段，所采用的思考方法主要有线性思考或者系统思考，笔者将它们统称为推论思考。其中的系统思考包含了全面思考、深入思考和动态思考。全面思考就是既要见树木，也要见森林，要看到问题的全貌；深入思考就是要看到问题的本质，看到冰山在水面以下的部分；动态思考就是要看清问题沿着连接关系随时间变化的趋势。

在抛物线慢路径后期的解决方案生成阶段，所采用的思考方法主要是突破惯性思维以创新为主的零基思考。所谓零基思考，就是摆脱现有经验和思维框架的束缚，类似于第一性原理，从事物的本源出发所进行的一种思考。需要注意的是零基思考并不意味着像艺术创作那样依靠一闪而过的灵感和直觉完全从零开始思考。

分析和解决问题的抛物线快路径

抛物线快路径则与抛物线慢路径相反，问题解决者在一开始就凭借当下所掌握的有限信息和丰富的过往经验抛出一个或几个带有倾向性的解决方案，然后再快速地整合各方意见或各种约束条件修订出一个最终的方案。

在问题解决的初始阶段，如果无法确定最终的方案（折线路径不可用）且可获得的信息非常稀少（抛物线慢路径不可用），我们可以迅速抛出几个有创意的解决方案选项，摆脱在问题域深陷其中的混乱状况，直接进入解决方案域，这样会让局面顿时清晰起来。

笔者作为一名研发管理咨询顾问，经常在与企业客户刚刚完成一次不足两小时的简短交流后，就被要求先提供一份针对该企业研发管理问题的改进方案，以作为进一步合作洽谈的参考依据。因为正式的合作尚未开始，与产品经营及研发管理相关的关键信息还无法获取，咨询顾问就只能依靠有限的信息和过往的咨询经验交付给企业客户一份初始方案建议书。

频繁采用此路径解决问题的是那些需要在短时间内迅速提供富有创意的解决方案的人，如广告设计师、装修设计师、产品经理、销售经理等，他们解决问题的共同特点是需要及时提供多个可能的设计和创意选项，然后快速推动问题的各利益相关方就最终方案达成共识。

抛物线快路径在一开始就抛出几个初始方案，可以让你有时间与各利益相关方讨论、评估和完善这些选项，经过共同讨论达成的结果，也更容易得到各利益相关方的认可。不像抛物线慢路径将大部分时间都消耗在问题域，构建解决方案的时间很少，如果你弄错了，人们想帮助你也有些晚了。但是仅凭有限信息和过往经验所抛出的初始方案是缺乏大量数据和事实支撑的，这些带有高度主观色彩的选项有时还会误导大家，将讨论的范围及方案的完善局限在已有的几个初始方案中，直至问题解决的后期才有机会发现最终选择的方案可能还存在多个致命缺陷。

在抛物线快路径的初始方案生成阶段，所采用的思考方法主要是假设思考，因为仅凭有限信息和经验所提出的任何提议或方案，都只能是一种未经证实的假设而已。需要说明的一点是，前文所说的议题只是对解决方向或切入角度的假设，这里的初始方案则同时包括了对解决方向和具体行动方案的假设。

分析和解决问题的S线路径

抛物线快路径和慢路径都各有其优、缺点，S线路径则综合了它们的优点并避免了其缺点。S线路径的前半段借鉴了抛物线快路径的方法，后半段则借鉴了抛物线慢路径的方法，这是解决绝大多数企业管理问题所应采取的正确路径。

在S线路径的开端，你可以采用抛物线快路径的方法，抛出几个有创意的初始方案，迅速脱离问题域的混乱状态，让局面清晰起来。一旦进入"清晰"状态，就不必急于完善初始方案，而应掉头向下进入问题域收集信息和数据并通过分析来论证这些初始方案。尽管是再次进入问题域的混乱状态，但此时的你已怀揣几个初始方案，对问题的解决就有了方向和信心，而没有了开端时的那种茫然。经过后期的分析和论证，大量确定性的事实和数据会浮出水面，最佳解决方案也会随之出现。整个过程呈现出先向上后向下最后再向上的倒"S"形状。

医生是采用S线路径解决问题最典型的职业之一，如果你因为身体不适去看医生，他们首先会根据你描述的不适症状及自己行医的经验假定出几种可能的疾病，然后开出抽血、B超或CT检查单，通过这些检查结果来验证他们对于疾病的判断，并给出治疗方案。科学家的工作方式与医生类似，他们工作在科学的前沿地带，对于未知的领域首先会提出各种假设和猜想，然后通过实验来获得数据支撑并通过分析取得新的突破性发现。

企业管理者处理各种管理问题的方式与医生和科学家没有本质上的区别，也是要先向上提出多种备选解决方案，然后向下收集信息和数据，通过分析和论证排除不合适的备选方案，最后整合优化出最佳解决方案。

在采用S线路径分析和解决问题的过程中，前段、中段和后段会分别运用不同的思考方法。在前段主要以假设思考为主，提出一个或几个初始方案。在以信息收集和分析为主的中段，则需要根据不同的问题类型选择不同的思考方法。正如后文将要介绍的，针对应急和救火类问题，例如如何在三个月之内扭转销售收入下滑的趋势，会以线性思考为主；针对需要消除根因的问题，例如如何实施组织和流程变革，则应以系统思考为主。在以方案创新和整合为主的S线路径的后段，思考方法主要是零基思考。正是因为在前、中、后各段所使用的思考方法不同，使得S线路径在帮助人们解决各种复杂问题的过程中呈现出形态各异的"S"曲线，在本章的第三节将对此有更详细的阐述。

第三节　金线：解决企业管理问题的S线路径

现在，让我们把目光聚焦于企业经营管理过程中的问题处理。问题是期望状态与现状之间的差距，差距又分业绩差距和机会差距，即问题可分为发生型问题和设定型问题，发生型问题可再细分为短期如何救火与长期如何防火两类子问题。针对发生型问题应优先考虑如何救火然后再思考如何预防火灾，前者是在对症治疗，后者是在消除根因，对症治疗的解决方案笔者称为症状解，消除根因的解决方案笔者称为根本解。设定型问题的解决则是为了追求未来的远景目标，因此其解决方案笔者称为愿景解。企业管理问题及其解决方案的主要类型如图1-4所示。

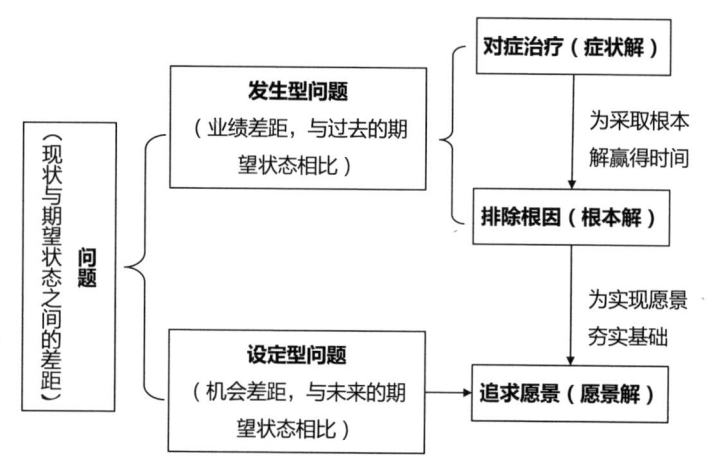

图1-4 企业管理问题及其解决方案的主要类型

以生活中的感冒为例，打针吃药是对症治疗的症状解；身体的免疫力下降是引发感冒的根因，加强日常锻炼才是消除根因的根本解；身体健康是基本需求，如果还想要追求苗条的体形，则需要从饮食、养生、美容各方面重新思考生活理念和生活方式，这是在设计愿景解。

以企业的经营管理为例，如何在三个月内快速扭转销售收入下滑的趋势？开拓东南亚新客户是对症治疗的症状解；销售收入下滑的根因是交期延误及质量下降导致大量老客户流失，因此开拓东南亚新客户不是根本解；如果企业的经营管理层想在未来三年时间内实现以销售导向、OEM代工为主的经营模式转型为以市场导向、产品创新为主的经营模式，则是一种战略性愿景解。

对问题实施症状解是为接下来实施根本解赢得时间，因此笔者也称症状解为"快解"，而消除问题的根因则是在为追求更高的愿景夯实基础。企业管理者在解决上述两大类问题并设计三种解决方案时一般都会采用前文所说的 S 线路径，并在此过程中综合运用假设思考、线性思考、系统思考和零基思考四种思考方式。但是，针对不同类型的问题，其分析与解决方案的设计过程因可用的时间和资源、解决问题的方向以及期望达成的目标状态的不同，会采用不同的思考方式的组合，因而呈现出横向的时间跨度、向下的分析深度、向上的问题解决程度不同的"S"形态。解决不同类型的企业管理问题的 S 线路径如图 1-5 所示。

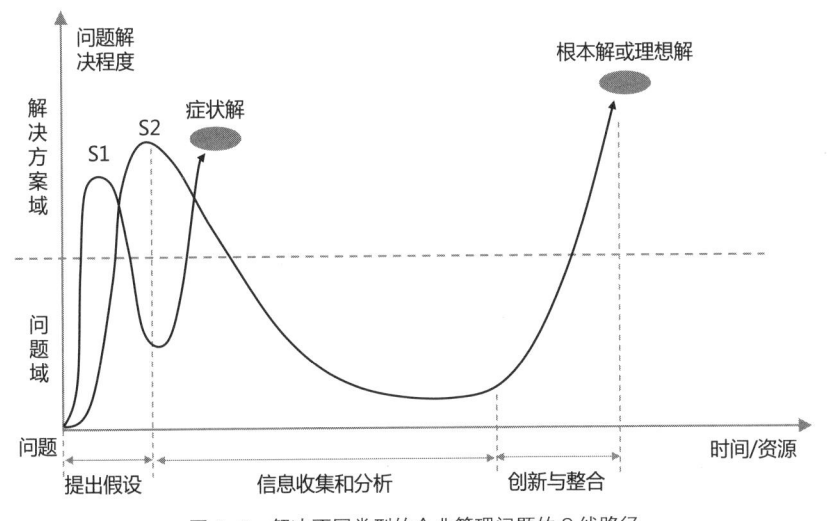

图 1-5 解决不同类型的企业管理问题的 S 线路径

如图 1-5 中 S1 曲线所示，在为发生型问题设计对症治疗的症状解时，因时间紧迫，可利用的资源少，问题解决者在 S 线路径的开始以假设思考提出一个或几个初始方案之后（提出假设阶段），会依次选择其中的某个方案为目标方案，然后采取与折线路径类似的线性思考方式，通过快速且小范围的信息收集和分析将其证实或证伪（信息收集和分析阶段）。只要有一个方案被证实，该方案将被选中并以它为基础进行整合优化（创新与整合阶段），最后提出一个能快速抑制问题继续恶化的短期解决方案，即使我们很清楚这个方案不是最优解。由上述过程可以看出，设计症状解的过程主要依赖假设思考+线性思考的思考方法，同时其 S 线路径会呈现出短平快的特点。另外，这一过程也提醒我们在假设阶段被选中的方案很关键，除非它被随后的信息收集和分析的结果所证伪，否则它将主导整个问题解决过程。

而为问题设计根本解的过程（图 1-5 中 S2 曲线所示），尽管也会在早期提出初始方案，但这一方案并不会主导整个问题解决过程，它主要在提出假设阶段为解决问题提供初始的方向指引，并为解决问题的项目做立项准备及初始计划所用。在随后的信息收集和分析阶段，问题解决者会花费大量的时间和资源进行信息收集，并运用系统思考开展全面、深入和动态的分析，找出管理问题的根因。最后基于根因设计解决问题的根本解。由此可见，根本解的设计是假设思考＋系统思考的结果，尤其是系统思考在整个过程中起着决定性的作用。

愿景解的设计过程与 S2 曲线类似，主要的区别有两点，一是在信息收集和分析阶段，主要任务不再是挖掘根因，而是预测未来；二是在创新与整合阶段，愿景解的设计特别需要基于零基思考的创新思维，而且这一阶段所投入的时间和资源要明显比症状解与根本解的设计要多，也就是 S 线的尾巴会拖得很长。由此可见，设计愿景解的过程主要依赖系统思考＋零基思考的思考方法。

企业经营管理问题三种解的 S 线路径之间的区别如表 1-1 所示。

表 1-1　企业经营管理问题三种解的 S 线路径之间的区别

	S 线前段		S 线中段		S 线后段	
	假设的主要内容	主要思考方法	信息收集和分析的主要目的	主要思考方法	创新与整合的主要目的	主要思考方法
症状解	既有对解决方向（议题）的假设，也有对具体行动方案的假设	假设思考	验证初始方案	线性思考	以被验证通过的方案为基础，整合出最终的解决方案	线性思考
根本解	主要是对解决方向（议题）提出假设	假设思考	分析问题根因	系统思考	针对根因，以经验和标杆为参考设计解决方案	零基思考

续表

	S 线前段		S 线中段		S 线后段	
	假设的主要内容	主要思考方法	信息收集和分析的主要目的	主要思考方法	创新与整合的主要目的	主要思考方法
愿景解	主要是对解决方向（议题）提出假设	假设思考	预测未来趋势	系统思考	依据对趋势的预测，设计创新型的解决方案	零基思考

冯唐在《金线》一书中将"解决一切问题的实质就是追求以假设为驱动、以事实为基础、符合逻辑的真知灼见"视为金线，这是解决问题的标准或原理，本书则借鉴冯唐的金线原理，称 S 线路径为解决企业管理的两大类问题并设计三种解决方案的金线。

在笔者已出版的两部著作中，《业务增长战略：BLM 战略规划 7 步法》（以下简称《业务增长战略》）正是上述愿景解设计方法的实际应用，书中所阐述的"战略意图"是在对未来业务发展方向提出假设，"市场洞察"是在收集信息并做趋势性分析，"业务设计"是对未来业务模式的创新设计。不过有一点需要注意的是《业务增长战略》一书中笔者将业务战略分为延续式谋划型战略和破坏式实验型战略，前者的制定过程类似图 1-5 中的 S2 曲线，而后者是一种敏捷战略，其制定过程则类似图 1-5 中的 S1 曲线。《研发再造：IPD 变革管理六步法》（以下简称《研发再造》）是上述根本解设计方法的实际应用，书中以基于 IPD 的研发体系变革为例，全面阐述了系统问题根因分析及解决方案设计的技术、过程和方法。

本书聚焦于症状解的设计技术、过程和方法的介绍。有的人可能会认为症状解不重要，它只是一种头痛医头脚痛医脚、治标不治本的临时解。正如前文所说，实施症状解是为接下来实施根本解赢得时间，想想火灾现场救火（实施症状解）就是在救命，你也许就明白了在某些场景下症状解也很重要。职场上，提供一个应急方案帮助企业在三个月内迅速扭转销售收入下滑的趋势，也会被视为能力卓越的一种表现。

第二章 假设驱动的问题解决方法

运用 S 线路径解决企业经营管理的任何问题，问题解决者一开始都需要运用假设思考对解决方向做出假设。而针对这些问题的症状解的设计，除了要对解决方向做出假设，问题解决者还需要进一步对具体的行动方案也做出假设，并结合这两方面的假设形成初始的整体解决方案。该初始方案会在接下来的整个问题分析和解决的过程中，成为问题解决者解决问题的指南针和路线图。由此可见，假设思考对症状解的设计尤为重要。

第一节 症状解设计过程中的假设思考

假设思考和结构化线性思考是设计症状解所需的两种最重要的思考方法，尤其是假设思考，在解决问题的早期就需要运用它来帮助问题解决者，提出对问题原因或解决方案的假设。

什么是假设思考

本书所说的"假设"，是指还在针对问题收集信息和数据，即着手正式的分析之前就提出的初始解答，一个虽未经证实却被问题解决者认为是当下最接近答案的解答。这里所说的初始解答，既包括了对问题原因的解答，也包括了对解决方案的解答。也就是说，本书所说的假设，既可以是对问题原因的假设，也可以是对解决方案的假设。而在对解决方案的假设中，既有对解决方向（议题）的假设，还有对具体行动方案的假设。因此，本书所说的"假设思考"，就是在解决问题的早期，基于有限信息和过往经验甚至是直觉，便针对问题原因或者解决方案提出某些假设的一种思考方法。

以《麦肯锡笔记思考法》一书提到的一个问题为例，假如你当前正面临一个困扰已久的问题——无法坚持每天散步 1 小时。散步是为了身体健康并保持体形，尽管自己很想坚持下去，却总是无法做到，肯定是某些方面出了问题，也许是：

√ 散步的路线存在问题。

√ 散步的方法存在问题。

√ 散步的时间存在问题。

上述的思考过程就是在对问题的原因进行假设。有了这些假设，接下来就是要选出可能性最高的原因。如果自己对散步的路线很满意，散步的方法对身体也没有造成额外的负担，那么散步的时间存在问题就是可能性最高的原因了。

为了验证散步的时间存在问题，需要收集相关的信息进行论证。通过论证后发现，因为将散步的时间设定在晚上下班回家后的 1 小时，许多时候会由于加班回家后实在太累了，导致无法坚持散步，或者虽然坚持散步了却提不起精神。

此时，我们就得到了真正要解决的议题——如何调整散步时间才能坚持每天散步 1 小时？针对此议题，我们就可以提出解决方案的假设了：每天清晨到生活小区对面的公园里散步半小时，同时不再搭乘地铁，而是直接走路半小时去公司上班。现在，我们又有了对解决方案的假设，接下来的任务就是再一次收集相关信息，对具有假设性的解决方案进行论证，例如天气状况异常时，走路上班半小时是否可行等。如果处于假设中的解决方案通过了论证且被证实是切实可行的，那么它就可以被付诸实践了。

由上述案例可以看出，在运用假设思考解决问题的整个过程中，可能需要分别对问题原因和解决方案做出假设与论证，而整个分析和解决问题的过程都是在以假设为导向，由假设来驱动的。

正如前文所说，解决问题的基本方向有两个：一是改善现状，二是满足期望。如果问题解决者选择的方向是改善现状，则需要像前面与散步有关的案例那样，运用假设思考分别对问题原因和解决方案做出假设，并且需要两次收集信息，分别对与原因有关的假设和与解决方案有关的假设做论证。也就是说，如果选择在"改善现状"的方向上解决问题，则需要进行两轮提出假设后进行论证的工作。

而如果问题解决者选择的问题解决方向是满足期望，则只需要直接针对问题所有者的期望目标或真实需求提出对解决方案的假设就行了。例如在前面与散步有关的案例中，问题所有者的真实需求是为了身体健康并保持体形，其实问题解决者可以不用费时费力去探寻造成无法坚持下去的原因，而是直接针对问题所有者的真实需求——身体健康并保持体形，提出每天坚持练瑜伽半小时的解决方案，这一方案既可以在家里就完成，又可以节省半小时的时间。由此可见，如果选择在"满足期望"的方向上解决问题，则只需要进行一轮提出假设后实施论证的工作即可。也正是基于此原因，本书提倡在运用假设思考，针对问题设计症状解时，优先选择在"满足期望"的方向上，直接针对问题所有者的真实需求提出对解决方案的假设。

运用假设思考直接针对问题所有者的真实需求设计症状解的过程，类似于要完成一次寻宝任务。设想你手上只有一张某孤岛的地图以及对孤岛的粗浅认知，现在你要在孤岛上找到某个宝藏。至于宝藏埋在哪里，如何才能找到它，你没有任何头绪和线索，此时你能做的就是做出大胆的假设，凭经验和直觉先假定一个宝藏埋藏地点，这是对寻宝方向的假设。然后再初步设定一条从出发地到宝藏埋藏地的路线，以及每段路线要完成的主要任务和时间节点，这是对具体行动方案的假设。接下来才是对与宝藏有关的历史信息及孤岛的地理信息的收集，以验证之前预测的宝藏埋藏地点的正确性。同时你可以通过对孤岛上猛兽毒蛇、悬崖峭壁等信息的收集和分析，来验证寻宝路线及行动方案的可行性。如果上述有关解决方向及具体行动方案的假设都得以验证通过，接下来你便可以对此方案做进一步的整合优化，如补充寻宝过程中各种意外情况的应急预案，形成最终的寻宝方案。而如果藏宝地点被证伪，则需要重新预测一个新的藏宝地点；如果路线及行动方案被分析结果所推翻，那么也需要重新设计一个新的行动方案。当然，实践是检验真理的唯一标准，寻宝能否成功，必须将寻宝方案付诸实践后才能被完全证实。

假设思考需要大胆假设，快速求证。在症状解的设计与实施过程中，效率是决定性因素。在此情形下，问题解决者被要求尽快拿出方案并开始采取行动，以阻止问题继续恶化。因此，即使当下与问题相关的信息极为有限，问题解决者也应敢于一开始就构建起假设的解决方案，然后以此为基础开始行动。在问题发生的环境处于不断快速变化的情况下，问题解决伊始就花费大量时间和资源收集信息是没有任何方向感的，可能在收集信息的过程中情况又发生了180度的转变。有了初始解决方案，接下来的所有工作就有了方向，信息收集和分析也就有了标靶，如此便加速了对假设的验证。即使本轮假设被证伪，也可快速进入下一轮假设的构建和验证。

假设思考并不追求每一步都走对，而是让每一步都离想要的结果更近。以下面这个推理小故事为例。

有一对恋人，男生会在星期一、星期二、星期三说谎，在其他日子说真话；女生会在星期四、星期五、星期六说谎，在其他日子说真话。某一天，这对恋人进行了如下的对话：

男生：昨天是我说谎的日子。

女生：昨天是我说谎的日子。

请问：这对恋人对话的这一天，是星期几？

逻辑推理的过程就是从假设开始的，我们既可以从假设男生所说的是真话开始，也可以从星期一到星期日逐个提出假设开始，最后都可以得到答案是星期四。从整个解答过程来看，有些假设即使被证伪，也有助于让我们逼近真实的答案。

与假设思考相对的是推论思考（包括线性思考和系统思考），假设思考的过程类似于前文所说的抛物线快路径，推论思考的过程则类似于抛物线慢路径。运用推论思考中的线性思考提出解决方案的程序大致会是：

> 第一步明确目标。把解决问题的目标（期望状态）具体化。

> 第二步收集信息、分析现状。最大限度地收集相关信息，并分析事实，尽可能正确地把握现状。

> 第三步明确问题。把第一步的目标和第二步的现状之间的差距作为问题，并尽量 SMART 化。

> 第四步探明原因。追问"为什么"，提出各种可能的原因，并找出真正的原因。

> 第五步决定优先次序。第四步的原因为多个时，按重要程度决定解决的优先次序。

> 第六步提出备选方案、选择最优方案。提出多个备选方案，选择投入产出效果最好的方案，并整合汇报。

假设思考与推论思考的区别可以用下面这道数学题的求解过程来演示。

某沙场要运送 35 吨沙子，先用一辆载重 4 吨的大车运 4 次，剩下的用一辆载重为 2.5 吨的小车运，请问小车还要运多少次才能运完？

推论思考的求解过程可能是：

√ 步骤 1：$35 - 4 \times 4 = 19$（吨）（待运的吨数）

√ 步骤 2：$19 \div 2.5 = 7.6$（次）

√ 求解结果：要运 8 次。

假设思考的求解过程则会是：

√ 步骤 1（假设）：先假设可能的次数是 7 次

√ 步骤 2（验证）：$35 - 4 \times 4 - 2.5 \times 7 = 1.5$（吨）

√ 求解结果：运 7 次后还剩 1.5 吨，所以总共要运 8 次。

大多数情况下，运用假设思考提出的解决方案是症状解，而运用推论思考则是为了得到根本解。例如游泳池里的水在下降，原因是游泳池在漏水，在某些情形下如果无法立即堵住漏水的口子，运用假设思考法就可以提出往游泳池里注水的临时解决方案。再如销售收入在下滑，根因是老客户因订单交付及时率低在流失，根本解应当是提高订单交付及时率，但假设思考法可能会提出通过开发新客户来弥补老客户流失的应急解决方案。

为什么需要假设思考

假设思考是一种以终为始，以答案为起点的思考方法。在尚未收集足够的信息并着手正式的分析之前就提出对问题的解答，乍听之下感觉有违常识，然而，熟练运用假设思考并借助 S 线路径解决企业经营管理的问题，是职场人士必须掌握的一项基础工作技能。

假设思考可以加速问题解决的进程。你作为问题解决者，如果坚信所获得的信息越多就越有利于做出正确的决策，那么你在接手问题后就会立即着手收集尽可能多的信息，并通过分析来发掘出问题根因，然后针对问题根因再次收集信息来设计解决方案。在反复的信息收集过程中，时间飞逝，等到问题解决期限临近时，你才不得不在一声叹息后，仓促地抛出一个仅用于交差的方案。或者此时你才发现，你依然没有收集到足以支撑自己提出解决方案的必要信息。

支持"信息越多就越有利于做出正确决策"这一理念的基础假设是"信息越多就越能消除事物的不确定性，也就是确定性越大"。就像我们平时做考试题，首先会根据考题所要考查的知识点列出等式 $X+Y+Z=W$，然后根据题目所给的 A 信息确定 X 的数值，根据 B 信息确定 Y 的数值，根据 C 信息确定 Z 的数值，最后计算得出 W 的数值。如果考题中缺少了 C 信息，则最终无法确定 W 的数值。然而，信息越多就真的是确定性越大吗？再以该考题为例，如果考题中再增加一条干扰性极强的 D 信息，许多人可能就会做错该题，也就是说，增加了 D 信息，反而确定性会减少。

在信息论中，不确定性的增加叫熵增，减少叫熵减。也就是说，只有新信息的增加降低了不确定性，可以带来熵减，才是有用的信息。以前文所说的"A产品的销量不好"这一问题为例，运用业务公式：销量 = 竞争优势 × 销售策略，我们提出了如下两个议题：

√ 议题一：如何提高A产品的市场竞争优势？
√ 议题二：如何才能为A产品制定出好的销售策略？

如果我们通过对销售经理、售后服务人员、经销商和最终用户的简单访谈就得知，A产品在最终用户最为看重的几项性能指标上都远优于其他竞品，只是品牌影响力和客户关系要逊于头部竞争对手，因此决定选择议题二为真正需要解决的议题。简单访谈所获得的信息有助于快速做出决策，熵值变小，是有用的信息。当人们正在讨论是通过加大广告的投放力度，还是通过强化与大客户的关系来提高A产品的销量时，如果有主管提出"开发新产品也是一个不错的选择"之类的建议，该建议将使之前所做的决策又重新回到原点，造成决策延误和执行上的混乱。这一类信息就是在使熵值变大，使不确定性增加。

事实上，对于症状解的设计，根本就没有充足的时间和资源允许你全面收集信息后再拿出解决方案。而如果你能像医生或者科学家那样，一开始就凭手头已有的信息和过往经验提出一个初始假设，这个初始假设就成了解决问题的指南针和路线图，它为下一步工作指明了方向，并明确了要完成的关键任务，也限定了信息收集和分析的范围。即使当前的假设随后被证伪，需要重新构建一个新的假设，其进程也会比漫无目的地收集信息后，通过分析再设计出解决方案要快得多。

假设思考有助于在问题解决之初就构建起解决问题的整体框架。假设思考不是瞎蒙，是有依据的初始解答。特别是症状解的假设思考，既包括了对解决方向也就是真正待解决的议题的假设，也包括了对基本方针或总体策略、支撑理由或行动举措等具体行动方案的假设，这些假设构成了解决方案的整体框架。该框架是对解决方案的总体设计，症状解的整个S线设计过程都是围绕这一框架展开的：在S线的提出假设阶段，问题解决者自上而下地构建出一个初始方案框架；在S线的信息收集和分析阶段，问题解决者自下而上地论证和完善该方案框架；在 S 线的创新与整合阶段，问题解决者再利用该方案框架进行自上而下的呈现和汇报。

通过假设思考，仅凭有限的信息和过往经验，就可以在解决问题的早期构建起解决方案的整体框架。有了这一整体框架，就可以总览问题解决的期望目标是什么，达成期望目标必须解决的关键议题有哪几个，解决关键议题的基本方针或总体策略又是什么，支撑总体策略的理由和行动举措有哪些。整体框架中逻辑清晰、理由充足的部分，无须过多关注。问题解决者只需针对整体框架中逻辑和理由尚有欠缺之处，着手收集信息并加以验证即可，根本就不会浪费时间和资源在无用的信息和多余的分析上。

如果没有整体框架做指引，一开始便沉浸在收集信息的相关细节中，便如同在没有航海图的情况下出海航行。而如果事先就通过假设思考构建起方案的整体框架，问题解决工作就可沿着我们事先设定的路线图逐步推进，并获得事半功倍的效果。

然而，仅凭有限的信息和过往经验就建立起来的初始方案，被随后的分析和验证过程所证伪，这种情况也司空见惯。即便如此，问题解决者也不必过于担心时间和资源的浪费。如果初始方案大幅度偏离事实，通常只需简单的信息收集和分析验证即可被推翻。如前文所说的"A 产品的销量不好"，原本问题出在品牌营销和客户关系上，而初始方案却提出要提高 A 产品的市场竞争优势，此方案只需通过简单访谈所获得的"我司产品在几项重要性能指标上远优于其他竞品"这一事实便可推翻之。此时所投入的时间和资源是比较少的，问题解决者不必纠结于原来错误的假设，只需重构一个新的假设就好。而且在原来的假设被推翻之际，新的假设往往也就顺势浮上了水面。如果初始方案大体符合事实，只是在某些细节上存在错误，这种情况更是稀松平常，此时只需用收集来的信息或分析所得的结果完善初始方案即可。

假设思考法是每一位管理咨询顾问在咨询行业立足的一项基本功，也是企业管理者想成为一名问题解决高手,并提升自身业务能力、推动业绩有效增长所必须要掌握的一种思考方法。假设思考还可用于指导精益产品开发,精益产品开发并非一开始就要开发出一款完美产品,而是先假定客户最看重的一两个需求点,并据此开发出最小可行产品 MVP,然后再根据市场及客户的反馈完善该产品。

第二节　假设思考六步法及案例速览

运用假设思考为企业经营管理的问题设计症状解的六个步骤依次是:界定问题、明确议题、构建方案、收集信息、论证方案和整合汇报,如图 2-1 所示。旧问题解决了,还会出现新问题,解决新问题需要再次从界定问题开始新一轮的六个步骤,因此,这六个步骤是一个不断循环的过程。第三步构建的方案是一个假设的初始方案,需要通过第四步的收集信息和第五步的论证方案对它进行检验。有时此方案可能会被证伪,此情形下就应再次回到第三步重构一个新的待验证的初始方案,这是一个嵌套在六步法大循环中的小循环。

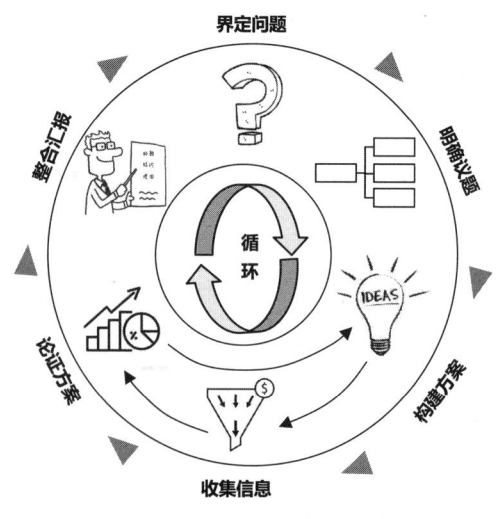

图 2-1　假设思考法的六个步骤

下面我们通过一个贯穿整本书的案例来简要说明假设思考六步法的每一步的主要工作内容。

W公司从事安防监控设备的生产和销售已有十年，今年上半年的业绩一直维持在正常增长水平。但是，从第三季度某竞争对手开展低价竞争以来，公司的销售收入就掉头进入了下滑的趋势，到年底估计会产生2000万元的收入缺口。

第一步：界定问题。解决问题前要先准确界定问题，界定问题首先是要界定这是谁的问题，也就是问题的所有者是谁。问题是期望状态与现状之间的差距，问题所有者的期望或目标是什么也是需要在这一步界定清楚的。解决问题会受到诸多现实条件的约束，因此这一步还需要弄清楚解决该问题会存在哪些时间、资源、权限、法规及其他制约因素的限制。W公司销售收入下滑的问题首先应当是销售总监要重点关注的问题，于是销售总监成了W公司经营管理层一致认同的该问题的所有者，并被要求年底前要补上约2000万元的收入缺口。但是，时间只剩四季度的三个月了，而且竞争对手正在以低价的竞争策略快速挤占W公司的市场份额，这些都是解决该问题所面临的约束条件。此时，销售总监可以指派一名高级销售经理或成立一个项目团队作为问题解决者，让其负责解决方案的设计和实施。

第二步：明确议题。第二步是将第一步界定的问题转化成必须或者真正要解决的议题。议题是对解决方向或切入角度的假设，解决问题的基本方向有两个：一是改善现状，二是满足期望。若想通过改善现状来设计症状解，只需分析出造成当前不良现状的直接原因或主要原因，再基于此原因明确要解决的议题即可；若想通过满足期望来设计症状解，则需要探寻出问题所有者的真实需求和目的是什么，然后基于此需求或目的明确要解决的议题。正如前文所说，本书提倡优先选择在满足期望的方向上设计症状解。

以在满足期望的方向上如何明确议题为例，W公司销售总监面对销售收入下滑的问题，其期望是在四季度的三个月内弥补 2000 万元的收入缺口。因此，销售总监所要解决的最基础、最根本的议题就可能是：如何在三个月内扭转销售收入下滑的趋势，并弥补 2000 万元的收入缺口。在本书中，此类最基础、最根本的议题被称为根议题。根议题所确定的方向还是太粗略，无法指导具体行动方案的设计，需要将根议题进一步分解成多个主干议题（简称主议题），主议题在解决方向的基础上进一步明确了解决问题的切入角度。针对上述销售总监的根议题，可以运用业务公式（销售收入＝销量 × 售价）或者安索夫矩阵来为其分解过程提供指导。

运用业务公式（销售收入＝销量 × 售价）可将上述根议题分解成如下的三个主议题：

√ 主议题一：如何在售价不变或降价的情况下大幅提升销量？
√ 主议题二：如何在销量不变或下降的情况下大幅提高售价？
√ 主议题三：如何通过同时提高销量和售价来增加销售收入？

安索夫矩阵经常用于讨论业务增长路径的选择，如图 2-2 所示。安索夫矩阵从产品和市场两个维度提出了业务增长的四条路径：市场渗透、市场开发、产品开发和多元化经营。

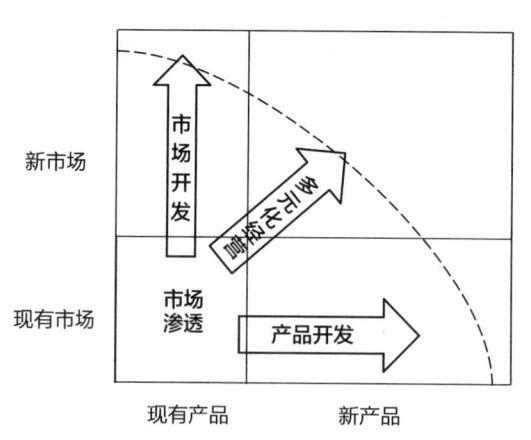

图 2-2 运用安索夫矩阵选择业务增长路径

以安索夫矩阵的四条路径为参考，也可以将 W 公司弥补收入缺口的根议题分解成如下的四个主议题：

√ 主议题四：如何在现有市场上用现有产品提高销售收入？

√ 主议题五：如何在现有市场上推出新的产品来提高销售收入？

√ 主议题六：如何利用现有产品开拓新的市场来提高销售收入？

√ 主议题七：如何开发新的产品打入新的市场来提高销售收入？

上述每一个主议题都代表了不同的问题解决切入角度，在时间和资源受限的情况下，问题解决者必须对这些议题进行评估和排序，选出在当前条件下最具实施价值的议题。以运用安索夫矩阵分解出来的四个主议题为例，竞争对手正在以低价参与竞争并抢夺W公司的市场份额，因此主议题四已不具有可实施的价值。开发新产品的周期太长，无法在三个月内形成规模销售，因而主议题五和主议题七也应被排除，真正值得解决的议题就只有主议题六了。

第三步：构建方案。假设思考法第一步明确了问题解决的期望和目标，如三个月内弥补2000万元的收入缺口。第二步明确了真正要解决的根议题和主议题是什么，也就是明确了问题解决的方向和切入角度，如利用现有产品开拓新的市场来提升销售收入。第三步则是在此方向和切入角度的指引下，提出解决问题的核心建议（包括解决问题的方针策略和可达成的期望目标）及支撑该核心建议的理由和行动举措是什么，只不过此时的理由和行动举措依然是一种凭过往经验和当前有限信息所做的假设而已。

真正要解决的议题、针对该议题的核心建议、支撑该核心建议的理由或行动举措是构成初始解决方案的基本内容。初始解决方案的构建，应当以最终要汇报的提案为目标进行构建，而提案内容的组织形式往往采用的是金字塔结构。因此，第三步是一个以终为始，自上而下构建初始解决方案的过程。

例如针对W公司如何在三个月内弥补2000万元收入缺口的问题，其初始解决方案的金字塔结构和内容如图2-3所示。

> 公司从事安防监控设备的生产和销售已有十年,今年上半年的业绩一直维持在正常增长水平。但是,从第三季度某竞争对手开展低价竞争以来,我们的销售收入就掉头进入了下滑的趋势,到年底估计会产生2000万元的收入缺口,我们该**如何在三个月内扭转销售收入下滑的趋势并弥补2000万元的收入缺口?**
>
> **核心建议**:我们应当利用现有产品开拓东南亚市场,采取"走出去,本地化"的基本策略,到年底,可以为我司带来1000万~3000万元的销售收入

以终为始,自上而下构建

| **支持性理由**:东南亚市场是一个有吸引力的安防监控的新兴市场,特别是流动人口大的城市对安防监控的潜在需求很大 | **支持性理由**:我们有能力开拓该市场,今年以来我们已经跟该区域的几个经销商有过接触,并且我们此前有过成功开拓泰国市场的经验 | **支持性理由**:我们的产品和解决方案都是成熟的,通过快速抢占该市场,可以让我们摆脱国内的价格战,并迅速提升销售收入 |

图 2-3　W 公司弥补收入缺口的初始解决方案的金字塔结构和内容

第四步:收集信息。以事实为依据并以合乎逻辑的推理所得出的建议或结论才会是令人信服的。假设思考法第三步所构建的初始解决方案还只是一种假设而已,必须经过事实和数据的检验,证实其是可行的才能付诸实施。如果初始解决方案被证伪,则需要重构一个新的方案,并再一次收集信息来验证它。

为了验证初始解决方案,必须做大量的分析论证,收集信息就是在为这些分析论证做准备工作。因此,在真正动手收集信息前,先要设计好所有待分析论证的内容。确定了要分析论证的内容以及应收集的信息,问题解决者就可以据此制订出用于指导信息收集和方案论证的详细工作计划了。工作计划包括了要分析的内容、可能的分析结果、分析方法及信息来源、责任人及完成时间等。例如为验证第三步提出的 W 公司弥补收入缺口的初始解决方案,需要分析的内容及可能的工作计划的示例,如图 2-4 所示。

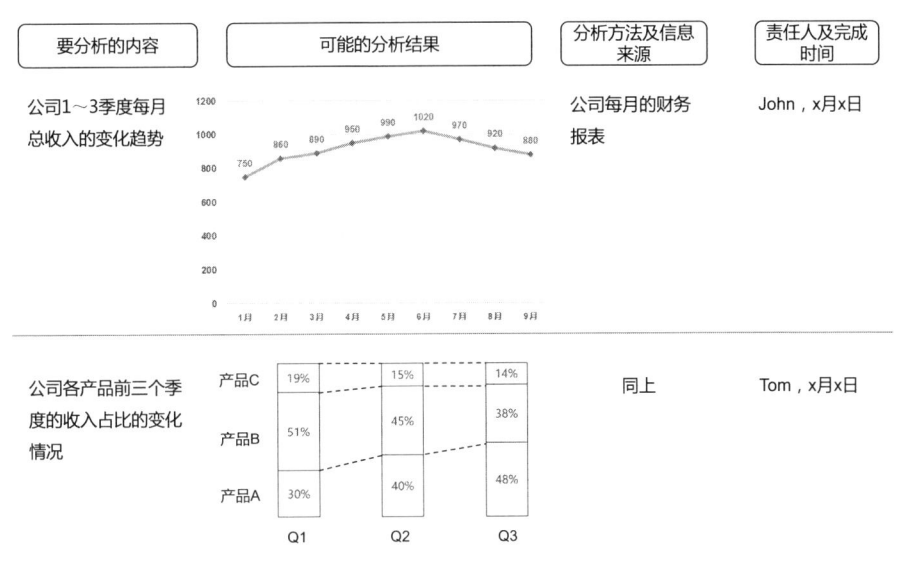

图 2-4 验证初始解决方案所需的分析内容及工作计划示例

注：Q 代表季度。

收集信息的主要途径有深度访谈与问卷调查、行业及企业资料查阅、与标杆企业的对比研究等。通过有限范围的深度访谈，问题解决者就可以挖掘出公司业务经营和运营管理的主要问题。问卷调查则可以帮助问题解决者在更大范围内收集更加全面的信息。通过资料查阅，问题解决者可以理解公司外部的经营环境及行业现状，了解公司近年的业务经营状况及其变化趋势，以及公司的战略、运营及人员管理的现状。收集同类型标杆企业的信息并与之进行对比研究，将有助于问题解决者理解各种管理模式的产生背景与适用条件，并找到适合本公司的改善路径。

第五步：论证方案。有了收集回来的信息，接下来就是要利用信息进行分析论证了。信息分析的方法是针对每一条重要信息都要追问"So What"（那意味着什么），这是一个由事实推导出结论的过程。通过分析论证，可以让初始解决方案逐步走向靠谱。所谓靠谱就是：结论是明确的，逻辑是清晰的，理由是充分必要的，方案是可实施的。整个方案的论证过程，是一个自下而上分析论证的过程。以对第三步所提出的 W 公司弥补收入缺口的初始解决方案的论证为例，其论证过程和结果如图 2-5 所示。

> 公司从事安防监控设备的生产和销售已有十年，今年上半年的业绩一直维持在正常增长水平。但是，从第三季度某竞争对手开展低价竞争以来，我们的销售收入就掉头进入了下滑的趋势，到年底估计会产生2000万元的收入缺口，我们该**如何在三个月内扭转销售收入下滑的趋势并弥补2000万元的收入缺口**？
>
> **核心建议**：我们应当利用现有产品开拓**印度尼西亚、越南和菲律宾**市场，采取"走出去，本地化"的基本策略，到年底，可以为我司带来1500万～2300万元的销售收入
>
> | **支持性理由**：印度尼西亚、越南和菲律宾三国市场是一个有吸引力的安防监控的新兴市场，特别是流动人口大的城市对安防监控的潜在需求很大 | **支持性理由**：我们通过成立以xxx为负责人（Leader）的东南亚市场开拓团队，并与三国的A、B、C等经销商合作，就可以快速进入这三国市场，开拓成本约60万元 | **支持性理由**：我们现有的产品能够满足东南亚闷热潮湿的气候及用户的主流需求，三个月内可以抢占约3%的市场份额，创造1500万～2300万元的收入 |

（左侧竖排：分析信息，自下而上论证）

图 2-5　W 公司弥补收入缺口的初始解决方案的论证过程和结果

初始方案所说的"东南亚市场是一个有吸引力的安防监控的新兴市场"，经过进一步的分析论证，可以更明确地指出"印度尼西亚、越南和菲律宾三国市场是一个有吸引力的安防监控的新兴市场"。初始方案初步判断 W 公司"有能力开拓东南亚市场"，现在则可以给出更有力的理由了："我们通过成立以 ××× 为负责人（Leader）的东南亚市场开拓团队，并与三国的 A、B、C 等经销商合作，就可以快速进入这三国市场，开拓成本约 60 万元。"初始方案笼统地提到"我们的产品是成熟的"，现在则可以具体指出："我们现有的产品能够满足东南亚闷热潮湿的气候及用户的主流需求，三个月内可以抢占约 3% 的市场份额，创造 1500 万～2300 万元的收入。"有了这些支持性理由的详细分析和论证，核心建议就可以修改成："我们应当利用现有产品开拓印度尼西亚、越南和菲律宾市场，到年底，可以为我司带来 1500 万～2300 万元的销售收入。"

通过论证，如果核心建议或支持性理由被证伪了怎么办？首先需要理解的是方案论证的目的在于找到正确的解决方案，而非为了证明最初的解决方案为真。如果部分支持性理由被证伪了，但核心建议依然成立，则整个解决方案被优化后就可以进入第六步——整合汇报了。如果主要理由被证伪，核心建议被推翻，则需要回到第三步重构一个新的解决方案，并再

次收集信息进入新一轮的论证过程。

　　第六步：整合汇报。第五步中被证实的方案在进一步被整合完善后，就可以着手准备向利益相关方汇报了。方案汇报的过程，就是向沟通对象推销方案的过程。用金字塔结构来组织用于汇报的最终提案，并控制汇报过程是一个不错的方法。该方法的特点是通过结论先行，自上而下，先引发疑问接着给出回答的方式，来引导沟通对象自己就得出问题解决者想要的结论。简化后的 W 公司弥补收入缺口的最终提案如图 2-6 所示。

背景说明	核心建议	内容摘要	章节引言
公司从事安防监控设备的生产和销售已有十年，今年上半年的业绩一直维持在正常增长水平。但是，从第三季度某竞争对手开展低价竞争以来，我们的销售收入就掉头进入了下滑的趋势，到年底估计会产生2000万元的收入缺口	我们应当利用现有产品开拓印度尼西亚、越南和菲律宾市场，到年底，可以为我司带来1500万～2300万元的销售收入	• 印度尼西亚、越南和菲律宾三国市场是一个有吸引力的安防监控的新兴市场…… • 我们通过成立以xxx为负责人（Leader）的东南亚市场开拓团队……	• 印度尼西亚、越南和菲律宾三国是一个有吸引力的新兴市场 • 印度尼西亚是一个有吸引力的市场 • 越南是一个有吸引力的市场 • 菲律宾是一个有吸引力的市场 • 我们有能力开拓上述三个有吸引力的新兴市场……

　　　　　　　　　　　结论先行，自上而下汇报 →

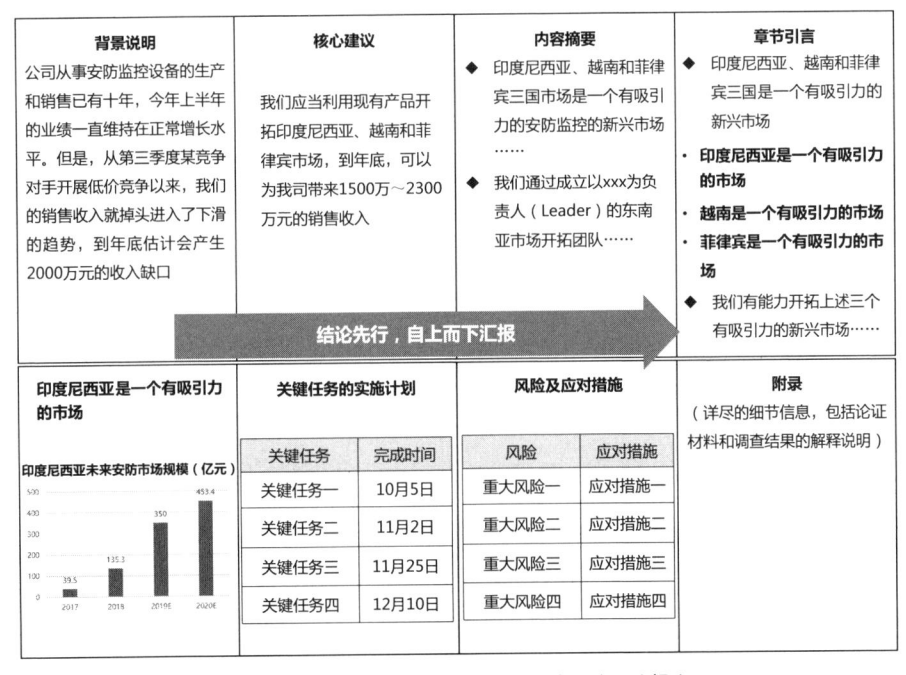

印度尼西亚是一个有吸引力的市场	关键任务的实施计划		风险及应对措施		附录
印度尼西亚未来安防市场规模（亿元） 500 ┐ 　　　　　　　 453.4 400 ┤ 　　　　 350 300 ┤ 200 ┤ 　 135.3 100 ┤ 39.5 　0 └ 2017　2018　2019E 2020E	关键任务	完成时间	风险	应对措施	（详尽的细节信息，包括论证材料和调查结果的解释说明）
	关键任务一	10月5日	重大风险一	应对措施一	
	关键任务二	11月2日	重大风险二	应对措施二	
	关键任务三	11月25日	重大风险三	应对措施三	
	关键任务四	12月10日	重大风险四	应对措施四	

图 2-6　简化后的 W 公司弥补收入缺口的最终提案

　　提案的汇报有两个关键点：一是汇报内容要简洁、全面、系统；二是汇报过程要事先沟通，并针对不同的沟通对象调整汇报的方式和内容。

　　最终提案被批准通过，问题解决者就算完成了假设思考法六个步骤的所有工作，并将解决方案推进到了实施阶段。

第三节　假设思考法的四个核心原则

在运用假设思考六步法设计症状解的 S 线过程中，问题解决者会遭遇许多有关议题和解决方案的争论与决策难题，但是只要坚持以假设为导向、以事实为依据、效率优先和满足 MECE 的要求这四个核心原则，就可以保证症状解的设计过程能够做到大胆假设、快速求证，并使最终的解决方案考虑全面、有理有据。

以假设为导向

在假设思考法的六个步骤中，除了第一步的界定问题与第六步的整合汇报，其他四个步骤都是以假设为导向的。假设思考六步法的第二步明确的议题是对解决方向的假设，第三步构建的方案还包括了对具体行动方案的假设，第四步是在第三步输出的假设性初始方案的指导下进行信息收集，第五步则是依据事实对该假设性初始方案进行验证。因此，症状解的设计过程，是一个以假设为指南针与路线图的分析和解决问题的过程。

在症状解的设计过程中，有两次要用到假设思考。第一次是在接触问题的第一时间，运用假设思考选定真正要解决的问题即议题是什么，这是对议题的假设，也是对解决方向（根议题）和切入角度（主议题）的假设；第二次是针对被选定的议题运用假设思考构建具体的行动方案，行动方案包括解决问题的基本方针或总体策略，以及支撑该方针、策略所需的支持性理由或行动举措。

以"A 产品销量不好"这个问题为例，在推论思考方式下，首先会进行诸多耗时耗力的调查和信息收集工作，如客户访谈、客户满意度调查、竞争对手及竞品分析、线上线下渠道分析等。而在假设思考方式下，对与其相关的议题和行动方案所做的两次假设，如图 2-7 所示。

图 2-7 中的第一次假设是在运用业务公式：销量 = 竞争优势 × 销售策略，提出如下的两个议题，这是对问题解决方向所做的假设。

√议题一：如何提高 A 产品的市场竞争优势？

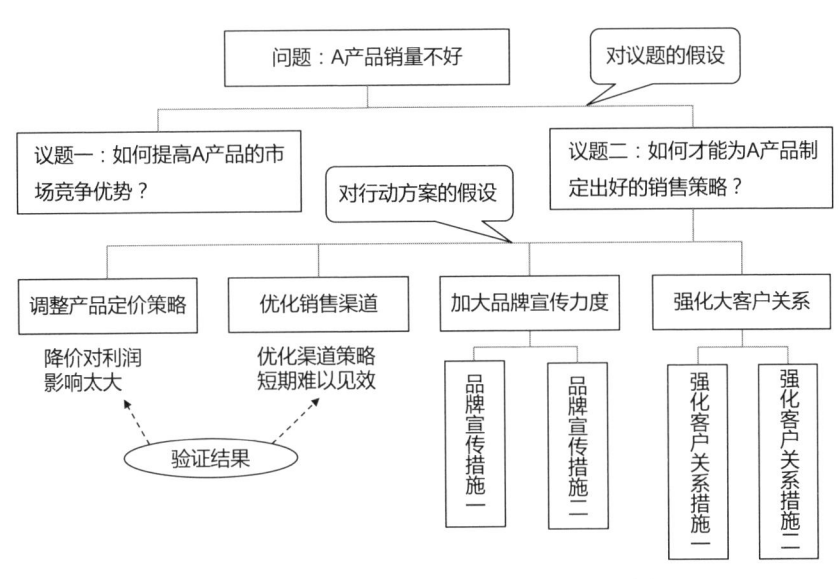

图 2-7 对 A 产品销量不好的议题和行动方案的两次假设

√议题二：如何才能为 A 产品制定出好的销售策略？

通过对销售经理、售后服务人员、经销商和最终用户的简单访谈，就获知 A 产品在最终用户最为看重的几项性能指标上，都远优于其他竞品，只是 A 产品的品牌影响力和客户关系要逊于头部竞争对手。因此，议题二才是真正值得解决的问题。

完成了对议题的假设和快速验证，也就选定了真正要解决的问题。接下来就是针对该议题提出具体行动方案的假设，如调整产品定价策略、加大品牌宣传力度、强化大客户关系及优化销售渠道等。当然，这些都还只能算是基本方针或总体策略，还需要将它们细化成更具体的行动举措。

到目前为止，整个方案还只是一种假设，接下来的任务就是收集相关信息和数据对该方案进行验证。通过验证发现，A 产品的降价促销对利润影响比较大，优化渠道策略在短期内对销量的提升也难以见效，品牌影响力和大客户关系是提升 A 产品销量的关键。于是，问题解决者就可以利用收集到的信息和分析所得的结果，进一步完善与品牌和客户关系相关的行动举措，形成最终的解决方案。

如果上述解决方案被验证结果所推翻，则需要重新回到对议题的假设，并重构一个新的待验证的初始方案。由此可见，以假设为导向就是根据已有信息和过往经验，先提出问题的解决方向和具体行动方案的设想，然后以该设想为标靶，收集信息和数据证实或证伪它。假设它被证伪或部分被证伪，此时就要重构或调整假设，并重新验证，如此形成循环，直至假设被事实支持成为洞见。构建假设与论证假设的循环过程如图2-8所示。

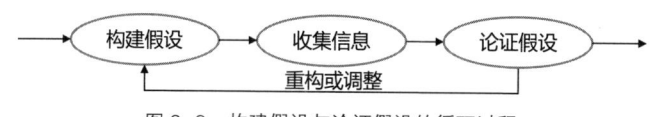

图 2-8 构建假设与论证假设的循环过程

假设是有依据的猜想，不是正确答案，假设需要在反复的"构建假设→论证假设→重构或调整"的过程中进化为更完善、更精准的假设。因此，假设即使错了也没关系，上一轮循环的结果将有利于形成新一轮更好的循环，并让假设得以进化。

以事实为依据

假设思考法必须以事实为依据，通过严谨的逻辑推理提出真知灼见，才能形成可靠的、有说服力的、被大多数人认同的解决方案，没有事实作为根基的解决方案犹如建在沙滩上的大厦，方案反对者任何一条有力的论据都可以使大厦瞬间崩塌。假设思考六步法中无论是提出假设还是验证假设，都需要基于事实。

何为事实？本书所说的"事实"是指反映客观真实的信息或者能被大多数人所接受的原则、原理。"2022年中国人口首次负增长85万人""访谈结果反映出客户对A产品的满意度比较低"等都是客观事实，"产品创新应以市场为导向，以客户需求为驱动"，这是被大家普遍接受的基本原则。

看一个反例：追求健康环保的年轻人现在很流行吃植物肉。（注：植物肉是指利用食品加工技术，用植物蛋白做出既有肉的口感又有肉的形状的产品。）此描述表面上看起来很符合逻辑，但这未必是事实，仅代表一种主观意见而已。经过调查后发现，对于某些想要控制体重的低肉人群和素食主义者来说，他们确实会倾向于选择植物肉。但这些人只占年轻人群体的一小部分，植物肉在大多数年轻人的食材选择中占比仍然很小，离流行还差得远。如果以这种难以称为"事实"的主观意见为依据，可能会推导出类似"植物肉是在年轻人中流行的一种新型食材，我们应当加大对植物肉的研发投资"等缺乏说服力的结论。

事实总是隐藏在大量鱼龙混杂的信息和数据中，需要问题解决者通过对信息和数据的分析将其发掘出来。要想快速、准确地发掘出事实，绘制图表是一种非常有效的方法。通过图表的运用，问题解决者可以将那些量化数字和描述性信息以可视化的形式展示出来，并有利于促进对隐藏在信息和数据背后的基本事实的思考与探索。例如某企业 1—10 月的销售收入数据显示此前一直在增长的收入出现了负增长，如表 2-1 所示。将此表的数据用图形展示就如图 2-9 所示。

表 2-1　某企业 1—10 月的销售收入　　　　　　　单位：百万元

1月	2月	3月	4月	5月	6月	7月	8月	9月	10月
260	270	285	300	320	330	290	270	260	240

图 2-9　某企业 1—10 月的销售收入

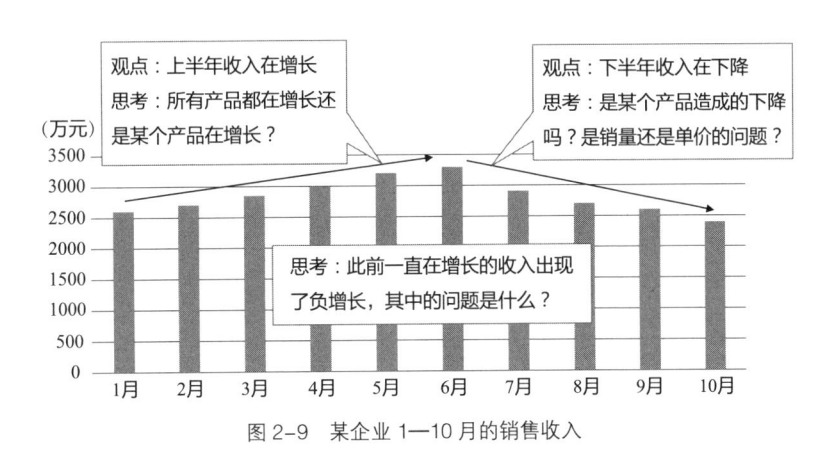

图 2-9 显示 6 月是收入由增长变为下降的转折点，由此会触发思考：此前一直在增长的收入出现了负增长，其中的问题是什么？从 1—6 月的

数据变化趋势可以得出"上半年收入在增长"的观点，由此也会触发思考：是所有的产品都在增长还是某个产品在增长？从6—10月的数据变化趋势可以得出"下半年收入在下降"的观点，由此再次触发思考：是某个产品造成的下降吗？是销量还是单价造成的收入下降？上述所有思考的结果就是隐藏在收入数据背后的客观事实。

问题解决方案由问题解决者提出的一系列主观意见、建议或结论组成，而事实则是客观的，不带有任何主观倾向性。客观事实与主观意见、建议或结论的示例如图2-10所示。以事实为依据推导出结论的过程，尽管也会加入问题解决者基于自身立场和利益的许多主观判断和决策，但是只要该结论是以事实为依据，通过严谨的逻辑推导出来的，我们就认为它是可靠的、有说服力的，且可以被大多数人认同的。因此，在假设思考六步法的第二步、第三步提出假设，以及第五步验证假设的过程中，面对客观事实，问题解决者要敢于明确地给出自己带有倾向性的结论或含有行动举措的建议，以此来帮助管理层及时做出正确的决策。

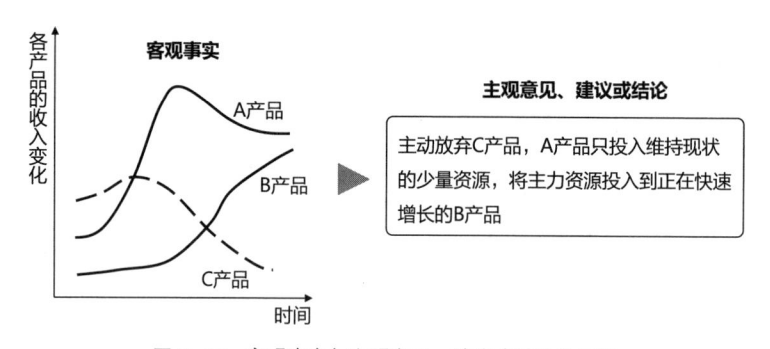

图2-10 客观事实与主观意见、建议或结论的示例

效率优先原则

针对问题采用症状解是在为实施根本解争取时间，因此效率是设计症状解时要优先考虑的决定性因素。

问题解决者在第一时间所见到的问题，绝大多数不是真正值得解决的问题，即议题，因此问题解决者的首要任务是挖掘出真正待解决的议题。

如前文所说，议题的思考方向有两个：一是改善现状，二是满足期望。为实现效率优先，症状解的议题挖掘方向如果选择的是改善现状，则只需分析出造成当前不良现状的直接原因或主要原因即可；而如果选择的是满足期望，则需要探寻出问题所有者的真实需求和目的是什么，然后想办法快速满足其需求和目的。为满足效率优先原则，本书提倡优先选择在满足期望的方向上去挖掘真正待解决的议题，也就是说思考议题的方法要用"So What"而非"Why So"。以外星人正在侵占地球这一问题为例，当务之急不是要分析外星人为什么不在其星球上好好待着而非要来侵占我们的家园，而是要思考如何才能打败外星人并将其赶出地球，以此来快速实现我们地球人的期望。针对外星人正在侵占地球这一问题的两个议题思考方向如图 2-11 所示。

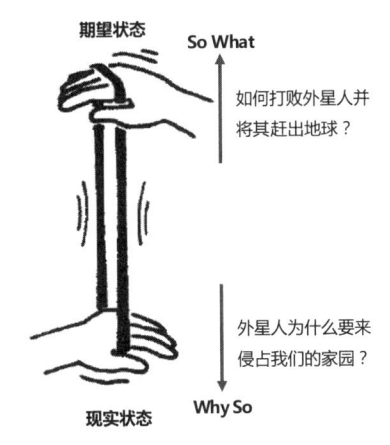

图 2-11　针对外星人正在侵占地球这一问题的两个议题思考方向

企业经营管理的问题不是解数学方程式的问题，不存在唯一的正确答案。况且商业环境瞬息万变，竞争对手的招数也千变万化，在救火如救命的情形下与其思考最优不如执行次优。在图 2-7 所示的解决"A 产品销量不好"的所有行动举措中，本来"优化销售渠道"是比"加大品牌宣传力度"和"强化大客户关系"更有利于提升 A 产品销量的举措，但是由于优化渠道的策略在短期内难以见效，在效率优先原则的指导下，问题解决者最终放弃了该举措。

效率优先的原则也要求问题解决者在收集信息时不要收集过头，只需收集能够证实或证伪初始解决方案所必需的信息即可。在信息量爆炸的今天，一旦开始收集信息，便极易将收集工作本身当成目的。竭尽全力去尽可能多地收集信息只会压缩分析论证的时间，最坏的情况是到最后才发现收集到的信息都是无用的信息，并延误了解决问题的最佳时机。

同样，效率优先的原则还要求分析论证初始解决方案时，要将支撑该方案的理由或行动举措进行重要性排序，并从最重要的开始。因为一旦某个非常重要的理由或行动举措被证伪，即预示着整个方案将被推翻，剩下的其他理由或行动举措也就没有分析的必要了。

MECE 原则

MECE 的全称是 Mutually Exclusive Collectively Exhaustive，翻译成中文就是"不重复无遗漏"。所谓的不重复无遗漏是指在将某个整体事物（或系统）分割成不同的部分时，必须保证分割后的各部分符合以下要求：

√ 各部分之间相互独立（不重复）。

√ 所有部分完全穷尽（无遗漏）。

以对服装市场的细分为例，MECE 原则的应用如图 2-12 所示。

图 2-12 中左边的三种细分结果都不满足 MECE 原则，将整个服装市场分为儿童装和老人装，尽管没有重复却遗漏了婴儿装与成人装。男装和女装是对服装市场不重复无遗漏的细分，加上儿童装则会产生重复。第三种情形中儿童装与流行装有重复，并遗漏了成人装等细分市场。图 2-12 中右边的细分结果则完全满足既不重复也无遗漏的 MECE 原则。

假设思考六步法中的第二步明确议题、第三步构建方案、第五步论证方案及第六步整合汇报，都需要运用 MECE 原则来指导问题解决者开展相关工作。如果在识别关键议题时出现遗漏，可能会错失解决问题的最佳方向；如果在构建方案时出现关键理由或行动举措的缺失，则会危及整个解决方案的合理性；如果在论证方案时忽视了某些关键事实，也许会导致解

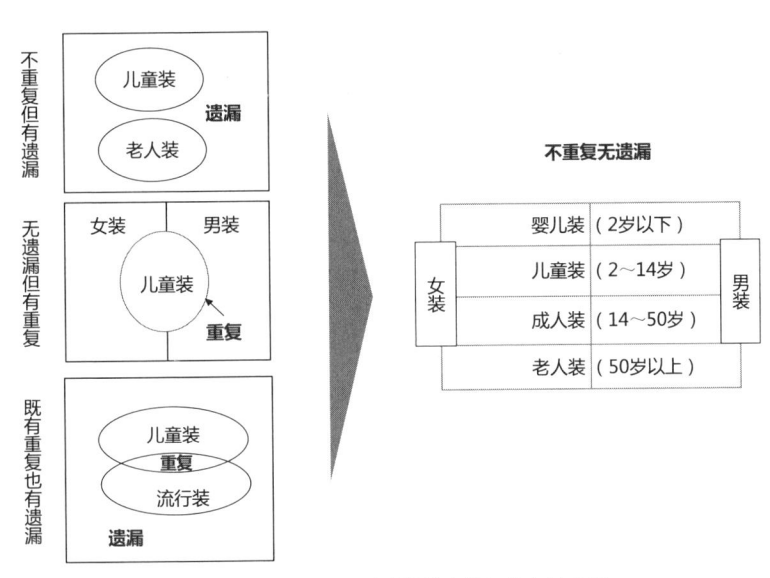

图 2-12　MECE 原则在服装市场细分中的应用

决方案被证伪。而任何一个步骤出现的重复，都会造成思考逻辑上的混乱和时间与资源的浪费。

将事物（或系统）分割成满足 MECE 原则的各个部分，这一动作本身不能成为目的。目的应是为了加深对事物（或系统）的理解，并从中找出对解决问题起关键作用的部分。因此，如果分割后的结果无法达成上述目的，即使满足了 MECE 原则，也是没有任何意义的。就像图 2-13 所示的对一个白煮鸡蛋的两种分割方法，两种方法分割的结果都满足 MECE 原则。方法一分割出来的各个部分都是类似的，无法加深人们对鸡蛋的任何理解，因而是一种无意义的分割。而方法二则是将鸡蛋分割成了蛋黄和蛋白，通过对这两部分的研究，可以加深人们对鸡蛋构成成分的理解，从而提出与鸡蛋营养有关的洞见。因此，方法二是一种有意义的分割方法。

需要注意的是，MECE 原则虽然很重要但也不可滥用。人类对事物（或系统）的认知是有边界的，在对事物（或系统）进行粗粒度或粗维度的分割时，可以比较容易地实现 MECE。当分割的粒度或维度越细，就越难以做到 MECE。以上述服装市场的细分为例，第一层是按性别进行的细

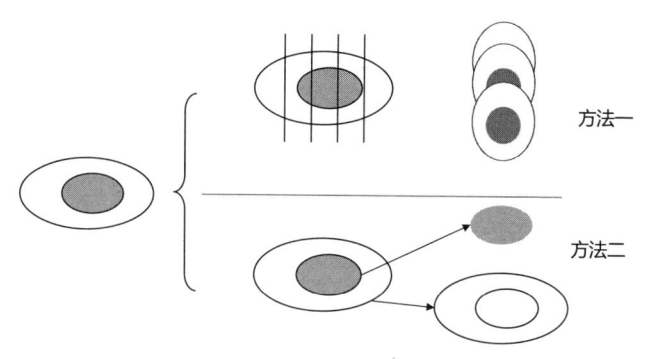

图 2-13 对白煮鸡蛋的两种分割方法

分，第二层是按年龄段进行的细分，如果第三层按客户的关键购买标准（客户为什么购买）进行细分，则有的客户看重的是品牌和质量，有的客户在意的是价格和样式，还有的客户只关注服装的实用性（如保暖、耐磨等），客户的需求千差万别，根本无法做到无遗漏地细分。因此，为了满足 MECE 原则，常会使用"其他议题""其他措施"或"其他……"来代替我们认知范围以外或无须过多关注的部分。

另外，许多人将基于 MECE 原则的思考等同于系统思考，这是因为他们认为的系统思考就是全面思考，而 MECE 原则正是要求对事物（或系统）的分割做到无遗漏的全面性，这其实是对系统思考的极大误解。真正的系统思考，除了要做到全面思考，还要做到深入思考（多问"Why So"和"So What"）和动态思考。特别是动态思考，它要求基于事物（或系统）内部各要素之间的连接关系，思考空间上的那里对这里的影响，以及时间上的昨天对今天和明天的影响，也就是要关注事物（或系统）内部因连接关系而产生的动态复杂性。因为许多情况下，正是那里的解决方案造成了这里更为严重的问题，或者正是昨天的解决方案造成了今天更加恶化的局面。因此，基于 MECE 原则对事物（或系统）内部各要素进行的所谓全面和独立的拆解，本质上依然是一种在某个静止时间点对事物（或系统）的线性分割。尽管这种方法有助于应对事物（或系统）的静态复杂性，但对其动态复杂性却无能为力，因为线性分割破坏了事物（或系统）内部的连接关系。

第三章　假设思考法的四项关键技术

应用假设思考法分析和解决问题，为兼顾效率和质量，还需要一些相关技术和工具的支持，特别是需要掌握对结构化思考技术、议题分解技术、逻辑推理技术和呈现表达技术这四项关键技术的娴熟运用。

第一节　结构化思考技术

系统结构决定系统行为，问题是系统表现出来的不良行为，因此，要解决问题就需要先洞察系统的结构。以系统结构为切入点分析和解决问题的相关思考方法及可视化呈现工具，笔者统一将其称为结构化思考技术。

洞察系统本质的结构化思维

关于结构化思维，有各种定义和理解，有的甚至认为按照金字塔结构或者某些框架结构所进行的思考，就是一种结构化思维。也就是说，即使所认知的对象本身是没有结构的，如ULOYIEVO，这八个随意摆放在一起的英文字母，通过结构化思维也可以让其有结构，如I LOVE YOU。本书认为结构化思维是以系统的结构为思考对象，并据此来理解系统、交流信息和解决问题的一种思考方法。系统是由一组相互连接的有形或无形的要素所构成，以特定的行为模式实现某些功能或目标的一个整体。系统可分为机械系统、有机系统和社会系统，企业及其各种管理体系都属于社会系统，而前面所说的那八个随意摆放在一起的英文字母就不是一个系统。

系统结构是系统各要素及其连接关系之间的相互联系与作用，是系统将各要素及其连接关系组织在一起的方式，系统结构体现了系统整体与部分（包括各要素、连接关系及子系统）的关系。人类所独有的思维本身也是一个系统，一篇文章或一部著作就是这一系统的产物，因而文章或著作也是有结构的（如总分总结构）。系统中每一个要素或者连接关系的变化都会引起系统结构的变化，同样是碳原子，因组合而成的结构不同，可以分别得到石墨和金刚石。中国经济的结构性变革，也就是重塑国民经济各组成部分及相互关系的变革，包括对产业结构、分配结构、劳动力结构等系统性结构的重塑。

理解一个系统，就要从系统的结构入手，因为系统结构决定系统行为。这里的行为是指行为模式，行为模式是系统的习惯性行为特点和行为逻辑。在行为模式之上，才是表现出来的一个个事件，系统问题的各种症状如某个员工离职、某个客户投诉质量有问题就是事件。事件是系统出现问题的冰山水面以上的部分，水面以下是行为模式和系统结构。既然是系统结构造成的一个个问题事件，我们解决问题时就得从系统的内部而不是外部去找原因。经济繁荣或衰退不是由政治领导人左右的，经济系统有自己运行的规律；市场份额的减少不是因为竞争对手太强；流感病毒攻击你是因为你的身体系统适合它们的生长。

系统结构决定系统行为，在解决系统的问题时，自然会想到又是什么决定或影响了系统的结构呢？对于机械系统，当然是其设计师；对于有机系统，那就是自然界的鬼斧神工；而对于企业的管理系统，它的设计者就是老板及管理层。那么老板及管理层又是依据什么来设计企业的管理系统的呢？是笔者在《业务增长战略》及《研发再造》两部著作中都提到过的GAPMB思维框架。

结构化思维以系统结构为思考对象，就可以快速把握整体与部分之间的关系，建立起对系统的全局认知而不会迷失在具体细节中。系统结构决定系统行为，以系统结构为思考对象，还有助于问题解决者迅速厘清思路，抓住系统中影响其行为表现的关键结构。因此，结构化思维是一把洞察系统本质的利器，是线性思考和系统思考的基础。

对相同的一个系统从不同的角度或用不同的维度，可以识别出不同的结构，这些角度或维度及其相互关系就构成了人们对系统结构的认知模式（也叫心智模式）。模式的可视化即为模型，人们常会借助某个模型来理解系统的结构，如管理咨询顾问常用麦肯锡的7S模型来洞察企业的组织管理体系。这些模型的表现形式就是各种框架（framework），因此才会有人认为结构化思维就是框架思维。根据各框架对系统结构描述的侧重点的不同，可分为如下四种类型：

类型一：要素型框架。这是一种对系统的构成要素进行解构的框架，如描述问题的5W2H框架、将整体进行逐层分解的逻辑树（包括金字塔模型）以及指导制定营销策略的4P模型等。

类型二：矩阵型框架。这是一种将系统的构成从两个维度用表格或坐标进行解构的框架，如用于分析外部市场机会与威胁和企业自身优劣势的SWOT框架、用于探寻业务增长路径的安索夫矩阵等。

类型三：流程型框架。这是一种按照物质流、能量流和信息流在系统内部各要素上随时间动态变化的过程（流程）进行描述的框架，如企业或行业的价值链、产品开发的瀑布或敏捷模型等。

类型四：关系型框架。这是一种重点描述系统内部各要素之间连接关系的框架，如用于分析企业盈利水平的杜邦模型、分析市场中五种力量相互作用的波特五力模型、用各种回路描述系统内部结构及其相互关系的因果回路图等。

要素型框架和矩阵型框架都只是从系统的要素维度看系统的结构，这是一种线性分割思维，体现了系统的静态结构，主要用于应对系统的静态复杂性，是低层级的结构化思维。流程型框架和关系型框架则增加了时间维度和连接关系的维度来描述一个系统，这是一种动态整合思维，体现了系统的动态结构，主要用于应对系统的动态复杂性，是高层级的结构化思维。

与结构化思维相对的是碎片化思维，碎片化思维下人们对系统的认知是零碎且混乱的。两种层级的结构化思维及碎片化思维的可视化区别示例如图 3-1 所示。

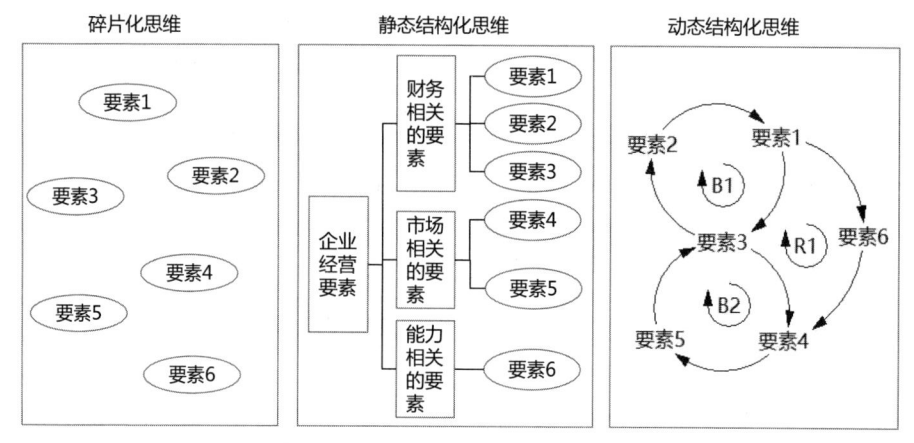

图 3-1 两种层级的结构化思维及碎片化思维的可视化区别示例

在症状解的线性思考过程中，上述四种类型的思维框架都会有所使用，但重点都在于运用这些思维框架识别系统的关键要素，聚焦系统的静态结构及静态复杂性的处理。因此，症状解的设计主要是静态结构化思维的应用，逻辑树和金字塔模型则是这一应用过程中最主要的思维框架。

结构化思考工具之逻辑树

逻辑树将一个整体的事物放在最左边（或最上方），然后从左往右（或自上而下）逐层分解出该事物的构成要素，由于分解所得的图形像一棵树，因此而得其名。如图 3-2 所示。

逻辑树的树枝和树干之间既可以表示因果关系，也可以表示整体与部分的关系。当表示因果关系时，树干是果，树枝是因，问题树和假设树就是表示因果关系的逻辑树。在问题树中，树干是问题，树枝是原因；在假设树中，树干是结论，树枝是依据或理由。当逻辑树表示整体与部分的关系时，树干是整体，树枝是部分，议题树和决策树是表示整体与部分关系的逻辑树。在议题树中，树干是大议题，树枝是由大议题分解出来的小议题；在决策树中，树干代表粗粒度的举措，树枝代表细粒度的举措。

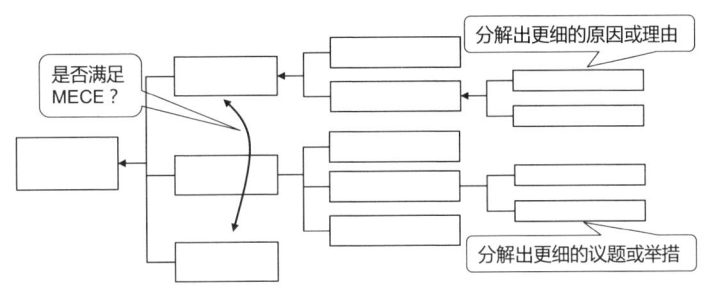

图 3-2 结构化思考工具之逻辑树

逻辑树要求同一层级的各要素之间应满足 MECE 原则，但是对 MECE 原则的满足也是有限度的，一般在逻辑树的第三层就可以适当放松对 MECE 原则的要求。

问题树、议题树、假设树和决策树是四种典型的逻辑树，各种逻辑树的作用及应用场景都会有所不同。

◆ 问题树

问题树的树根是一个 What 型问题，描述问题（Problem）是什么。问题树如图 3-3 所示。

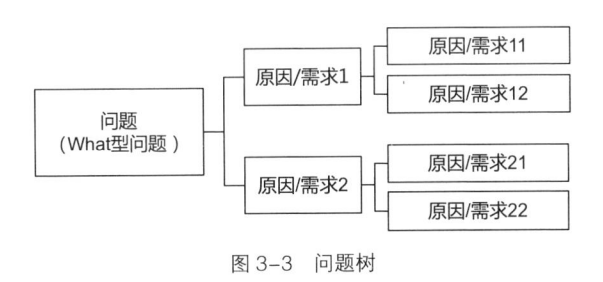

图 3-3 问题树

问题树的作用：用于探寻造成问题的原因或者需求，也就是要识别出真正应该解决的问题，即基础的根议题是什么。需要注意的是对于原因的探寻只需找出造成不良现状的主要原因，而不是根因。因为本书聚焦于为问题设计症状解，而不是根本解。

解决问题的基本方向有两个：一是改善现状，二是满足期望。要想改善现状，则需要探明造成问题的主要原因是什么，方法是不断追问"Why

So"。用问题树探寻主要原因如图 3-4 所示。而想要满足期望，则需要挖掘出问题所有者的真实需求或目的是什么，方法是不断追问"So What"。用问题树挖掘真实需求如图 3-5 所示。

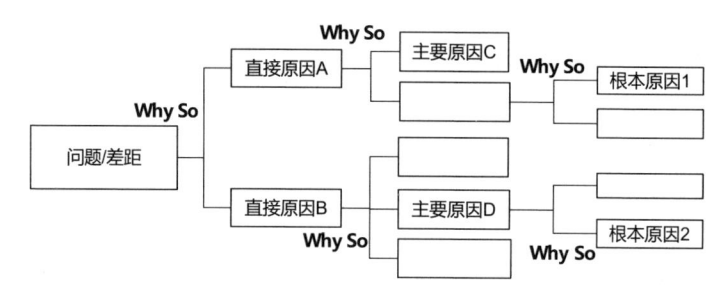

图 3-4 用问题树探寻主要原因

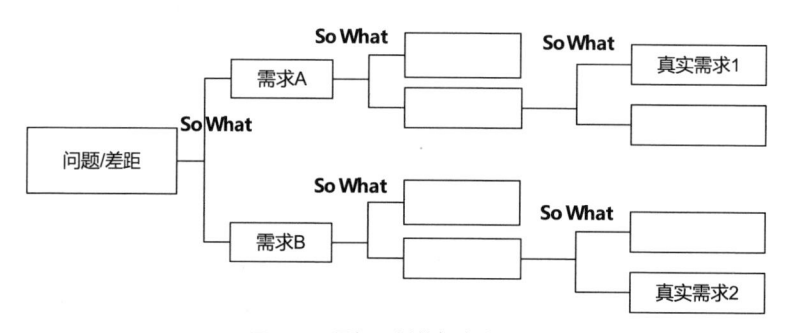

图 3-5 用问题树挖掘真实需求

以"产品 A 的市场份额低于预期的 15%"为例，运用问题树探寻主要原因的过程如图 3-6 所示，运用问题树挖掘真实需求的过程则如图 3-7 所示。

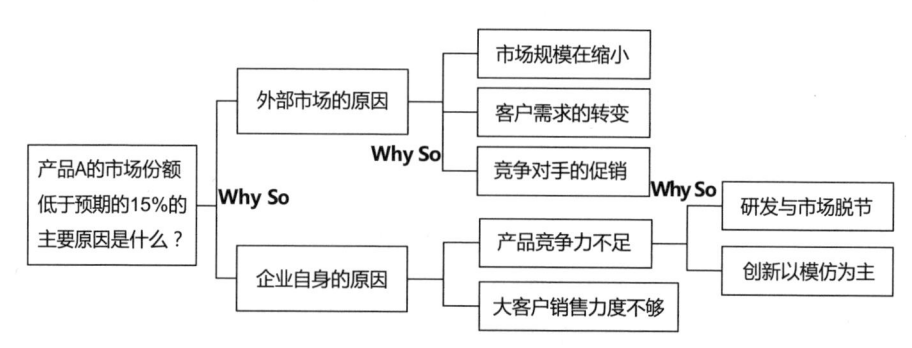

图 3-6 运用问题树探寻主要原因的过程

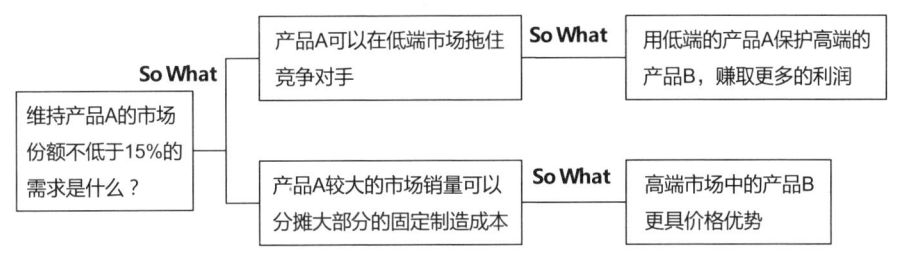

```
                    ┌─ 产品A可以在低端市场拖住  So What ─ 用低端的产品A保护高端的
          So What   │  竞争对手                          产品B，赚取更多的利润
维持产品A的市场 ────┤
份额不低于15%的     │
需求是什么？        └─ 产品A较大的市场销量可以  So What ─ 高端市场中的产品B
                       分摊大部分的固定制造成本           更具价格优势
```

图 3-7　适用问题树挖掘真实需求的过程

问题树的应用场景：问题树主要应用在解决问题的早期，它帮助问题解决者通过原因或需求的分析，识别出真正应该解决的根议题，为下一步将根议题分解成议题树做准备。根议题既可源自对直接原因或主要原因的探寻，也可源自对问题所有者的需求和目的的挖掘，例如"如何增加大客户的销售力度来保证产品 A 的市场份额高于 15%"，这一议题就源自图 3-6 中对原因的探寻；"如何利用低端产品 A 保护高端产品 B 的利润"，这一议题则源自图 3-7 中对问题所有者的需求的挖掘。由此可见，最终要解决的根议题可能跟最初的问题描述相去甚远，例如原来的"维持产品 A 的市场份额不低于 15%"，只是"如何利用低端产品 A 保护高端产品 B 的利润"这一根议题的一个解决方案而已。事实上，除了这个解决方案，也可以提出无须维持产品 A 的市场份额，却也能帮助产品 B 实现高利润的另外的解决方案。

◆ **议题树**

议题树的树根是一个 How 型问题，这是议题树与问题树的本质区别。议题树如图 3-8 所示。

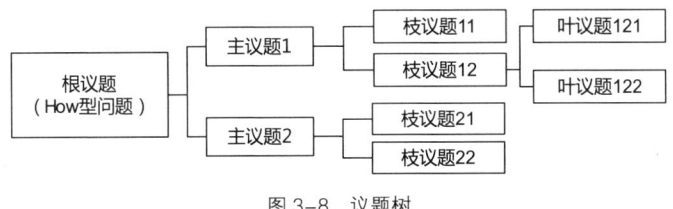

```
                ┌─ 主议题1 ─┬─ 枝议题11 ─┬─ 叶议题121
根议题          │            └─ 枝议题12 ─┴─ 叶议题122
(How型问题) ────┤
                └─ 主议题2 ─┬─ 枝议题21
                            └─ 枝议题22
```

图 3-8　议题树

许多书籍或资料将问题树等同于议题树，主要原因是将 What 型问题

直接转换成了 How 型问题，例如将"产品 A 的市场份额低于预期的 15% 的主要原因是什么"，直接转换成"如何才能将产品 A 的市场份额维持在 15% 以上"。

议题树的作用：议题树的树根是问题树分解后所得的根议题，议题树的作用是将大的根议题分解成可以独立处理的小议题。用议题树将问题逐层分解成可以解决的小议题的过程，就是运用接下来即将介绍的议题分解技术并不断追问"So How"的过程。运用议题树将根议题分解成小议题的过程如图 3-9 所示。

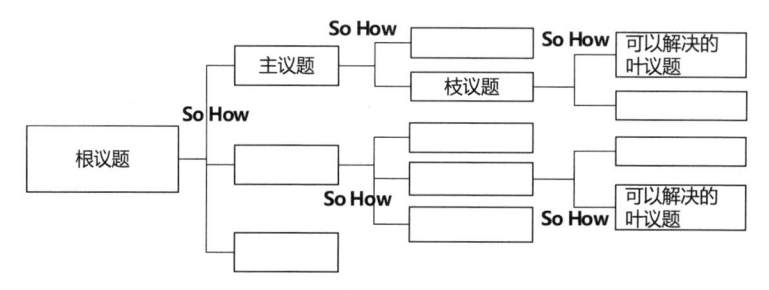

图 3-9 运用议题树将根议题分解成小议题的过程

以"如何增加樊辉老师的线上学习平台的总用户数"为例，图 3-10 展示了如何运用议题树将一个大而宽泛的根议题分解成可以独立解决的小议题的过程。

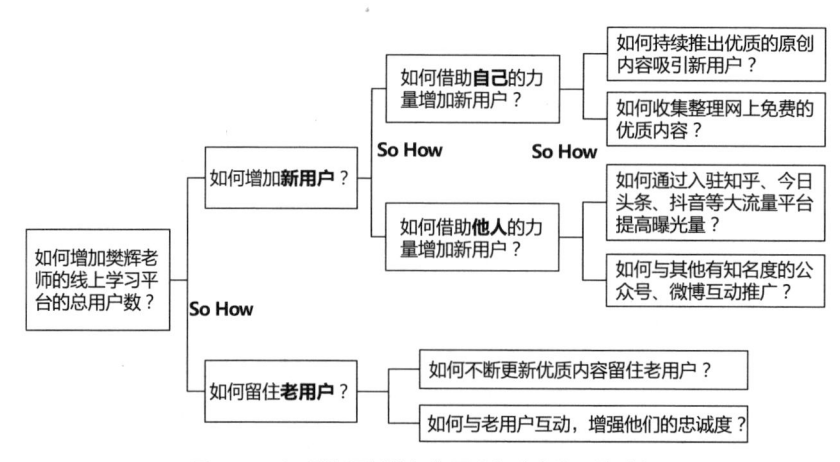

图 3-10 运用议题树将根议题分解成小议题的过程

议题树的应用场景：议题树主要应用在解决问题的早期，它帮助问题解决者通过将根议题分解成可以独立处理的众多小议题，为下一步运用假设树提出具体的解决方案做准备。需要注意的是，不是所有的小议题都值得解决，依据效率优先的原则，问题解决者需要从议题树中选出最值得解决的一个或几个议题作为关键议题来构建初始解决方案。

◆ **假设树**

假设树是对初始解决方案的描述，如图 3-11 所示。假设树的构建过程是首先针对由议题树分解出来的关键议题提出最终结论，然后自上而下提出支持理由，并自下而上提炼总结的一个不断反复的过程。

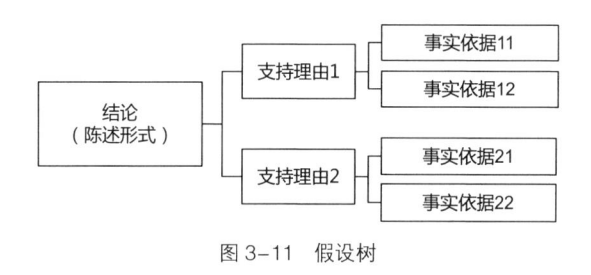

```
结论           ┬─ 支持理由1 ┬─ 事实依据11
（陈述形式）   │            └─ 事实依据12
               └─ 支持理由2 ┬─ 事实依据21
                            └─ 事实依据22
```

图 3-11　假设树

假设树的作用：假设树展示了一种未经证实的解决方案，假设树的树根是最终结论，也是解决方案的核心建议，核心建议由后文将要介绍的基本方针和期望目标组成。假设树的树干是支撑该核心建议即最终结论的各层级的支持理由，树枝则是其上一层级支持理由所需的事实依据。

假设树的应用场景：假设树一般是在确定了要解决的某几个议题之后提出具体的行动方案时，被问题解决者所使用，只不过此时的方案还只是一种假设而已。

前面运用议题树将大问题"如何增加樊辉老师的线上学习平台的总用户数"，分解成多个可以独立解决的小议题后，接下来就可以针对这些小议题提出相应的对策。有了这些对策，就可以用假设树将它们自右往左（或自下而上）整合成完整的解决方案。运用假设树将对策整合成解决方案的示例如图 3-12 所示。

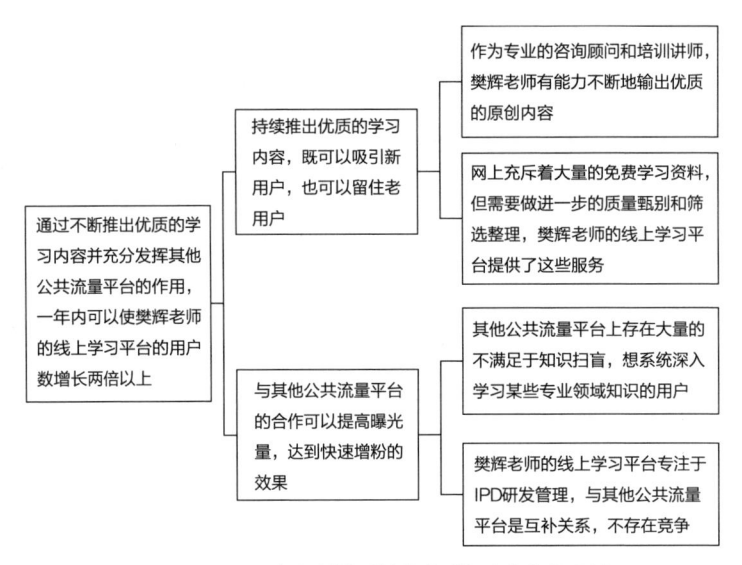

```
                          ┌─────────────────┐    ┌──────────────────────┐
                          │                 │    │作为专业的咨询顾问和培训讲师， │
                          │                 │───▶│樊辉老师有能力不断地输出优质 │
                          │持续推出优质的学习 │    │的原创内容            │
                          │内容，既可以吸引新 │    └──────────────────────┘
                          │用户，也可以留住老 │    ┌──────────────────────┐
                          │用户             │    │网上充斥着大量的免费学习资料， │
┌───────────────┐         │                 │───▶│但需要做进一步的质量甄别和筛 │
│通过不断推出优质的学 │───▶│                 │    │选整理，樊辉老师的线上学习平 │
│习内容并充分发挥其他 │    └─────────────────┘    │台提供了这些服务        │
│公共流量平台的作用， │                           └──────────────────────┘
│一年内可以使樊辉老师 │                           ┌──────────────────────┐
│的线上学习平台的用户 │    ┌─────────────────┐    │其他公共流量平台上存在大量的 │
│数增长两倍以上    │───▶│                 │───▶│不满足于知识扫盲，想系统深入 │
└───────────────┘         │与其他公共流量平台 │    │学习某些专业领域知识的用户  │
                          │的合作可以提高曝光 │    └──────────────────────┘
                          │量，达到快速增粉的 │    ┌──────────────────────┐
                          │效果             │    │樊辉老师的线上学习平台专注于 │
                          │                 │───▶│IPD研发管理，与其他公共流量 │
                          │                 │    │平台是互补关系，不存在竞争  │
                          └─────────────────┘    └──────────────────────┘
```

图 3-12　运用假设树将对策整合成解决方案的示例

◆ **决策树**

决策树也称是否树，主要形式是先提出一个问题，然后针对这一问题进行是否判断，分析的结果只能是"是"或"否"。随后再进行下一轮的是否判断，继续给出"是"或"否"的分析结果。如图 3-13 所示

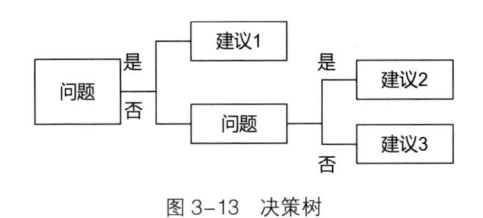

```
                  是  ┌──────┐
              ┌─────▶│建议1 │
   ┌──────┐  │       └──────┘    是  ┌──────┐
   │问题  │──┤                 ┌─────▶│建议2 │
   └──────┘  │       ┌──────┐  │      └──────┘
              └─────▶│问题  │──┤
                 否  └──────┘  │      ┌──────┐
                                └─────▶│建议3 │
                                   否  └──────┘
```

图 3-13　决策树

决策树的作用：决策树的作用是利用某些判断标准对分析出来的原因或需求进行"是否"判断，或者对提出的对策进行选择。

决策树的应用场景：决策树一般是在对问题有了足够的了解，或者对问题已经有了解决对策时，被问题解决者所使用。

以"如何在三个月内弥补 2000 万元的收入缺口"为例，运用决策树提出建议并做出选择的过程如图 3-14 所示。

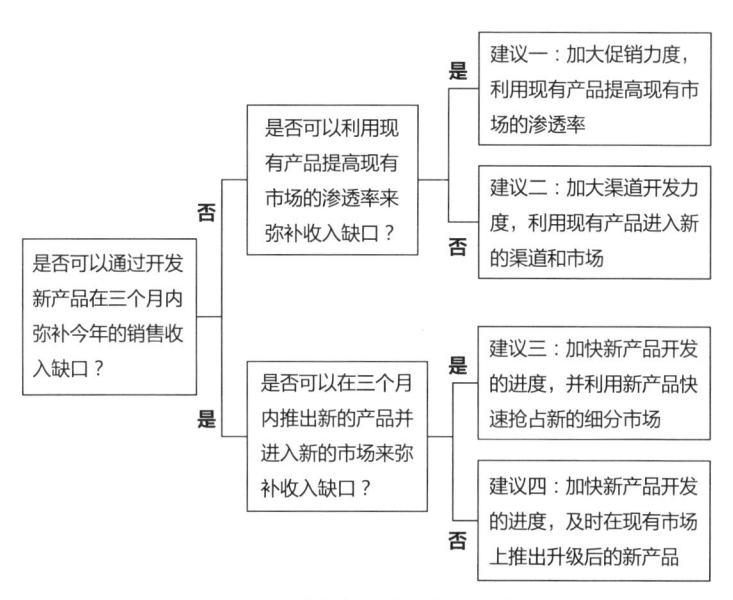

图3-14 运用决策树提出建议并做出选择的过程

结构化思考工具之其他框架

假设思考法的结构化思考工具除了最重要的逻辑树，还会用到许多前人早已总结出来且经过实践检验的现成框架，如探索业务增长路径的安索夫矩阵、PESTEL宏观趋势分析框架、4P营销理论模型和麦肯锡7S组织诊断模型等，常用的结构化思维框架如图3-15所示。尽管假设思考法所使用的线性思考是一种线性分割思维，主要关注系统的构成要素而非其连接关系，但线性思考依然会使用反映系统连接关系的流程型框架和关系型框架来协助理解系统中的各种构成要素，例如在分解议题时会使用因果回路图来找出系统中的关键要素。

这些现成的框架就像解题时所使用的公式一样可以直接拿来就用，有助于加快问题分析与解决的进程。经过实践检验的框架天然就满足MECE原则，问题解决者可以在界定问题时借助框架把握问题的整体结构，在分解议题时借助框架不重复无遗漏地识别出关键议题。在框架的协助下，问题解决者构建和验证解决方案就有了章法，沟通交流时逻辑会更清晰。

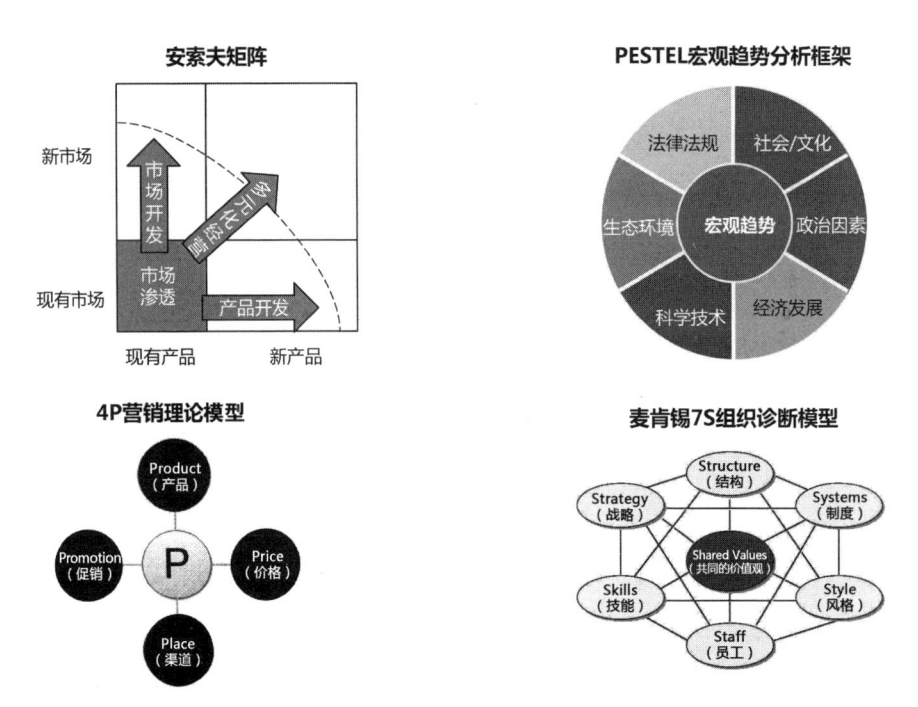

图 3-15 常用的结构化思维框架

框架的作用是为了促进问题解决者的分析思考更全面、更深入，但是框架也会给人们一种错觉，以为只要填满框架所要求的内容就算完成分析了。尽管框架的作用确实很强大，但也不是万能的，不可僵化地套用，要注意每一种框架的应用条件及其局限性。否则，容易犯手里有一把锤子，看什么都像钉子的错误。例如波特五力模型，其认为一个行业所面临的竞争激烈程度是由潜在的进入者、供应者、业内企业、购买者、替代品生产者这五种力量决定的。但是该模型没有说明跨行业竞争的影响（如互联网行业对实体产业的影响），也缺少了互补品生产者这个第六种力量。

当现成的框架无法满足实际需要时，问题解决者可以构建自己的框架，《研发再造》一书中所使用的如图 3-16 所示的组织诊断模型，就是笔者自己构建的五星模型。五星模型遵从了企业的成功 = 战略 × 组织能力这一基本的思维框架，组织能力是由组织体系中的各关键要素及其连接关系所形成的系统结构决定的，这些关键要素包括了领导力、结构与流程、人才与激励、氛围与文化。当然，你也可以进一步细分成领导力、组织结构、流程体系、人才梯队、激励机制、组织氛围、企业文化七个要素。

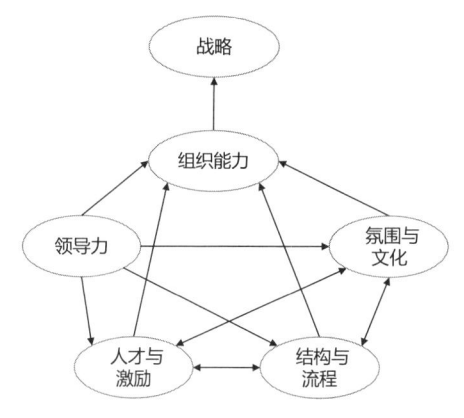

图 3-16　组织诊断五星模型

构建框架是为了促进思考并提高解决问题的效率和质量，框架本身不能成为目的。不要成为框架迷，整天热衷于学习各种新潮的框架，要时刻提醒自己构建和使用框架的真正目的是什么。

第二节　议题分解技术

一个问题被清晰界定后，接下来就是运用问题树结合"Why So"和"So What"识别出真正要解决的问题，即根议题，如 W 公司销售总监要解决的根议题是"如何在三个月内弥补 2000 万元的收入缺口"。但是，根议题还是太粗略，只是给出了解决问题的方向，问题解决者无法直接针对它设计具体的行动方案，因此需要将根议题进一步分解成多个可独立处理的主议题，如"如何利用现有产品开拓新的市场来提升销售收入"，就是利用安索夫矩阵从上述根议题分解而得的一个主议题。主议题还可以再分解成枝议题和叶议题。

通过对议题的分解，可以将一个大而复杂的根议题，层层分解成多个可独立解决的简单小议题，帮助问题解决者从多个角度思考解决问题的方法，从而降低解决问题的难度。通过对议题的分解，可以帮助问题解决者建立起对问题全貌的了解，并规划出解决问题的基本思路和步骤。通过对议题的分解，还可以帮助问题解决者从众多分解出来的议题中，选出最值得解决的关键议题，减少时间和资源的浪费，提高解决问题的效率。

对议题进行分解，正是结构化思维的一种实践应用，是一个运用结构化思维对问题所处的系统进行解构的过程。正如前文所述，系统是由一组相互连接的有形或无形的要素所构成，以特定的行为模式实现某些功能或目标的一个整体，功能、要素和连接关系是构成系统的三大组成部分，对系统进行解构也就可以分别从这三大组成部分入手。例如要分解议题"如何在三个月内弥补 2000 万元的收入缺口"，就可以对该议题所在的企业销售系统从市场、产品、客户、收入、销量、售价等要素及其相互关系上进行解构。

从系统的三大组成部分入手对议题进行分解时，既可以基于系统的功能或特征进行分解，也可以基于系统的各个构成要素进行分解，还可以基于系统内部的连接关系进行分解。而企业管理系统内部的各种连接关系又可再细分为各要素在时间或空间上的连接关系，以及各要素通过业务公式体现出来的业务运作底层规律的业务逻辑关系。因此根议题的分解方法就有基于时空关系的分解、基于业务公式的分解、基于构成要素的分解和基于功能或特征的分解四种方法。利用这四种议题分解方法，并在分解过程中不断地追问"So How"，便可将根议题分解成满足 MECE 原则的议题树。

基于时空关系的议题分解

所有的系统都处于动态变化之中，问题的产生也是一个随时间逐步恶化的过程。因此，问题解决者可以在时间维度上，将从过去某个时间点开始到当下或者未来某个时间点的这一整段时间，按照不同的时间单位（如年、月、日）分解成有序的几段，再基于每一段来分析系统的具体变化情况，如数据上的增加或减少以及变化幅度，并思考问题产生的原因和解决问题的办法。

分解时间的单位，除了常用的年、月、日，还可以是阶段、步骤、过程、流程等。例如产品的整个生命周期，可分为导入期、成长期、成熟期和衰退期四个阶段。在《业务增长战略》一书中，笔者就将一个新品类被客户接纳的整个过程分解成如图3-17所示，即被创新者、早期采用者、早期大众、后期大众和落后者所接受的五个阶段，并将创新者和早期采用者为主的市场称为早期市场，将早期大众为主的市场称为成长市场，将后期大众为主的市场称为成熟市场。

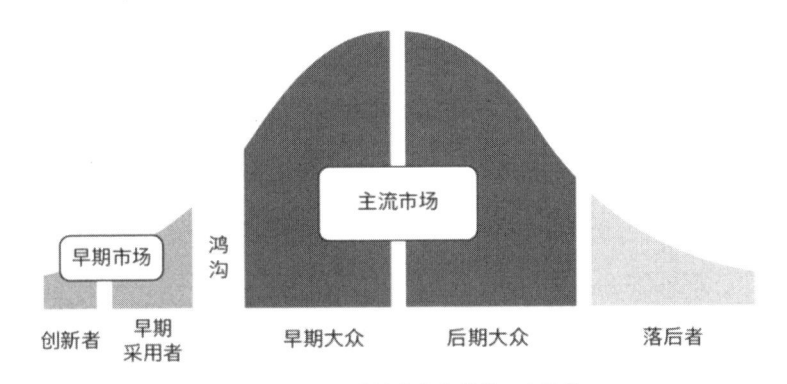

图3-17 新品类被客户接纳的五个阶段

基于这一客户接纳周期模型，我们就可以将"如何设计业务战略"这一重大议题，根据各业务单元目前所瞄准的目标市场类型，分解成如下的三个子议题：

√ 议题一：如何设计早期市场的业务战略？
√ 议题二：如何设计成长市场的业务战略？
√ 议题三：如何设计成熟市场的业务战略？

流程是基于时间线完成一项任务的整个过程，业务流程体现了一个业务系统中的物质流、能量流和信息流在系统内部各要素上随时间动态变化的过程，以及业务系统中各要素间的相互依赖关系。如图3-18所示的IPD集成产品开发流程，是华为公司集成了营销、研发、制造、服务、质量和采购等功能部门，共同实现新产品从立项到成功上市营销的一个流程。

```
                          IPD集成产品开发流程
产品开发项
目任务书  →  概念 | 计划 | 开发 | 验证 | 发布 | 生命周期管理
```

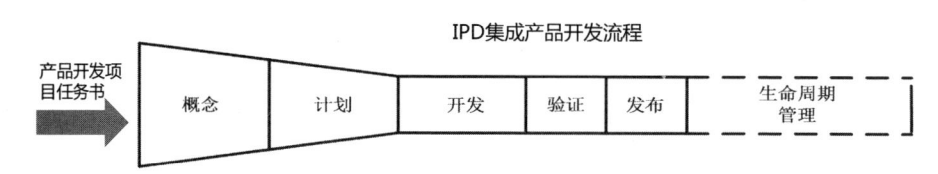

图 3-18　IPD 集成产品开发流程

IPD 流程将一款新产品的全生命周期管理过程，划分成了立项、概念、计划、开发、验证、发布和生命周期管理等几个阶段。当要分析和解决"如何提高产品质量"这一根议题时，问题解决者就可以从产品全生命周期的各个阶段的主要工作内容入手，分析造成产品质量问题的各种原因和解决措施。如图 3-19 所示的议题树就是基于 IPD 流程中与需求质量、设计质量和制造质量三个过程质量强相关的几个阶段进行分解后的结果。

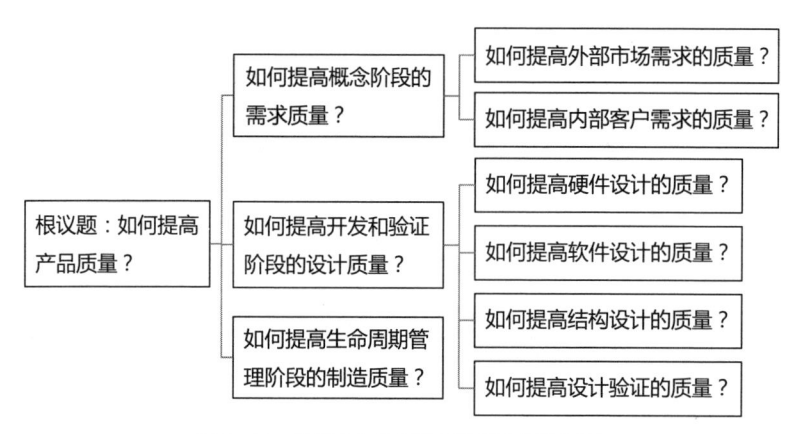

```
                        ┌─ 如何提高概念阶段的 ─┬─ 如何提高外部市场需求的质量？
                        │    需求质量？         └─ 如何提高内部客户需求的质量？
                        │
根议题：如何提高 ───────┼─ 如何提高开发和验证 ─┬─ 如何提高硬件设计的质量？
产品质量？              │    阶段的设计质量？    ├─ 如何提高软件设计的质量？
                        │                       ├─ 如何提高结构设计的质量？
                        │                       └─ 如何提高设计验证的质量？
                        │
                        └─ 如何提高生命周期管
                             理阶段的制造质量？
```

图 3-19　基于业务流程进行议题分解的示例

系统内部各要素之间除了存在时间关系，还存在空间上的连接关系。所谓空间关系就是与地域、位置和部门划分等相关的关系。例如基于企业内部营销、研发、制造、服务、质量和采购等部门的划分，要分析和解决"如何降低员工离职率"这一议题，就可以按降低研发、制造、采购各部门的员工离职率进行分解。同时地域也是一种重要的空间关系，如要分析和解决"如何提高销售收入"这一议题，就可以按提高欧美市场的销售收入、提高东南亚市场的销售收入和提高其他区域市场的销售收入进行分解。

在结构化思考技术中，流程型框架和矩阵型框架经常被用于基于时空关系的议题分解。

基于业务公式的议题分解

企业的管理系统由研、产、销等各个业务系统组成，一个业务系统运行的基本规律往往通过几个简单的业务公式就能体现出来。以樊辉老师的线上学习平台为例，为了增加知识付费产品的收入，可以思考这个业务公式：收入 = 付费用户数 × 客单价。而付费用户又可以分为新的付费用户和老的复购用户：

√ 新的付费用户数 = 新用户数 × 新用户付费转化率
√ 老的复购用户数 = 老用户数 × 复购率

而新用户数主要源自线上学习平台流量的注册转化率：新用户数 = 流量 × 注册转化率，因此，线上学习平台知识付费产品的收入 = 流量 × 注册转化率 × 新用户付费转化率 × 新购客单价 + 老用户数 × 复购率 × 复购客单价。通过对业务公式的逐层分解，就可以较容易地识别出影响业务系统运作的所有关键变量及其相互关系，而这些也正是分析和解决问题的重要切入点。

另外，同一个业务系统，可以用多个不同的业务公式来体现其运作规律，例如某日用品生产企业的销售收入就可以用如下三个业务公式来表示：

√ 销售收入 = 市场总规模 × 市场占有率
√ 销售收入 = 客户数 × 每个客户的平均消费额
√ 销售收入 = 一线城市销售收入 + 二线城市销售收入 + 其他地区的销售收入

既然业务公式体现了业务运作的规律，问题解决者当然就可以利用业务公式中的各要素之间的关系，将根议题分解成议题树。以"如何提高销售收入"为例，可以基于上述的业务公式将此根议题逐层分解成如图 3-20 所示的议题树。

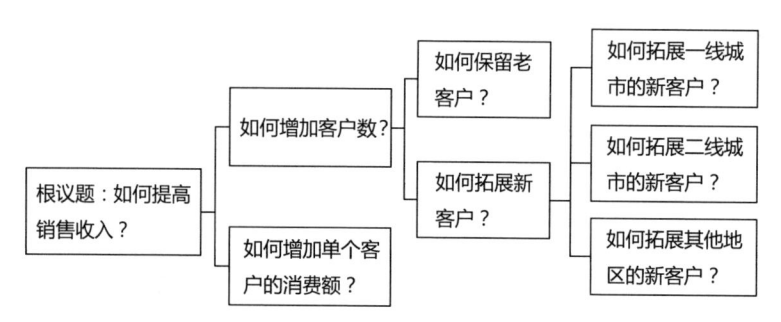

图 3-20　基于业务公式进行议题分解的示例

基于构成要素的议题分解

直接从系统的构成要素入手，从系统中解构出一个个独立的要素进行分析是最直观的一种分解方法。人们对系统的认知首先就是从了解这些独立的要素开始的，例如要想调研一家企业的组织管理体系，我们可以基于前文所说的五星模型，首先从领导力、结构与流程、人才与激励、氛围与文化这些要素入手。

要素型框架、矩阵型框架、流程型框架和关系型框架都可用于协助解构系统的要素，例如人们常用要素型框架 5W2H 的 7 个要素来分解一个问题：

√ What：问题是什么，现状和期望状态是什么。

√ Why：为什么解决这个问题，可不可以不解决。

√ Who：这是谁的问题，由谁来解决。

√ When：何时解决，解决的时限是多少。

√ Where：问题发生在哪里，应该在哪里解决。

√ How：解决方案是什么，如何实施。

√ How Much：要解决到什么程度，需要多少投入。

再以"如何在三个月内弥补 2000 万元收入缺口"这一议题为例，前文曾用业务公式和安索夫矩阵做过该议题的分解，下面可再用营销 4P 这一要素型框架将其分解成如图 3-21 所示的议题树。营销 4P 理论是市场营销方面最重要的理论之一，4P 理论认为市场需求会受到产品（Product）、价格（Price）、渠道（Place）和推广（Promotion）这四种因素共同作用的影响。因此，要想提高销售收入，可以从这 4P 的角度思考对策。4P 中的产品因素又可以从产品对客户需求的满足度与产品的差异化特性两个方面继续分解；价格因素则可以按基于成本的定价、基于竞争的定价和基于价值的定价三种方式做进一步的分解；销售渠道可以分解成线上渠道和线下渠道；市场推广可以从营销定位、推广方式和宣传内容三个方面继续分解成更小的议题。

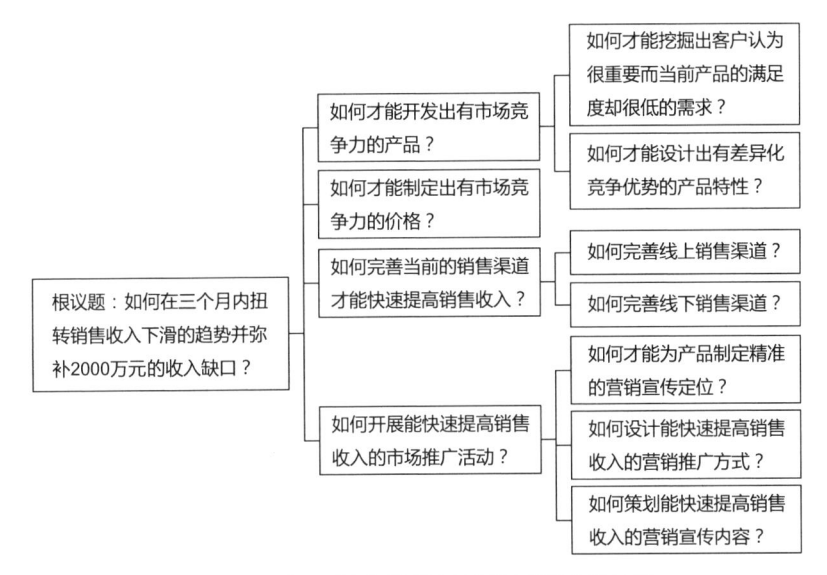

图 3-21　基于系统的构成要素进行议题分解的示例

要识别出系统的构成要素，需要用到前文所说的结构化思维，包括静态结构化思维和动态结构化思维。尽管假设思考法所运用的思考方法主要是以静态结构化思维为基础的线性思考，但以动态结构化思维为基础的系统思考方法依然可以被用来帮助我们识别系统的构成要素。以系统思考最重要的可视化思考工具因果回路图为例，图 3-22 展示了影响员工离职率的四个关键要素及其相互关系。

图 3-22 的因果回路图的分析结果显示"员工对薪酬水平的满意度""员

工对薪酬公平性的满意度""管理者对员工自我成长的指导和帮助"及"组织氛围的良好程度"是影响员工离职率的四个关键要素，而且如果管理者对这四个要素处理不当，还会造成图中 R1 和 R2 的恶性循环。于是关于"如何降低员工离职率"的根议题就可以依此四个关键要素分解成如下的四个子议题：

√ 议题一：如何提高员工对薪酬水平的满意度？
√ 议题二：如何提高员工对薪酬制度公平性的满意度？
√ 议题三：如何强化管理者对员工成长的指导和帮助？
√ 议题四：如何营造良好的组织氛围？

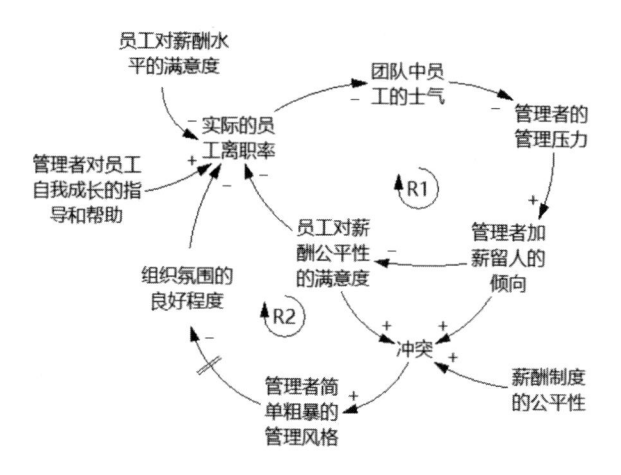

图 3-22 影响员工离职率的四个关键要素及其相互关系

当然，员工离职率可能还存在其他的影响要素，但此时我们只需运用二八原则及效率优先原则梳理出其中的几个关键要素即可，尽管依此分解出来的议题无法满足 MECE 原则。

基于功能或特征的议题分解

系统的存在是为了实现某些功能或目标，因此系统会呈现出某些独有的特征。而系统的各个组成部分也会有各自的功能和特征，基于这些功能和特征的差异性，也可以对系统进行解构。例如一辆汽车可以按内部各组成部分实现的功能的不同，拆解成发动机系统、冷却系统、悬挂系统、转向系统、燃油系统、驱动系统、制动系统、润滑系统等。再如产品线或事业部的众多产品，可以依据其市场份额和销售增长率划分成边缘产品、成熟产品、成长产品和种子产品。问题解决者在分析和解决"如何快速提高产品的销售收入"这一议题时，就可以将它分解成"如何快速提高成熟产品的销售收入"和"如何快速提高成长产品的销售收入"两个子议题。因为边缘产品是要适时退出市场的产品，而种子产品则是处于预研和实验阶段尚无法形成收入的产品，所以在分解时可不予考虑。

在《业务增长战略》一书中，笔者曾提出了一个基于"谁在买""买什么""为什么买"三个客户需求特征来细分市场的方法。以表 3-1 所示的某数据交换产品的市场细分为例，通过此方法，可将数据交换产品的市场细分成骨干路由器运营商市场、高端路由器行业及政府市场、低端路由器市场等细分市场。

表 3-1 某数据交换产品的市场细分的示例

谁购买	购买什么	品牌效应	性价比高	质量稳定	服务好	销售机会（元）
运营商	骨干路由器	√		√	√	12 亿
行业客户（金融、广电、电力）	高端路由器			√	√	3 亿
	以太网交换机	√		√	√	5 亿
政府部门（公检法、工商、财税、海关、卫生）	路由器			√	√	0.8 亿
	以太网交换机	√		√	√	1 亿
大型企业	高端路由器		√	√		6 亿
	以太网交换机		√	√		4 亿
中小型企业	低端路由器		√	√		0.3 亿
	ADSL	√	√			0.5 亿
家庭用户	低端路由器		√	√		0.1 亿
	ADSL	√	√			0.3 亿

依据上述市场细分的结果，问题解决者在分析和解决"如何提高数据交换产品的盈利水平"这一议题时，便可将它分解成"如何提高骨干路由器运营商市场的盈利水平"和"如何提高高端路由器行业及政府市场的盈利水平"两个子议题。

第三节　逻辑推理技术

在假设思考六步法中，无论是第三步的构建方案还是第五步的论证方案，都必须依靠严谨的逻辑推理，才能一步步搭建起可靠的、有说服力的、被大多数人认同的解决方案大厦。在最后一步向利益相关方推销最终提案时，也需要利用逻辑推理技术来组织提案的材料和内容。

逻辑思考中的判断与推理

要学习逻辑推理技术，必须先理解"判断"这一重要的思考形式，判断就是对思考对象有所断定。"长江是中国第一大河流"，就是对"长江"这个思考对象所做出的明确断定。有些判断是直接根据视觉或知觉就得出的，这叫直接判断，而有些判断则需要通过推理才能得到，这叫间接判断，所谓的推理就是由一个或几个已知的判断推导出一个新判断的思考过程。当看见一个土豆变绿时，我们便得出一个判断——这个土豆变绿了，这是直接判断。但是我们也可以通过下面的这个推理得出另一个间接判断——这个土豆是有毒的。

√ 所有变绿的土豆都是有毒的。

√ 这个土豆变绿了。

√ 因此，这个土豆是有毒的。

在逻辑学中，把由其出发进行推理的已知判断称为前提，把由已知判断所推导出的新判断称为结论。而本书所说的"结论"则提出了更进一步的要求：一个结论应当含有明确的价值判断（如对错、应不应该等）或者建议应采取的行动举措，同时把推导出结论的中间结果称为观点或论点。在实际的逻辑推理过程中，人们往往习惯于只给出直接判断，而不太愿意做出间接判断。也就是说只凭直觉给出评论（观点），不愿进一步通过推理给出结论。以图2-10所示的A、B、C各产品的收入情况为例，"A产品收入额很大""B产品收入增长很快"，这些都只是评论而非结论。企业管理层真正想听的是诸如"A产品只需维持现状，B产品应加大资源投入"之类的结论。

逻辑推理的本质是判断与判断之间的推导与被推导关系，是由某些已知的判断推导出某一个新判断的过程。根据推理思考进程的方向不同，常用的逻辑推理可分为归纳推理、演绎推理和类比推理三种类型。归纳推理过程是以对个别事物的判断为前提，推导出对一般事物的判断；演绎推理过程是以对一般事物的判断为前提，推导出对个别事物的判断；而类比推理过程则是以对个别事物的判断为前提，推导出对另一个别事物的判断。归纳推理和演绎推理是人们认知事物时所使用的两种最基本的逻辑推理方法，人们就是反复通过这两种推理方法从个别到一般，再由一般到个别，不断加深对事物的认知的。

如果思考过程缺乏逻辑推理，也就基本丧失了独立思考和判断事物的能力，只会人云亦云，随波逐流。假设思考法中解决方案的论证过程，也正是一个基于客观事实，先给出直接判断，再以直接判断为前提，通过归纳或演绎等逻辑推理得出最终结论的过程。

归纳推理及其应用

归纳推理是一种由个别事物推及一般事物的逻辑推理方法。事物表现出来的一般规律，往往也会存在于个别、特殊的事物上，因此通过对个别、特殊事物的判断，可以得到对此类事物的一般性判断。例如人们发现直角三角形的内角和是180度，锐角三角形的内角和是180度，钝角三角形的内角和也是180度，因此推导出：所有平面三角形的内角和都是

180度。

根据对某一类事物中所观察到的事物是否完全，归纳推理可分为完全归纳推理和不完全归纳推理两种类型。完全归纳推理是根据某类事物中每一个对象都满足某种判断，因而推导出该类事物中的所有对象都满足该判断的一种归纳推理方法。如前文所说的有关平面三角形内角和的案例，直角三角形、锐角三角形和钝角三角形代表了全部的平面三角形，因此推导出"所有平面三角形的内角和都是180度"这一判断的推理方法就是完全归纳推理。

不完全归纳推理是根据某类事物中的部分对象满足某种判断，因而推导出该类事物中的全部对象都满足该判断的一种归纳推理方法。例如通过考察太阳系中的八大行星：地球、金星、木星、水星、火星、土星、天王星、海王星，认识到它们都是沿着椭圆轨道绕太阳运行的，因而推导出：太阳系中所有的行星都是沿着椭圆轨道绕太阳运行的。

不完全归纳推理又可分为枚举归纳推理和科学归纳推理。枚举归纳推理与科学归纳推理的主要区别，就在于科学归纳推理除了依据某类事物中的部分对象满足某种判断，还依据这一部分对象与该判断之间存在着因果关系。

- √枚举归纳推理：观察到事物 S1 满足判断 W，事物 S2 满足判断 W……，因此 S 类事物中的所有对象都满足判断 W。

- √科学归纳推理：观察到事物 S1 满足判断 W，事物 S2 满足判断 W……，被观察到的任何一个事物 S_n 与判断 W 之间都存在着因果关系，因此 S 类事物中的所有对象都满足判断 W。

民间的许多谚语如"一场春雨一场暖，一场秋雨一场寒""上炕萝卜下炕姜，胜过医生开处方""蚂蚁搬家蛇过道，出门小心挨雨泡"等都是人们根据生活中多次重复出现的事例，用枚举归纳推理提炼总结出来的。

某人晚上看了两小时书，喝了几杯浓茶，失眠了；第二天同样看书，抽了许多烟，也失眠了；第三天也看了两小时书，喝了大量咖啡，又失眠了。通过枚举归纳法可能会推导出"晚上看书容易引起失眠"的错误观点，只有通过科学归纳法才可得出"吸食大量兴奋性物质容易引起失眠"的正确观点。

不完全归纳推理常犯的错误是以偏概全，造成黑天鹅效应。人们在欧洲、美洲和亚洲发现天鹅都是白色的，便得出观点：天鹅都是白色的。然而人们随后在澳大利亚却发现了黑天鹅。在强调言论自由的新生代及大量自媒体的推波助澜下，现实生活中就到处充斥着各种"地域黑""抽烟喝酒文身的都是坏女人""疫情期间回国就是千里投毒"等以偏概全的观点和言论。

另外，上述归纳推理所给出案例中的事物信息都很简单明了，所以也就可以较容易地归纳出一个判断。在实际的企业管理活动中，我们所遇见的信息大多是复合型信息，归纳起来就会困难很多。例如通过如下的几条信息，我们可以归纳出"小张有离职倾向"的判断。

√ 小张最近上班经常迟到早退。

√ 小张这个月多次在会议上无故顶撞上司。

√ 小张近期老是跟同事起争执，以前可不是这样的。

再如前文所说的"三个月内弥补2000万元收入缺口"的案例中，通过如图3-23所示的三条复合型信息可得出"东南亚市场，特别是当地流动人口大的城市，是一个有吸引力的新兴市场"的观点。

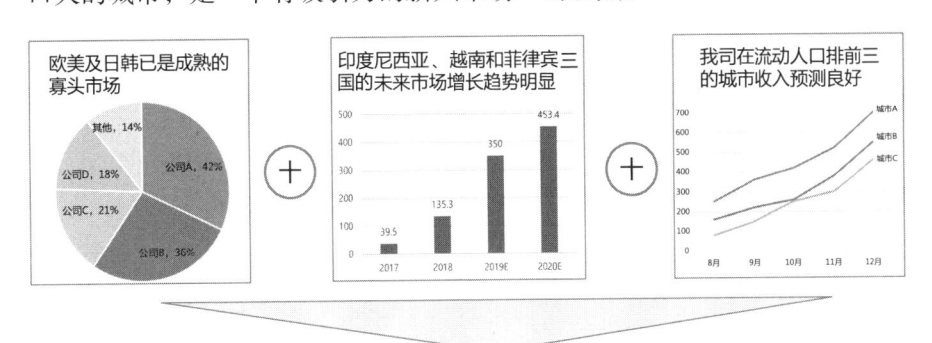

图3-23 从复合型信息中归纳出观点的示例

由此可见，要从复合型信息中归纳出一个观点，难的不是归纳本身，而是如何从复合型信息中提炼出具有共性的判断，并建立起该共性判断与观点之间的因果关系。毕竟，运用科学归纳推理得出的观点，要比枚举归纳推理更能让人信服。

演绎推理及其应用

与归纳推理相反，演绎推理是一种由抽象、一般事物推及具体、个别事物的逻辑推理方法。由于演绎推理的前提是对一般事物的判断，而观点或结论是对个别事物的判断，观点或结论所断定的范围没有超出前提所断定的范围，所以可以说，前提的断定蕴含着观点或结论的断定，演绎推理的观点或结论具有必然性。也因此，演绎推理属于必然性推理（与之相对的是或然性推理）。

对于演绎推理，只要同时满足"前提为真"和"形式有效"两个条件，就必然能推导出一个真实有效的观点或结论，反之则为假。如"所有的鸟都会飞，鸵鸟是鸟，因此鸵鸟会飞"。这个推理的形式是有效的，但由于前提"所有的鸟都会飞"是一个假的判断，因此观点——"鸵鸟会飞"，也必然为假。

那么如何评判一个演绎推理的形式是有效的还是无效的呢？如果对某一个推理形式代入任何真实的前提，都不会出现假观点或结论，那么这个推理形式就是有效的，否则就是无效的。如"所有 S 都满足判断 W，P 是 S，所以 P 满足判断 W"这个推理形式就是有效的，而"有些 S 满足判断 W，P 是 S，所以 P 满足判断 W"这个推理形式就是无效的。

演绎推理的类型包括三段式推理、常见式推理、假言推理、选言推理、关系推理等，但最常用的是三段式推理和常见式推理。三段式推理就是我们平时所说的三段论，它把推理过程分为三段，即"大前提—小前提—观点或结论"。

√ 大前提：所有 S 都满足判断 W。

√ 小前提：P 是 S。

√ 观点或结论：P 满足判断 W。

如"所有的鸟都是动物，鸵鸟是鸟，因此鸵鸟是动物"就是典型的三段论推理。在三段论推理中，人们常会省略大前提，如"他欠我钱，所以他必须还我钱"就省略了"欠债还钱，天经地义"这一大前提。麦肯锡常用的"空、雨、伞"这一思维工具就是三段论推理的具体应用，利用空、雨、伞进行演绎推理的过程如图 3-24 所示，它也省略了大前提，但它针对直接判断（观点）进一步给出了含有行动举措的间接判断（结论），并最终形成了一个核心建议。

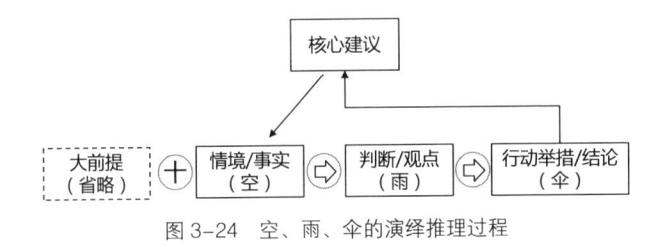

图 3-24 空、雨、伞的演绎推理过程

√ 大前提：天空中有乌云时大概率会下雨。

√ 小前提：今天天空中有乌云。

√ 判断／观点：今天大概率会下雨。

√ 行动举措／结论：今天出门要带上雨伞。

√ 核心建议：为了避免淋雨，今天出门要带上雨伞。

再如"我这么努力地工作，所以我应当加工资"也省略了"只要努力工作就应加工资"这一大前提。由此可见，许多不合理的观点，往往就源自被省略了的大前提本身就是错误的。把这些错误的大前提分析出来，就可以很自然地找到推导出那些错误观点的逻辑漏洞，并加以批驳。特别是当被隐藏的大前提恰好是一个人的价值观、认知模式和基本假设时，如果这个人的价值观和认知出了错，由此而产生的观点与行为往往也是大错特错的。现在社会上流行的"我弱我有理"就是基于以下的错误认知和推理过程：

√ 大前提：法律法规对弱者会网开一面，免于责罚。

√ 小前提：老人、未成年人、穷人、入室偷窃跳窗摔伤的人等是弱者。

√ 观点或结论：因此，我作为一个入室偷窃跳窗摔伤的老人，就不应被追究盗窃罪，同时，房子主人要赔偿我医药费。

三段论推理中另一个常犯的错误就是偷换概念。所谓概念，是反映某一类事物的内涵和外延的思维形式，内涵体现了概念的本质和特征，外延则反映了概念所包含的范围。偷换概念的三段论推理如"尼古丁是一种剧毒物质，烟草中含有尼古丁，所以烟草是一种剧毒物质"，其中的"尼古丁"和"含有尼古丁"虽然在内容上有相关性，但并不是同一概念。再如"巴金的著作不是一天可以读完的，《家》是巴金的著作，所以《家》不是一天能读完的"这一推理中，将"巴金的著作"这一集合概念换成了"《家》"这一单一概念，因而推导出来的观点或结论也就是错误的。

常见式推理是另一种常用的演绎推理形式，其推理过程是"问题—原因—解决方案"。先发现问题，然后分析原因，再针对不同的原因采取不同的解决方案，这也正是前文所说的推论思考所采用的问题分析和解决的逻辑思考过程，此处不再赘述。

第四节　呈现表达技术

在解决方案被证实并被完善之后，将它以简单且有力的方式传达给各利益相关方，是运用假设思考六步法成功完成症状解设计的最后"临门一脚"，也是问题分析与解决的高潮所在。假设思考六步法的前五步都是在以问题为工作重心，最后一步的整合汇报则需要问题解决者将工作重心转移至利益相关方，并以向他们成功推销解决方案为目的，转变工作方式。在此期间，问题解决者需要将复杂详尽的解决方案，转化成形式上便于向利益相关方沟通汇报，内容简洁且重点突出的提案。另外，问题解决者还需要运用以金字塔原理为核心的相关呈现表达技术，针对沟通对象的职位及对问题关注角度的不同，对提案进行量体裁衣，为沟通对象提供内容和结构都可能会有所不同的提案。

以故事的形式呈现最终提案

以色列历史学者尤瓦尔·赫拉利在《人类简史》中说：人类社会是构建在虚构的故事之上的，整个人类社会的前提是发达的讲故事的能力。故事比起干巴巴的事实陈述和数据展示会更吸引人，能让沟通对象产生一种身临其境的代入感，并引起他们的共鸣。因此，以故事的形式呈现的提案会更容易被沟通对象接受。

所有的故事都要有序言、序幕或序章，提案的序言可以采用《金字塔原理》所介绍的 SCQA 模式为其基本结构：

- √ S（Situation，背景）：问题发生的背景介绍。
- √ C（Complication，冲突或问题）：现状与期望状态之间的差距，一个 What 型问题。
- √ Q（Question，根议题）：真正需要解决的问题，一个 Why 型问题。
- √ A（Answer，核心建议）：解决上述议题的基本方针、总体策略和期望目标。

以前文所说的"外星人侵占地球"为例，其序言的描述可以是：在中国，老人们正在跳广场舞；在美国，人们正在海滨沙滩上玩耍，世界一片祥和（S）。突然，一群外星人乘飞船来到了地球，并想侵占我们的家园（C）。地球人该如何打败外星人并将它们赶出地球（Q）？于是，某国的英雄大兵出现了（A）……

再看前文所说的需要在三个月内弥补 2000 万元收入缺口的案例，其序言的描述可以是：公司从事安防监控设备的生产和销售已有十年，今年上半年的业绩一直维持在正常增长水平（S）。但是，从第三季度某竞争对手开展低价竞争以来，我们的销售收入就掉头进入了下滑的趋势，到年底估计会产生 2000 万元的收入缺口（C）。我们该如何在三个月内扭转销售收入下滑的趋势并弥补 2000 万元的收入缺口（Q）？经过初步论证，我们建议应利用现有的产品开拓东南亚市场，这样到年底可以为我司带来 1000 万~3000 万元的销售收入（A）。

尽管上述两个案例中的 SCQA 四个部分都各自只有一句话，而实际沟通汇报时的 PPT 提案，可能是每个部分都需要一两页幻灯片。SCQA 中的"S"是对问题发生时的企业内外部客观环境的描述，对于商业环境的描述，可以从宏观趋势、行业环境、竞争对手及企业自身的经营管理等方面入手。通过此部分的描述，可以让沟通对象了解问题发生的背景，并理解问题的影响范围和解决问题的制约因素。"C"是对问题症状的直接描述，这是一个 What 型问题，不同立场的人看到的问题症状可能会有所不同，因此应当以问题所有者的立场去描述问题。"Q"则是对真正需要解决的议题的描述，这是一个 Why 型问题，是利用前文所说的问题树，分析了主要原因或需求之后所提出的要解决的根议题。"A"是问题解决者针对根议题所提出的核心建议，核心建议包括了解决根议题的基本方针或总体策略，以及实施后想要达成的目标和成果。

对 SCQA 的描述只是引出了方案故事中的核心建议，而支撑该核心建议的理由及具体的行动举措才是提案的主体内容，这些内容的呈现则需要借助接下来即将介绍的金字塔结构来组织。

用金字塔结构组织提案的内容

金字塔结构源于人们对前文所说的结构化思维的应用，问题解决者为了向利益相关方成功推销自己设计的解决方案，首先就要让对方理解所呈现的提案的具体内容是通过何种结构组织在一起的。在组织提案的各种结构中，由麦肯锡的前咨询顾问巴巴拉·明托总结出来的金字塔结构当属最经典。组织提案的金字塔结构如图 3-25 所示。

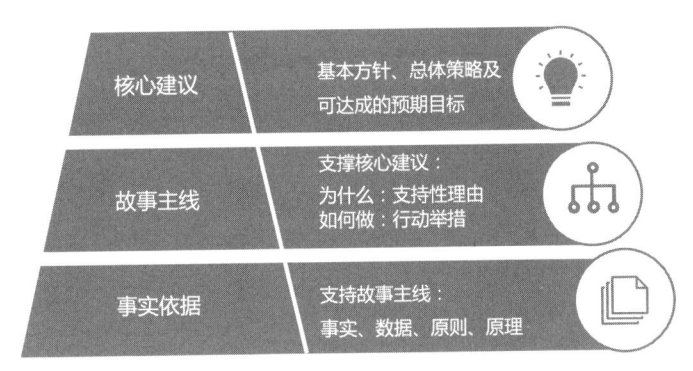

图 3-25　组织提案的金字塔结构

金字塔结构将结构化思维具象成一棵倒置的假设树，它直接体现了由结论、分论点和论据所组成的先总后分的逻辑结构。在金字塔结构中，最终结论是处于顶端的统领整个提案的核心建议，核心建议的内容包括了解决问题的基本方针或总体策略，以及该建议可达成的预期目标。分论点是用以支撑核心建议的理由或行动举措，多个论点被故事主线串联起来，形成了整个提案的故事框架。论据则是处于金字塔结构底层的，用以支持故事主线上各论点的相关事实依据，包括各种客观事实、数据以及能被大多数人认同的原则、原理等。

采用金字塔结构这一呈现表达技术，沟通对象可以快速抓住整个提案的重点，并领会到整个方案故事是如何通过一个简单明了的结构组织起来的。沟通对象从金字塔顶端的核心建议开始，会对问题解决者的结论产生疑问，而下一层级故事主线上的支持性理由或行动举措会回答这一疑问。如此通过不断地进行疑问/回答式对话，方案故事会沿着金字塔的各个分支向下延展，最终抵达金字塔最底层的事实依据，而此时的沟通对象也就完全理解了整个方案故事。

金字塔结构的应用需要遵从如图 3-26 所示的四条基本规则。

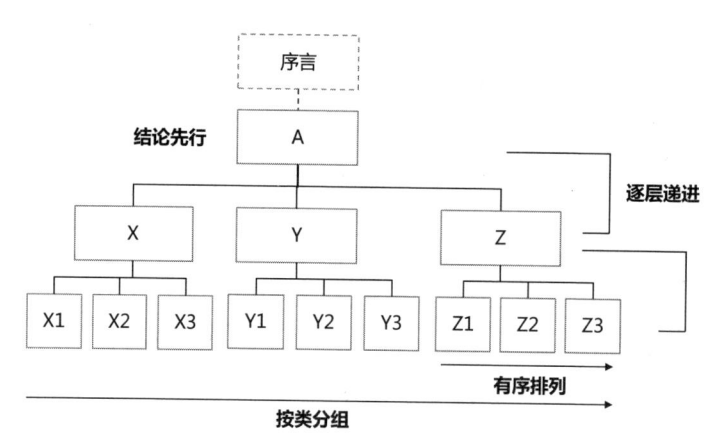

图 3-26　应用金字塔结构的四条基本规则

规则一：结论先行。要一开始便在金字塔结构的顶端，旗帜鲜明地亮出自己的核心建议或最终结论（如图 3-26 中的 A），并以此统领下一层级的故事主线和各个分论点。

规则二：逐层递进。金字塔中任一层级的论点或建议（如图 3-26 中的 X）都是对其下一层级各种论据或措施（如图 3-26 中的 X1～X3）的提炼与总结，任何下一层级是对其上一层级的支撑和展开，于是金字塔中各层级之间形成了自上而下的因果递进关系。

规则三：按类分组。金字塔中处于同一层级的众多内容需要按不同类别进行分组，如图中 X、Y、Z 各个论点之间需要按类分组，X1、Y1、Z1 各种论据之间也需要按类分组。例如，不能将 Y1 这个论据归类到 X 论点之下。同时，同一层级的分组需要满足前文所说的 MECE 原则。

规则四：有序排列。按类分组将金字塔中处于同一层级的整体内容，分割成了满足 MECE 原则的各个部分，各部分之间及某一部分内部的各个内容之间，需要按照某种顺序进行排列（如图 3-26 中的 Z1、Z2、Z3 或者 Z1 → Z2 → Z3）。

在这四条规则中，前面两条是与纵向结构有关的应用规则，后面两条是与横向结构有关的应用规则。依据金字塔结构中上一层级的论点与其下一层级的论据之间（如图 3-26 中 A 与 X、Y、Z 之间或者 X 与 X1、X2、

X3 之间）的逻辑推导关系，还可以将此相邻两层之间的金字塔内部的这种子结构，分为归类结构和论述结构两种。如图 3-27 所示。

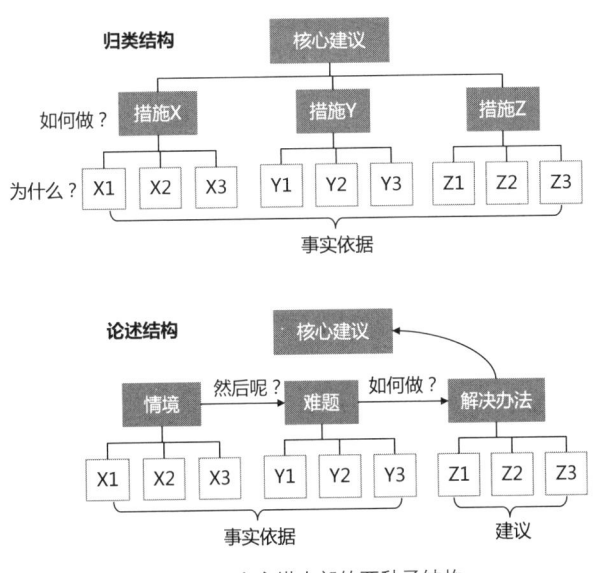

图 3-27　金字塔内部的两种子结构

支持这两种子结构的思考技术正是前文所说的归纳推理和演绎推理，一般情况下，金字塔内部的子结构可以根据自己的偏好选择上述两种结构中的任意一种。在最终向各利益相关方汇报的提案中，常常要混合运用这两种子结构。但是，针对金字塔中故事主线这一层的结构，笔者认为应当根据问题解决的基本方向的不同，分别采用归类结构或者论述结构：如果问题解决的方向是满足期望（满足问题所有者的需求），故事主线建议采用归类结构；如果问题解决的方向是改善现状（消除问题的原因），故事主线则建议采用论述结构。

用图表呈现和表达信息更有力

解决方案需要大量的数据作为论据，来支撑其论点和最终的核心建议，有大量数据支撑的结论才会更容易被他人接受。如"自产品上市以来，其销售收入每年都保持了一定的增长速度"，和"自产品上市以来，其销售收入每年都保持了 18% 以上的增长速度"，是两种截然不同的论证效果，而图表（包括图形和表格）的运用则会使论证更加形象、直观和有力。图 3-28 就是将 W 产品线各产品 2022 年与 2023 年的收入增长率数据，分别用表格和图形所做的呈现。

W产品线	2022年收入增长率	2023年收入增长率
产品A	60%	35%
产品B	52%	46%
产品C	35%	28%
产品D	23%	33%
产品E	12%	15%

图 3-28　W 产品线各产品收入增长率的图表呈现

对数据进行图表化呈现的关键是要想清楚到底想表达什么，是数据（如销售收入）随时间的变化趋势？还是两个数据（如公司和竞争对手的销售收入）之间的大小比较？抑或是同一公司不同产品在销售收入中的占比？用一份表格就可以同时对这三个问题进行回答，而图形则应当简单为上：一图明一事。

汇报时所用的提案中经常会使用的图形有散点图、折线图、柱状图、条形图和饼图等。我们将数据图形化后，就可以运用不同的颜色、形态、箭头等来凸显想要表达的重点内容，并用不同形状的图形来呈现不同类型的数据，如用饼图表示比例，用折线图表示趋势等。

方法篇

第四章　及时发现并正确界定问题

如果给我一个小时来拯救地球，我会花 55 分钟来定义这个问题，再花 5 分钟来解决它。

——爱因斯坦

解决问题的第一步既不是分析原因，也不是提出对策，而是界定问题是什么。正如诺贝尔经济学奖得主赫伯特·西蒙说的："所谓解决问题，就是把问题呈现出来，从而使解决方案一目了然。"

第一节　由经营分析及时发现问题

在当前激烈多变的商业环境下，企业管理者每天都要处理来自各方面的大量问题：有来自外部客户需求和市场竞争的问题，有来自产品研发和项目管理的问题，还有来自生产现场和采购谈判的问题等。这些主动发现或被动遭遇的问题或严重或轻微、或紧急或松缓，纷繁复杂，就像下面所列举的这 15 个问题中的部分或全部：

问题 1：客户满意度严重下降。

问题 2：产品没有竞争优势。

问题 3：延期交货成了家常便饭。

问题 4：市场占有率在下降。

问题 5：内部运营能力不足，效率不高。

问题 6：产品成本居高不下。

问题 7：公司利润增长缓慢。

问题 8：无法有效应对日趋激烈的市场竞争。

问题 9：新产品的研发进展缓慢。

问题 10：研发项目过多，资源分散。

问题 11：销售不畅，库存过多。

问题 12：产品价格持续走低。

问题 13：员工之间、部门之间配合不顺畅。

问题 14：要参加的会议和要提交的报告多得一塌糊涂。

问题 15：员工工作积极性不足。

面对上述这些问题，绝大多数企业管理者都会感觉"一头雾糊"，不知道该从何处入手。有些书籍和资料会要求问题解决者从重要性和紧急程度两个维度对这些问题进行分类和排序，优先解决重要又紧急的问题。而笔者按照在另两部著作《业务增长战略》和《研发再造》中所介绍的如图 4-1 所示的 GAPMB 问题分析元模型，认为症状解的设计是为了解决 B 层面的问题，而要解决 P 和 M 层面的问题，则需要设计根本解。所以，为了解决上述 15 个问题，首先是要弄清楚这些问题分别处于 GAPMB 模型的哪个层面，然后再评估其重要性和紧急程度。

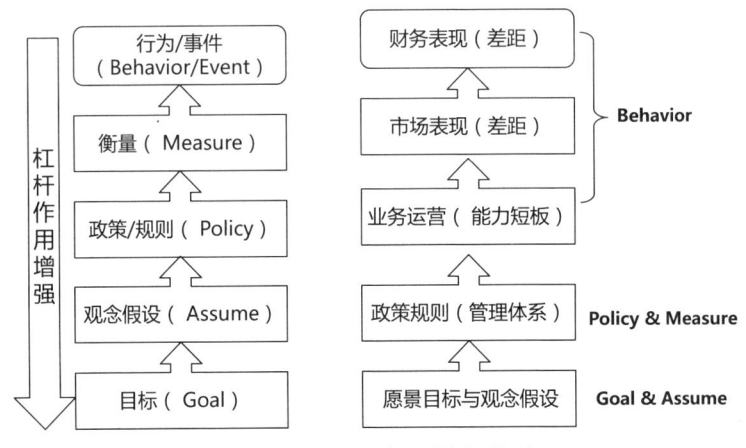

图 4-1 GAPMB 问题分析元模型

在图 4-1 中：

- G（Goal）：代表企业高层的战略意图和目标。

- A（Assume）：代表企业高层在其战略意图下，所持有的对市场、客户、企业和员工的基本观念与假设，也就是他们的心智模式。
- P（Policy）：代表企业高层在他们心智模式的影响下设计出来的管理体系和政策规则。
- M（Measure）：代表在 P 所确立的政策规则下，企业所采取的绩效衡量方式。
- B（Behavior）：代表员工及组织在某种绩效衡量方式下所表现出来的能力和行为，最终体现为企业经营上的市场表现与财务表现。

GAPMB 模型提示人们要想解决企业经营管理的问题，首先应从企业的财务表现和市场表现入手去发掘问题，然后再转向企业内部分析运营能力的短板，最后在企业的管理体系和高层的观念、假设上分析根因。基于 GAPMB 模型，我们可以梳理出上述 15 个问题之间的因果关系，如图 4-2 所示。问题 7 反映的是财务表现的问题，问题 1、问题 2、问题 4、问题 8、问题 11、问题 12 反映的是市场表现的问题，问题 3、问题 5、问题 6、问题 9、问题 10、问题 14 反映的是内部运营能力不足的问题，这些问题都处于 GAPMB 模型中的 B 层面，都是症状解可以解决的问题。其他的问题则需要从组织、流程、人才及激励机制等方面设计根本解才能解决。

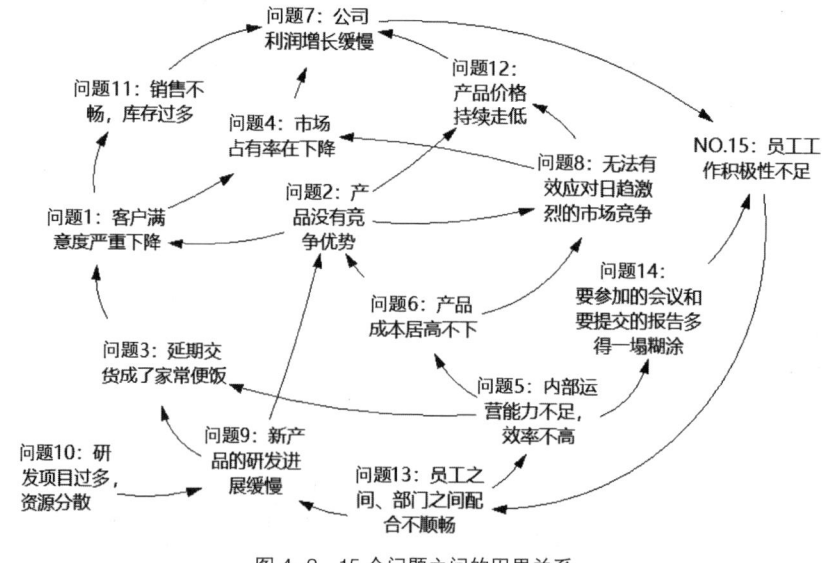

图 4-2　15 个问题之间的因果关系

GAPMB 模型的基本假设是经营模式决定管理模式，但管理对经营存在反作用力，即管理上的问题会造成市场和财务表现不佳。因此，为及时发现问题，企业管理者应重视月度或季度的经营分析工作，分析由财务和市场所表现出来的业绩差距，提前预警企业内部管理体系的问题，而不是等到管理问题在企业内部蔓延，严重到每个人都能意识到应该要解决的时候才采取行动。或者是另一种极端情况，即只要看到哪里有问题就盲目地冲上去解决它，而不是先分析这些问题是如何造成经营上的业绩差距的。

从经营分析入手发现并解决问题，也是华为所倡导的"工程商人"应具备的基本素质之一。经营分析是指以客户、竞争、营销和产品为分析对象，以企业经营数据的统计分析为核心手段，辅以市场调研、二手资料等，全面评估企业经营状况、发现问题、研究影响因素并预测发展趋势，从而确保年度经营目标和战略关键任务的达成。

经营分析通过系统归集和整理各方面的运行数据，有助于企业客观地梳理和掌握自身的经营状况。经营分析透过企业繁杂的运行数据，指出数据下隐藏的关键问题，可以为企业提供诊断和警示的作用。经营分析像汽车仪表盘和导航软件，能够使企业在外部市场环境和竞争格局不断变化的情况下，及时调整业务策略和战术打法，帮助业务经营团队按照业务战略和年度经营计划设定的路径正常行驶。可见，经营分析成功的关键就在于能够及时发现并解决问题。

经营分析的重点是一报（经营分析报告）和一会（经营分析会）。经营分析报告的三部分内容如图 4-3 所示。

一是例行部分，包括 KPI 执行一览，分区域、分产品的 KPI 指标达成情况，计划执行、财务预测等的偏差分析等。

二是专项部分，包括上期及本期重点工作的推进情况，各专项工作的执行情况等。

三是预测分析，对下一阶段和年度 KPI 结果进行预测，并对下一阶段进行滚动预测，形成业绩目标达成的机会判断和风险评估等。

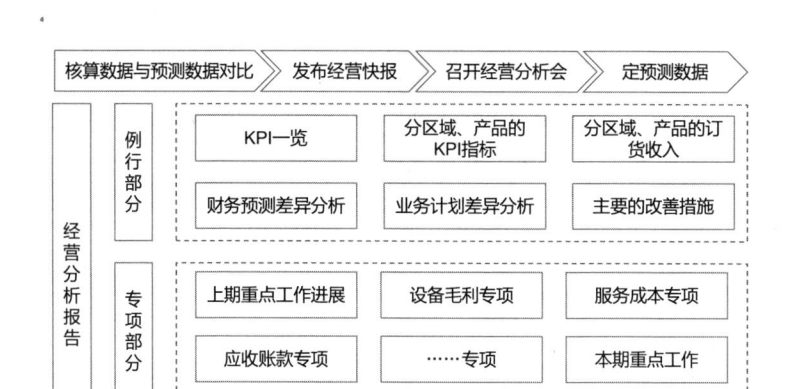

图 4-3　经营分析报告的内容

经营分析的关键在于发现经营异常，同时，针对这些异常情况既要提出短期救急的症状解，也要设计可消除根因的根本解。发现经营异常的方法主要是通过对比分析等手段，把实际经营成果与业务战略、年度（月度、季度）经营目标和预算，与上年（上季、上月）同期相比较，与业界主要竞争对手和行业标杆相比较，找出差距。找差距的过程首先是从企业的财务表现入手，然后分析其市场表现，接着进入对内部运营能力的分析，这些都属于 B 层面的分析。针对这些市场表现和运营能力上的问题，一方面是要设计症状解以防止问题继续恶化，另一方面是要从 P 和 M 层面进一步系统思考引发这些问题的深层次根因并提出根本解。

为提高经营分析的质量，需要把握三个导向：

- 问题导向：经营分析不是工作总结，也不是述职，要以聚焦差距，解决问题为主。
- 数据导向：识别问题，分析原因，都要以实际经营结果与 KPI 和预算做数据对比，用数据说话。
- 结果导向：经营分析后的结果是好是坏，是快是慢，要给出确切的结论，并针对差距设计短期的症状解和长期的根本解。

当然，企业管理者不仅仅要解决通过经营分析发现的问题，还应当解决在日常运营过程中情况突然恶化的"救火"类问题。如 W 公司是某品牌智能手机生产商，近期客服人员反馈手机用户对各种质量问题的投诉出现了不断增多的趋势，公司总经理要求你在一周之内拿出能有效减少用户投诉的解决方案。这些救火类问题经常发生在生产管理、项目管理、绩效管理和质量管理等日常管理活动的现场。

运用 GAPMB 模型来发掘问题，是一种由外而内，以终为始，以经营结果驱动管理改进的问题识别方法。经营是纲，管理是目，纲举则目张，如此才能发现企业经营管理中的主要问题和问题的主要方面，然后再辅以从如下三个维度进行的评估，就可以识别出当前优先要解决的问题是什么。

√ 重要性：该问题对企业财务表现和市场表现的影响程度。
√ 紧迫性：解决该问题有多急迫，有无最后期限。
√ 趋势性：问题会朝什么方向发展，是否有恶化的趋势。

以上内容只是介绍了如何通过经营分析和在日常管理的现场，及时发现处于 GAPMB 模型中的 B 层面的问题，识别出这些问题是为了在短期内先通过症状解实现"灭火"，然后再设计根本解消除"火灾"根因。而为了识别处于 P 和 M 层面，且必须通过根本解才能解决的深层次问题，笔者在《研发再造》一书中为其提供了如图 3-16 所示的组织诊断五星模型和如图 4-4 所示的调研诊断过程。

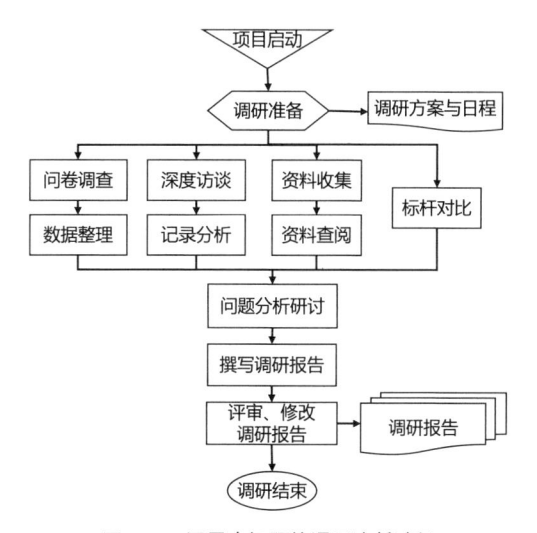

图 4-4 深层次问题的调研诊断过程

有关组织诊断五星模型的具体诊断内容及详细的调研诊断过程，请感兴趣的读者参阅《研发再造》一书的相关章节。

第二节　正确界定待解决的问题

对众多问题经过重要性、紧迫性和趋势性三个维度的评估后，就可以确定当下应当优先解决的问题是什么了。此时，问题解决者的主要任务是针对该问题给出清晰的定义或界定，这是分析和解决问题的出发点，是类似于攀登珠峰的大本营，是接下来所提出的解决方案被证伪后回撤的基地。如果在还没有弄清楚问题的所有者及所有者的期望与目的、成功的衡量标准、解决问题的时限及其他约束条件的情况下，就急于踏上攀登珠峰的冒险之旅，那么失败的结局是早就注定的。

例如，你接到了上司委派给你的"如何才能创造100万元利润"的问题，在没有对问题做出清晰定义的情况下，你也许会运用"利润 = 收入 − 成本"的业务公式，迅速将该问题分解成如图4-5所示的议题树，并立即提出通过开发新产品和开辟新市场来增加收入的解决方案。

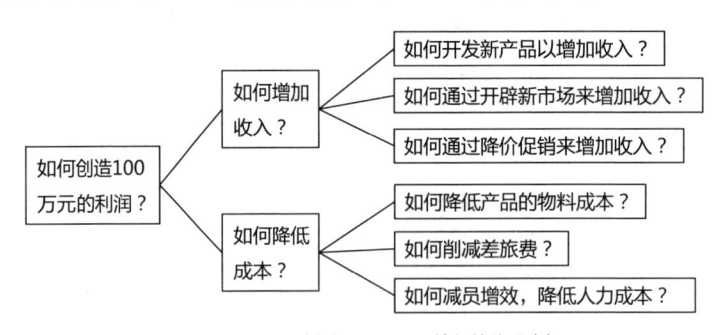

图 4-5　如何创造 100 万元利润的议题树

但是，如果上司告诉你本季度还有三周就要结束了，离计划的利润目标还差 100 万元，请你拟订一个补齐利润缺口的提案，你还会提出开发新产品或开辟新市场的解决方案吗？

一个好的问题定义，必须清晰界定如表 4-1 所示的问题定义模板中的几项关键内容。

表4-1 问题定义模板

问题的背景及现状	企业内、外部的环境信息，对该问题曾经采取过的措施及取得的效果，当前的状况	
问题所有者	问题的归属组织或个人，该组织或个人对问题的某些方面具有控制权，特别是在解决方案的选择上，通常他们也是问题决策者	
问题所有者的期望和目的	问题所有者的真实需求和主要的关注点	
问题被成功解决的衡量标准或方法	SMART化的标准及衡量方法：如收入、质量、成本等	
解决问题的时限	问题的紧急程度，解决问题可用的时间	
影响范围、排除项及制约因素	影响范围：问题涉及的人员和事项 排除项：不涉及或无须考虑的人员和事项 制约因素：资源、预算、权限、法规及其他制约因素	
其他利益相关方	问题解决者	分析问题并设计解决方案的项目团队或个人
	问题决策者	对问题和解决方案有决策权的组织或个人
	解决方案执行者	解决方案的实施组织或个人
	解决方案的受益者或受损者	解决方案实施后的受益或受损的组织或个人

为用好上述问题定义模板，并清晰、准确地界定问题，问题解决者需要认真思考如下四个关键问题：

√ 应当站在谁的立场来看待问题？

√ 问题所有者的期望和目的是什么？

√ 解决问题的时限和紧急程度如何？

√ 解决问题的约束条件有哪些？

界定问题所需背景信息的快速汇总

问题是期望状态与现状之间的差距，问题定义的第一项内容就是对问题发生时的背景及现状所进行的描述。包括问题发生时的外部市场、客户及竞争对手的相关信息，内部的经营系统及功能部门的运作状况，过往历史中企业处理类似问题曾经采取过的解决措施及取得的效果等。对差距的描述要尽量用数据进行量化：原定的目标是多少，当前实际完成的指标是多少，存在多少偏离或差距。

为界定问题，还需探明该问题的所有者及其对解决问题的期望与目的，接下来还要明确问题被成功解决时的衡量标准，以及解决该问题可能会遭遇的制约因素。

为获得上述定义问题所需的背景信息，问题解决者必须进行一次正式的信息快速收集和汇总。因此，在整个假设思考六步法中，可能会存在三次正式的信息收集工作：第一次是问题背景信息的快速汇总，信息收集的目的是界定问题；第二次是为了检验假设的某个原因是否为造成该问题的主要原因，本次信息收集工作只在问题解决方向选择的是改善现状，也就是消除原因时才会发生；第三次是为了论证假设的解决方案，需要定向挖掘能够证实或证伪该方案的相关信息。

◆ 背景信息的作用

√ 用于准确界定问题。

√ 有助于在下一步分解出议题之后选出正确的关键议题。

√ 作为构建假设的初步线索（以事实为依据）。

◆ 如何快速收集背景信息？

√ 到经营管理的一线去接触一手信息。

√ 只需粗略地获取用于思考的信息，不要收集过头。

√ 关注整体的流程与结构，不追求信息的详细程度。

以前文已分享过的 W 公司需要在三个月内弥补 2000 万元收入缺口的问题为例，通过相关背景信息的快速收集和整理，问题解决者就可以输出对该问题如表 4-2 所示的定义。

表 4-2　W 公司弥补 2000 万元收入缺口的问题定义

问题的背景及现状	W 公司从事安防监控设备的生产和销售已有十年，今年上半年的业绩一直维持在正常增长水平。但是从第三季度某竞争对手开展低价竞争以来，公司的销售收入就掉头进入了下滑的趋势，到年底估计会产生 2000 万元的收入缺口
问题所有者	销售总监
问题所有者的期望和目的	年底前要补上约 2000 万元的销售收入缺口
问题被成功解决的衡量标准或方法	收入的确认以收到回款（而非合同额）为准
解决问题的时限	只剩下四季度的三个月时间了
影响范围、排除项及制约因素	影响范围：在公司内部成立收入攻关项目组，在公司范围内统一协调 制约因素：不能影响战略性项目的进度，攻关项目费用预算在 80 万元以内
其他利益相关方	问题解决者　　收入缺口攻关项目组 问题决策者　　销售总监 解决方案执行者　收入缺口攻关项目组 解决方案的受益者或受损者　受益者：公司

应当站在谁的立场来看待问题

正如前文所说的电梯问题，电梯使用者面对的是"该死的电梯"这一问题，而大楼业主面对的却是"该死的投诉"这一问题。可见，站在不同的立场看待同一现象，对问题的认知可能会完全不同。这里所说的"立场"有两种含义：一是位置、职位或身份；二是看待某一事物的角度或维度。对于职位或身份，企业的经营管理活动中有问题所有者、问题解决者、问题决策者、解决方案执行者，以及解决方案的受益者或受损者及其他利益相关方。这里的身份既可能是个人，也可能是组织。例如问题解决者可能是某个人，也可能是一个项目团队。对于看待事物的角度或维度，评价企业的经营成果可以从财务如收入和利润的角度，也可以从市场如销量和市场份额的角度。角度或维度不同，看到的问题也会不一样。例如从产品销量的角度来看，公司的月销量正在稳步增长，但从利润的角度来看，公司正在赔本赚吆喝。

某超市为了增加停车位，将原来 2.3 米的车位宽度缩减为 2 米，给大量女性司机增加了停车难度。当顾客较多时，后方的车辆会不停地按喇叭，让人焦躁不已，导致许多驾车而来的家庭主妇放弃了在此超市购物的欲望。此方案的设计者就是仅仅站在了超市员工，即问题解决者自己的立场思考如何增加停车位，而没有站在问题所有者即超市经营者的立场，以及没有兼顾到顾客的立场，因此造成了女性司机停车难的新问题，最终反过来损害了超市的经营业绩。

问题所有者是对问题的某些方面，特别是在解决方案的选择上具有控制权的人，通常他们也是问题决策者。对于问题解决者而言，首先需要站在问题所有者的立场思考问题，同时兼顾其他利益相关方的立场。问题解决者在定义问题时，可以通过对如下几个问题的思考来反复校准其立场：

- √ 谁是该问题的所有者？他（或他们）是如何看待该问题的？
- √ 不同部门、不同岗位、不同利益相关方看到的问题有何不同？
- √ 为了客观公正地看待问题，如何跳出自己当前的立场？
- √ 为了做到以客户为中心，如何从外部客户的立场来看待企业管理的问题？

从工程商人的视角来看问题解决的过程，其实也是创造价值的过程。因此当多个利益相关方在对待问题的立场上发生冲突时，笔者建议以外部客户的立场为准，坚持以客户为中心，为客户创造价值，在此基础上再考虑如何创造企业价值和员工价值。

华为公司一直强调自己的核心价值观是"以客户为中心"，2011 年年初，一篇特殊的新年贺词"我们还是以客户为中心吗——马电 CEO 投诉始末"在《华为人报》上发表，这是对华为历史上著名的"马电事件"，以及由此引发的全公司反思"我们还是以客户为中心吗"的一篇"揭丑"

报告。

事件起因于 2010 年 8 月 5 日马来西亚电信（简称马电）CEO 对华为的一次投诉，马电 CEO 在投诉信中说："非常遗憾，在过去几个月中，华为的表现并没有达到我对于一个国际大公司的专业标准的期望……过去几个月里，多个问题引起我们管理团队的高度关注和忧虑：

（1）合同履约符合度（产品规格匹配）和交付问题：在一些合同发货中，设备与我们在合同中定义的和测试过程中确定的不一致……

（2）缺乏专业的项目管理动作（方式）：在我们反复申诉后，我们刚刚看到华为在跨项目协同方面的一些努力与起色，但是在网络中，仍然存在大量缺乏风险评估的孤立变更……

（3）缺乏合同中要求的优秀的专家资源……"

这是一封酝酿已久的正式投诉信，礼貌的用词下面透露出的是马电对华为的失望与愤怒。然而这封投诉信却静静地躺在华为多名总裁级高管和部门主管的电子邮箱中，整整 5 天客户没有得到任何人的答复。董事长孙亚芳在马电事件的反思会上如此总结道："客户发出投诉信后，各级主管关注的焦点不是解决问题，而是如何回复邮件，这是严重的本末倒置。"

2010 年 8 月 17 日孙亚芳为马电事件抵达马来西亚拜访马电主席。在拜访客户之前的华为内部沟通中，孙总希望了解马电主席会关注什么，是否还有自己不知道的或者被隐瞒的事情。华为负责现场交付的一位高层主管却说："主席是不会过问此事的，以前主席给你写信压根不提项目，所以他不会跟你提任何问题，你去拜访一下就可以了。"而事实上，此次拜访中，孙亚芳发现马电主席对项目了解得非常多，他把问题一一列出来，也谈到了最让他担心的问题。孙亚芳在拜访完客户回代表处的路上说："我感觉特别不舒服的是，很多事情我要从客户的嘴里才知道，我们自己的人在拼命捂盖子。"

2010 年 8 月 19 日，孙亚芳在吉隆坡拜访客户 CEO 及客户高层管理人员。客户 CEO 反馈道："我相信你们公司解决问题的能力，但是我要看你们解决问题的态度，怎么看态度呢？就看你们的人有没有用心在听，有没有用心听到我们的声音。"客户网络部门的一名主管也说："我觉得要看你们跟我们是不是一样的急切，你们重视的程度是否就像我们是在一条船上。你们那里也曾来过一些领导拜访过我们，但他们没有人真正认真地倾听。"

遗憾的是，就在与客户交流的过程中，华为驻马来代表却还在忙着处理手机短信。事后孙亚芳问他为什么在这样的会上还去处理短信，客户专门谈到了华为的态度问题，用这样的态度怎么能面对客户。该代表却说："我跟他们已很熟悉了……"对此，孙亚芳总结说："我们有些销售人员眼中的客户就像猎物，他们只关注与销售有关的话题。"

从 2010 年 8 月中旬开始，华为公司从高层到基层，都开始对马电项目进行一系列反思与讨论："以客户为中心是华为的核心价值观，然而马电事件却给了我们当头棒喝。我们扪心自问：以客户为中心在我们的脑子里是否真的扎下了根？我们能做到真诚地倾听客户的需求，认真地体会客户的感知吗？我们曾经引以为豪的方法、流程、工具、组织架构在市场的新需求下变得如此苍白无力，未来的竞争中，我们还能帮助客户实现其价值吗？能真正成就客户吗？"

马电事件让华为人再一次认识到：以客户为中心，可以成为天才；以领导为中心，就会成为奴才；以自我为中心，则会变成蠢材。

问题所有者的期望和目的是什么

问题是一种差距，是拿现状与期望状态相比较而言的。期望状态是问题所有者采取行动或做出某种决定的背后真实意图和目的，也就是为了什么。这是问题所有者埋藏在心底的真实需求，是需要问题解决者在真正动手解决问题之前挖掘出来的。正如产品经理在设计一款新产品或产品的某项新功能之前要挖掘客户的真实需求一样，只不过这里的客户换成了问题所有者，产品经理换成了问题解决者，新产品或新功能换成了解决方案而已。

挖掘问题所有者背后的真实意图与挖掘客户的真实需求所使用的方法都是一样的，那就是不断地追问"为什么"。需要注意的是挖掘需求与探寻根因都是不断地追问"为什么"，但两者的内涵是不一样的，实际应用时是用"So What"来挖掘需求，用"Why So"来探寻根因。以前文所说的"我没钱买奔驰车"的问题为例，图 4-6 展示了如何运用"So What"挖掘问题所有者的真实需求。

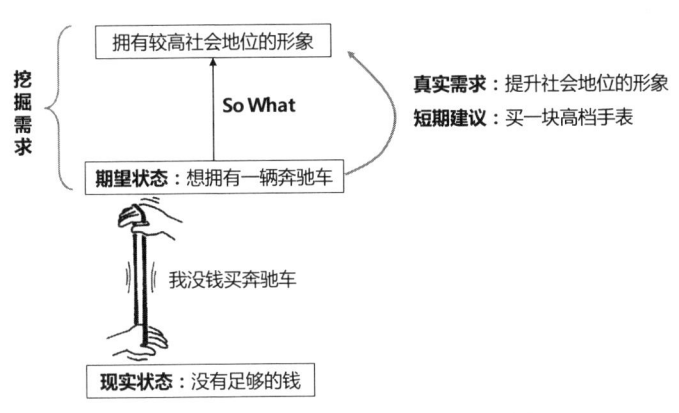

图 4-6 挖掘问题所有者真实需求的示例

为挖掘出问题所有者的真实需求，也就是其解决问题的意图和目的，需要分清措施、手段或解决方案与目的的区别。"买奔驰车"是手段或解决方案，"想拥有较高社会地位的形象"才是真实的需求和目的。在实际的工作、生活中，把手段和解决方案当成目的的事例真可谓司空见惯。例如为了促进身体健康而参加游泳或跑步等健身社团，一开始就坚持每周游泳两次，每次游 2000 米，但是时间长了之后，"每周游泳两次，每次游 2000 米"就逐渐变成了目的，即使是在感染新冠病毒后刚康复不久，身体还有不适的情况下也要强迫自己坚持去游泳，反而不利于身体健康，这就是典型的将手段当成了目的。

在商业环境中，我们也常见到将手段当成目的来解决问题的案例。例如企业参与市场竞争，低价是一种有力的竞争手段，但许多企业却将打价格战或消灭竞争对手当成了目的，而不是为了追求合理的利润并谋求企业有更好的发展。因此笔者在《业务增长战略》一书中提出：不以高毛利（高毛利率或者低毛利率高周转率）为基础的性价比都不是有效的护城河。就像廉价航空，它不仅仅是票价低，它通过有限的乘客服务（无餐饮服务、无行李转运、无转机业务），只提供二级机场之间的短程、点对点的航线，采购统一的客机以提高飞机的利用率、维护效率和维护成本等措施，保证了低票价的同时还能有合理的利润。

在挖掘问题所有者的真实需求的过程中，问题所有者也经常会将其自认为最佳的手段和解决方案，当成需求和目的提交给问题解决者。就像一对恋人周末爬山，爬到半山腰时女生（问题所有者）对男生（问题解决者）说："我要喝水。"在这里，水是女生提出来的解决她口渴了这一问题的手段或解决方案，而她的真实需求和目的是要解渴。再以前文所说的 W 公司销售收入下滑的问题为例，销售总监可能会要求问题解决者解决的问题是：如何在三个月之内开发出一款有市场竞争力的新产品？通过前面的分析，我们知道，这是一种解决方案，而非销售总监的真实需求和目的。

理解了问题所有者的真实需求和目的，问题解决者就可以看到许多其他的可选手段或解决方案。例如为了拥有较高社会地位的形象，除了买奔驰车，也可以买一块高档手表；企业为了更好地发展，除了消灭竞争对手，也可以与竞争对手合作共赢；为了给女朋友解渴，除了水，也可以在半山腰的果树上摘几个荔枝；为了在三个月内弥补 2000 万元的收入缺口，除了开发新产品，也可以开拓东南亚新市场。可见，在真正动手解决问题之前，弄清楚问题所有者的真实需求和目的，就可以避免以某种手段或解决方案来定义问题，并可提升问题解决者思考问题的高度，因而也就能看到更多的可选方案。

尽管问题所有者的期望和目的体现了其真实的需求，如想拥有较高社会地位的形象，但这种需求过于抽象，方案实施后该如何评估是否已达成当初的期望和目的呢？因此，定义问题时还需要明确界定问题被成功解决时的衡量标准或方法，这些衡量标准或方法应当尽量 SMART 化，如"收入增长 x 万元""成本降低 $x\%$"。

解决问题的时限和紧急程度如何

效率是解决问题的决定性因素之一，因此与效率相关的解决问题的时限就成了界定问题的关键要素之一，同时也体现了该问题在问题所有者眼中的紧急程度。例如你为了治疗感冒，当下就要打针吃药，对症治疗。如果这一次的感冒，让你察觉出自己身体免疫力的下降才是根因，于是你可能会针对从现在到不久的将来这一段时间，制定出一套锻炼身体，全面提高免疫力的解决方案。而如果你把解决问题的时限放宽到更远的将来，你不仅想要实现身体健康，还想拥有苗条的身材，则解决方案可能还应包括与养生、医美等相关的具体措施。

由此可见，解决问题的时限不同，问题所有者的期望和需求也会有所不同，为问题所设计的解决方案就可能分别是症状解、根本解或者愿景解。因此，问题解决者在界定问题的时限这一要素时，应思考眼下要解决的是正在发生的救火问题，还是解决过去、现在一直存在的管理顽疾，或者是要解决未来业务如何转型，业绩如何保持增长的战略型问题。而本书所关注的问题都是时限较短，紧急程度比较高的应急类问题，因此，针对这类问题的解决方案就只能是症状解。不过，在设计症状解时，问题解决者应充分考虑如何才能为将来实施根本解打下良好的基础。

正因为症状解的设计有着明确的时限要求，因此，在设计症状解时，要遵从前文所说的效率优先原则。在评估和选择解决方案时，与其思考最优，不如执行次优。在收集验证解决方案所需的信息时，不应收集过头，只需收集能够证实或证伪初始解决方案所必需的信息即可。在分析论证解决方案时，要将支撑该方案的理由或行动举措进行重要性排序，并从最重要的开始。因为一旦某个非常重要的理由或行动举措被证伪，即预示着整个方案将被推翻，剩下的其他理由或行动举措也就没有分析的必要了。

解决问题的约束条件有哪些

时限是解决问题的约束条件之一，事实上，解决一个问题还会受到影响范围、资源预算、管理权限和法律法规及其他约束条件的限制。假如上司要求你解决的问题是：我们该如何降低 X 产品线的生产成本，依此而增加毛利？那么该问题可能的约束条件就包括：影响范围是 X 产品线，Y 产品线及 Z 产品线与之无关；问题明确要求降低生产成本，因此与市场营销、产品开发、渠道拓展、产品定价以及员工差旅费相关的措施统统都被排除了；要降低生产成本，可调用的资源与可行使的权限是显性的制约因素，但还需注意一个隐性的制约因素，那就是：增加 X 产品线的毛利时，不能损害而应增加公司的整体毛利。

一般情况下，定义一个问题的约束条件，可以从影响范围、排除项、制约因素三个方面去思考：

√ 影响范围：问题涉及的人员和事项。

√ 排除项：不涉及或无须考虑的人员和事项。

√ 制约因素：资源、预算、权限、法规及其他制约因素。

如果遗漏了重要的约束条件，则会导致解决方案无法实施。例如某跨国企业在中国可被实施的方案，可能会因为当地宗教习俗的制约，到了中东国家就不能被施行了。那么该如何思考才能将约束条件考虑全面呢？笔者在解决问题的实践中经常使用如图 4-7 所示的模型来探寻问题的各种约束条件。

√ 法律、行规及社会习俗：企业必须遵从的法律法规及行规；宗教习俗与社会道德等。

√ 价值观与文化：企业宗旨、经营哲学；企业内部不成文的规则等。

√ 战略方针：总体战略、业务战略；企业大的方针政策。

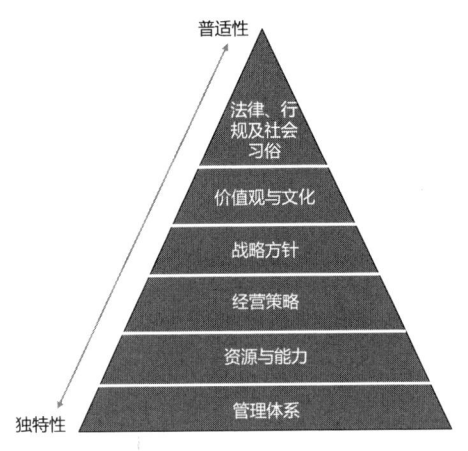

图 4-7　探寻问题的各种约束条件的模型

- √ 经营策略：商业模式、企业功能（研、产、销等）；业务领域、参与的市场和客户等。
- √ 资源与能力：人、财、物等有形或无形资产；各种运营能力与技术储备。
- √ 管理体系：组织、流程及职责分工；规章制度及运作机制等。

分析问题的约束条件时，既要用系统思维看到全局，也要用二八原则聚焦关键约束。重点思考下面的这几个问题：

- 该问题涉及的业务领域有哪些？
- 该问题牵涉的利益相关方有哪些？
- 该问题有哪些时间、资源、流程制度上的限制？
- 负责解决该问题的人员有哪些权限上的制约？

除了要识别出显示的约束条件，一些隐性的约束条件也要尽量识别出来，这些隐性的约束条件往往是一些约定俗成的习惯或工作惯性，已经成为企业文化的一部分。识别隐性约束的方法就是不断自问：为什么我们必须要这样做？为什么我们不能这样做？例如许多企业上下都一致认为"解决人力资源管理的问题是人力资源部门的事"，那么各业务部门的主管就会认为绩效管理出了问题跟他无关，他也是该问题的受害者，而非问题的所有者，这就是企业价值观和文化上的隐性约束。

识别出问题的约束条件并不是为了无条件地接受它们,而是要尽可能地消除它们。在业务上,我们可以通过产品和技术创新,解除人们使用某种产品的限制条件。如在没有家用血糖仪之前,糖尿病人要经常舟车劳顿到医院由医生或护士测量血糖,很不方便。现在有了家用血糖仪,病人就可以在家里自行测量了。同理,要消除企业管理问题上的约束条件,也需要进行管理创新才行。例如让听得到炮声的人来指挥,产品销售模式由原来的经销商模式改为线上直销模式等。

当然,识别出问题的约束条件不是一次性就可以完成的工作,它贯穿了解决问题的整个过程。例如在构建初始解决方案时,也需要考虑解决方案中的方针策略和行动举措是否存在某些约束条件,这些约束条件对方案的实施有多大的阻碍作用,能否通过管理或技术上的创新将其移除。

至此,我们就完成了假设思考六步法的第一步——界定问题。从整个界定的内容来看,它们主要反映了问题所有者的真实需求。如果将界定问题的内容对应到《业务增长战略》一书所说的客户需求的三个构成:目标任务、目标成果(客户的关键购买标准)、限制条件,则期望和目的就是客户需求中的目标任务,成功时的衡量标准就是目标成果,而问题的约束条件就是客户需求中的限制条件。由此可见,界定问题的过程,也正是挖掘问题所有者的真实需求的过程。

第五章　明晰问题解决方向和关键主议题

我们的目标是要登顶珠峰，但是应当从珠峰的北坡登还是从南坡登呢？这是对问题解决方向或切入角度的选择，是在问题被界定清楚之后立即需要明晰的，然后才是对攀登珠峰的具体行动方案的设计。

第一节　选错议题会造成全盘皆输

议题（Issue）含有对问题解决方向或切入角度的初步假设，并且是一个How型问题。例如"如何才能从北坡成功登顶珠峰"与"如何才能从南坡成功登顶珠峰"就是解决"如何才能成功登顶珠峰"这一问题（Problem）的两个议题。这里的解决方向不仅仅是指"北坡""南坡"这样的具体方位或者路径，更多的时候则是代表了思考问题的角度和维度，例如为了增加利润，可以从"增加收入"和"降低成本"两个角度去思考。

议题才是真正要解决的问题，就像下面的这则故事，议题选择对了，具体行动方案的设计才有意义。

汤姆和杰克背着背包行进在阿拉斯加，突然发现远处一只黑熊正在朝他们跑过来。他俩开始转身逃跑，显然，他们逃跑的速度远比不上黑熊追上来的速度。于是汤姆把背包放下，取出并穿上跑鞋。杰克说："你即使穿上跑鞋，也跑不过黑熊啊！"汤姆回答："我不需要跑过黑熊，我只要跑过你！"

汤姆和杰克所面临的问题都是"如何才能活命"，但是杰克选择了"如何才能跑过黑熊"这一议题，而汤姆则选择了"如何才能跑过杰克"这一议题，因而保全了性命。

再如有一天妈妈为姐弟俩买回来一个蛋糕，那么该如何平分这个蛋糕，才能让姐弟俩都接受呢？针对这个问题，你选择的议题可能是"如何才能将蛋糕精确地进行二等分"，于是找来尺子进行测量，将蛋糕上草莓的数量和大小相互匹配着进行均分，煞费一番苦心之后依然觉得分得不够精确。其实真正应该选择的议题不是"如何才能将蛋糕精确地进行二等分"，而是"如何才能让姐弟俩都接受"，即使没有精确地平分也无妨，核心在于如何让姐弟两人都接受。于是可以考虑让姐姐来将蛋糕切成两份，然后让弟弟先选取自己喜欢的那一份。因为蛋糕是姐姐自己切的，所以不管弟弟选哪一份，姐姐都可以接受。而弟弟选取了自己喜欢的那一份，自然也能接受这一结果。可见，议题选择对了，才能找到正确的解决办法。

相反，如果选错了议题，可能会造成全盘皆输。以前文所说的外星人侵占地球的问题为例，可以选择的议题有如下三个：

√议题一：地球人该如何打败外星人并将它们赶出地球？

√议题二：地球人该如何与外星人在地球上和谐共处？

√议题三：地球人该如何找到另一个可以生活的星球？

如果在确认没有实力打败外星人的情况下，仅凭一腔热血依然选择议题一，那就是在拿鸡蛋碰石头，失败早已注定。此种情况下解决问题的可选议题是要么与外星人共处一个地球，要么移居到别的星球，这些都是在以空间换时间，是临时的症状解。留得青山在，不怕没柴烧，等积攒了足够的实力之后再回来将外星人赶走，此为根本解。

在商业环境下，选错议题也会造成解决方案无效甚至是战略性失败。下面这个与M公司的业务转型问题相关的案例，在笔者的另两部著作《业务增长战略》和《研发再造》中也都有过分享，现在请你带着这个问题再一次阅读这个案例——M公司在主营业务由OEM/ODM模式向自主品牌转型期间，真正要解决的问题是要导入和优化基于IPD的研发管理体系吗？

M公司是一家主要为苹果代工手机充电线和耳机的OEM/ODM供应

商，凭借先进的生产技术和工艺设计能力，其客户已覆盖全球零售百强及欧美知名消费电子配件品牌商。但随着全球电子市场的消费升级及竞争加剧，近两年来，M公司在原材料价格及人力成本上涨等因素的影响下，收入及利润的增长均出现了不同程度的放缓。公司于2018年年初提出了创立自主品牌的战略意图，并制定了OEM/ODM与自主品牌两条腿走路的战略方针。

一开始，M公司高层领导认为：我们既然可以为苹果代工，说明我们的技术实现、工艺制造水平是足够的，对于自主品牌，我们只要补齐产品研发和销售渠道的短板，再辅以"出口转内销"和"出厂价"的营销宣传策略，就不怕没有销量。于是在补齐产品研发的短板时，他们大张旗鼓地推行了IPD变革。

理想是丰满的，但现实却很骨感。经过两年IPD体系的运作和自主品牌的经营，M公司的业绩与当初制定的战略目标相去甚远。企业高层普遍认为主要原因是IPD体系的运作不顺畅，没有真正发挥出IPD的价值。于是，他们找到了笔者，想借助外部顾问的力量为企业定制、优化IPD体系。笔者经过深入的调研分析，却认为M公司在主营业务由OEM/ODM模式向自主品牌转型期间真正要解决的问题不是要导入和优化IPD研发管理体系，而是要快速验证其自主品牌经营的业务模式（商业模式）是否与客户及市场相匹配。

笔者认为M公司自主品牌经营不善的主要原因有如下四点：

一是自主品牌的目标客户定位不清晰。当前对目标客户的定位及需求的理解都是在模仿原来的OEM客户，其实我们只要问自己这样一个问题就明白了——原来买苹果耳机的消费者，大概率会成为我们自主品牌的消费者吗？

二是产品的价值定位不准确。这个问题是由上一个问题衍生出来的，目标客户定位不清晰，就只能在产品功能上简单模仿苹果的产品，与现有市面上的产品相比，M公司除了具有"出口转内销"和"出厂价"的低价优势，没有任何其他的差异化竞争优势。而购买苹果产品的消费者，他们往往注重的是生活态度和品位等情感上的需求满足度。另外，低价给人留下的是低端的品牌形象，再加上产品一下子上量发售，企业在品质保障、售后服务等方面没跟上，造成了品牌美誉度差。

三是销售能力和销售模式与市场不匹配。自主营销缺乏相应的策略和方法，分销渠道及库存管理的风险防控能力弱，缺乏营销方面的专业人才。销售人员提升销量的策略只有降价促销，尽管公司也跟随电商潮流开通了线上销售渠道，但提升销量的作用非常有限。

四是内部运营模式及管理能力与打造自主品牌的业务模式不匹配。尽管公司做过大幅度的组织结构和人员调整，但在管理模式上最大的改变，只是增加了形式大于实质的产品经理负责制，并没有真正地建立起以产品经理为核心的产品管理体系。

综合以上四点，笔者认为，自主品牌的经营相比 OEM/ODM，是一种全新的经营模式。而经营模式是由业务模式决定的，因此，自主品牌的经营，需要有新的业务模式和业务战略。也就是说，M 公司当时正在经历的是公司主流业务由第一曲线向第二曲线的业务模式转型。如图 5-1 所示。

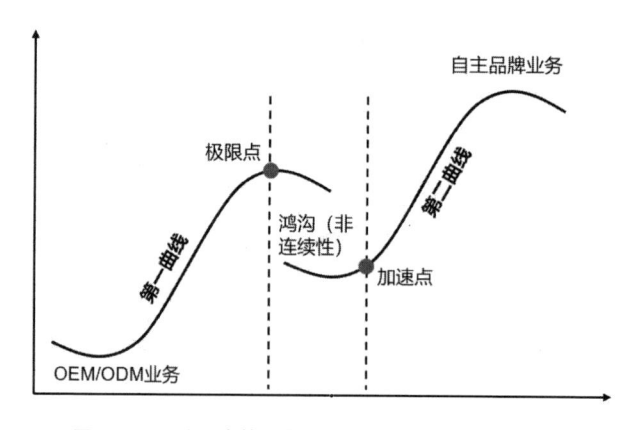

图 5-1　M 公司由第一曲线向第二曲线的业务模式转型

第一曲线（OEM/ODM 业务）的经营模式有如下几个特点：

√ 销售导向。

√ 为单个项目（订单）的定制进行局部的技术开发。

√ 向人力（制造）即成本要利润。

第二曲线（自主品牌业务）的经营模式的特点则是：

√ 市场导向。

√ 为满足某细分客户群的共性需求进行产品创新。

√ 向市场或产品要利润。

为开辟第二曲线，在图5-1中的"加速点"之前，M公司的主要任务应该是实施破坏式实验型战略，对新的业务模式进行验证。依据业务战略的第一性原理——追求市场成功、财务成功且可持续的成功，对业务模式的验证，需要完成以下两个验证任务。

◆ 验证任务一：产品与目标客户及客户的需求是否匹配。

◆ 验证任务二：销售模式、盈利模式与市场竞争环境是否匹配。

验证新业务模式时需要完成的两个验证任务如图5-2所示。只有通过了这两个验证，才能说明M公司第二曲线的业务模式，也就是经营模式是有可能成功的。在转型初期，验证业务模式是否可行的方法，只能运用小而精的"先遣队"和快速迭代的产品开发方法，IPD的那套跨部门"集团军"和结构化开发流程则完全不适用。

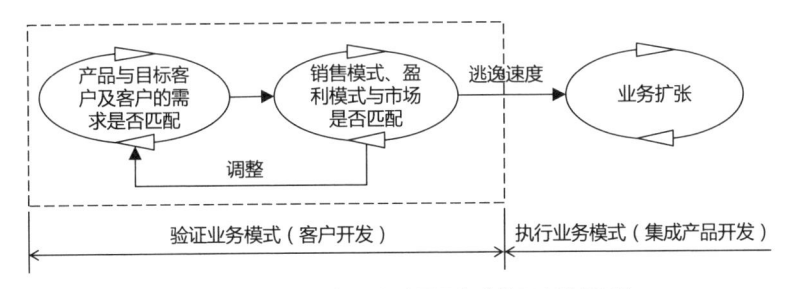

图 5-2 验证新业务模式时需要完成的两个验证任务

在《四步创业法》一书中，作者将上述的两个验证过程称为"客户开发"，只有在通过客户开发验证了M公司的新业务模式是可行的，并且集聚了足够的"逃逸速度"，能够跨越如图5-3所示的客户接纳周期模型中的那个鸿沟，也就是第二曲线上的那个加速点之后，你才可以正式开始真正的"集团军"、流程化的集成产品开发。

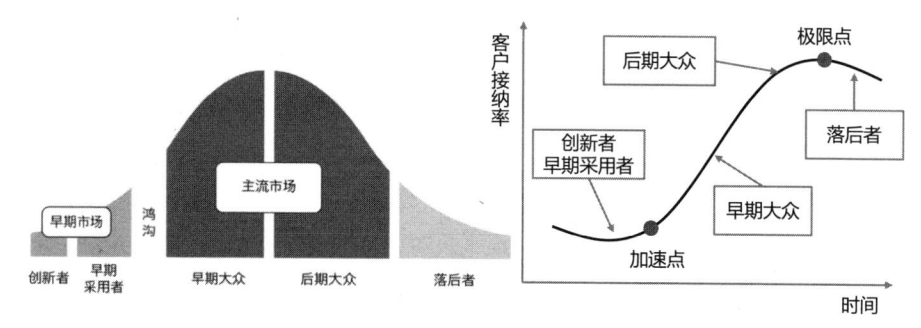

图 5-3 客户接纳周期模型

经营模式（业务模式）的转型，必然会带来管理模式的变革。IPD体系是可以引进的，但一定是在经营模式（业务模式）得到验证（跨越了客户接纳周期模型中的鸿沟或者到达第二曲线的加速点）之后，而不是之前。M公司的做法是在经营模式转型的同时，就提前启动了IPD研发管理体系的变革。也就是说在业务模式还没有得到验证时，就开始对管理模式动大手术了。事实上，参照第二曲线理论，M公司在启动自主品牌的创立并制定两条腿走路的战略方针这一时机的选择上也有点晚了，在第一曲线的业务还有所增长时，就应开始积极思考如何开辟第二曲线的业务。过早启动IPD变革，过晚开辟第二曲线，不得不说这是M公司战略规划的重大失误，也是M公司在重大战略转型期选择什么才是真正应该解决的问题上所犯下的重大错误。

第二节 如何识别并选定基础的根议题

既然问题是期望状态与现状之间的差距，那么解决问题的基本方向就有两个：一是改善现状，二是满足期望。因此识别可选议题的基本路径至少就有两条：一条是挖掘期望背后的真实需求，另一条是寻找造成问题现状的根因。前者的方法是不断追问"So What"，后者的方法则是不断追问"Why So"。

由问题的定义出发，通过上述两条基本路径识别到并最终选定的议题，就是后续所有步骤要讨论和解决的最基础、最根本的根议题。基于根议题，才可以进一步分解出主干议题（简称主议题）、分枝议题（简称枝议题）和叶议题，于是它们便形成了一棵议题树。从根议题到议题树的形成过程如图 5-4 所示。当然，叶议题还可以继续分解成更小的议题，但是对于经营管理中的绝大多数问题而言，分解到枝议题或者叶议题时就已经可以直接提出具体的解决办法了。在波士顿咨询公司，议题被称为论点，本书所说的根议题即为大论点，大论点可以进一步分解成中论点和小论点。

图 5-4 从根议题到议题树的形成过程

根议题明确了解决问题的基本方向是满足需求还是消除原因，在此基础上，通过采用前文所说的各种议题分解技术，就可以进一步识别出切入方位和角度更准确的主议题。确定了基本的方向和准确的角度，就可以依此考虑解决方案的基本方针或总体策略了。接着针对从主议题分解而出的枝议题或者叶议题，可以提出具体的行动举措。可见，确定根议题是从议题出发分析和解决问题的基础。而有关方向、方针、策略及行动举措之间的关系，在本书第六章第一节"解决方案的四个基本要素"中有更详细的阐述。

如何识别出更多的可选根议题

识别根议题的路径和方法前面已经介绍过，就是从问题定义出发，不断追问"So What"或者"Why So"，前者是挖掘真实需求，后者是探寻问题原因。以前文所说的 W 公司销售收入下滑的问题为例，由问题定义导出根议题的方法如图 5-5 所示。

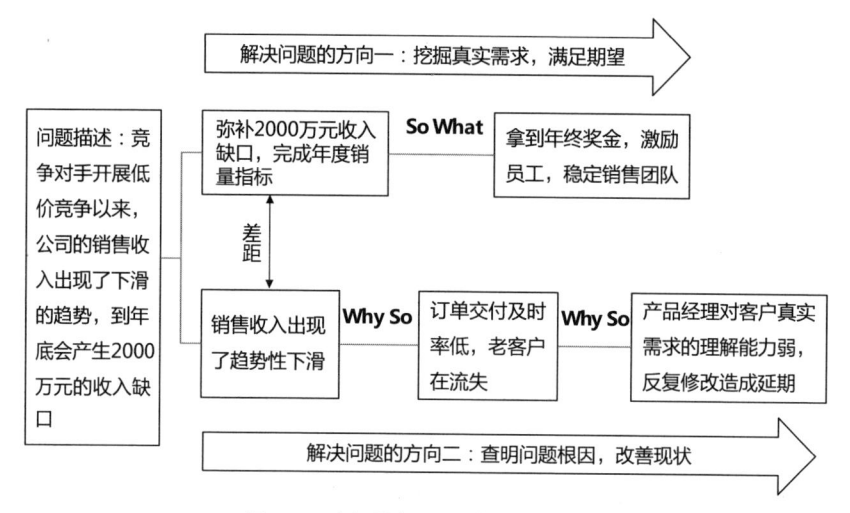

图 5-5 由问题定义导出根议题的方法

在通过"So What"挖掘真实需求的路径上，我们可以识别出如下两个根议题：

√ 根议题一：如何在三个月内弥补 2000 万元的收入缺口，完成年度销售指标？

√ 根议题二：如何才能有效激励员工并稳定销售团队？

在通过"Why So"探寻问题原因的路径上，我们可以识别出如下另外两个根议题：

√ 根议题三：如何提高订单交付及时率，留住老客户？

√ 根议题四：如何提升产品经理对客户真实需求的洞察力？

对根议题的识别需要用到第一步界定问题时所收集到的相关背景信息，在识别和选定根议题的过程中，如果现有信息还不足以支撑问题解决者做出某些决策，应及时对利益相关方进行访谈，并收集和澄清更多的所需信息。

事实上，识别可选根议题的两条路径之一的挖掘问题所有者的真实需求，在第一步界定问题时就已经完成了。而对问题原因的探寻，是需要在这一步完成的，其方法就是不断追问"Why So"，也就是大家所熟知的如图 5-6 所示的 5WHY 法。

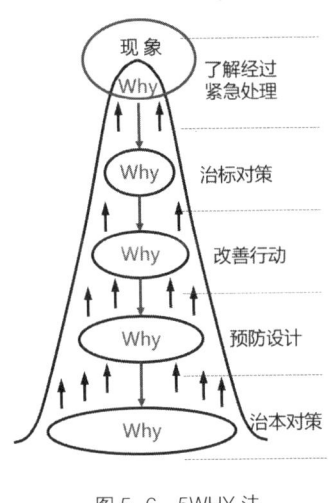

图 5-6　5WHY 法

5WHY 法的应用过程如发现问题——地板上有一摊油，为什么会有油？因为机器漏油了；机器为什么漏油？因为衬垫磨烂了；衬垫为什么这么快就磨烂了，以前可不这样？因为新采购回来的衬垫质量太差；为什么要采购低质量的衬垫？因为采购部以价格作为优先考虑的要素；为什么采购时要优先考虑价格？因为采购部今年成本考核压力太大。到这里，我们基本上就探寻到问题的根因了，针对这一根因就可以设计出一个根本解，如调整采购部的成本考核权重，提高采购质量的考核权重。

上述案例只是对运用 5WHY 法探寻问题原因的一个简单示例，实际工作中问题的原因可能存在着多个分支，因此需要用到前文所介绍的问题树来将其结构化。例如前文所说的 W 公司销售收入出现趋势性下滑的原因，可能不仅仅只是"订单交付及时率低，老客户在流失"，还有其他如市场竞争力弱，或者整个市场需求在萎缩的原因，将这些原因整理成问题树就如图 5-7 所示。

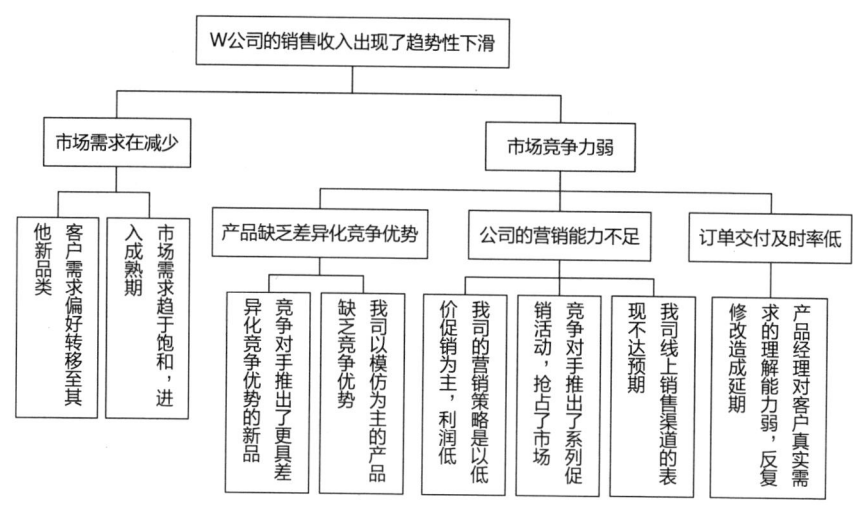

```
                    ┌─────────────────────────────────┐
                    │  W公司的销售收入出现了趋势性下滑  │
                    └─────────────────────────────────┘
                          │                    │
              ┌───────────┴──┐      ┌──────────┴──────────┐
              │ 市场需求在减少│      │    市场竞争力弱     │
              └──┬─────┬─────┘      └──┬────────┬────────┬┘
                 │     │               │        │        │
            ┌────┴┐ ┌──┴──┐   ┌────────┴┐ ┌─────┴────┐ ┌─┴──────┐
            │客户 │ │市场 │   │产品缺乏差│ │公司的营销│ │订单交付│
            │他新 │ │入成 │   │异化竞争优│ │能力不足  │ │及时率低│
            │品类 │ │熟期 │   │势        │ │          │ │        │
            │需求 │ │需求 │   └──┬────┬──┘ └┬──┬──┬──┬┘ └┬────┬─┘
            │偏好 │ │趋于 │      │    │     │  │  │  │   │    │
            │转移 │ │饱和 │   竞争 我司 我司 销 竞 现 我  修  产
            │至其 │ │，进 │   对手 以模 的营 售 争 不 司  改  品
            │     │ │     │   异化 仿为 销策 活 对 达 线  造  经
            │     │ │     │   竞争 主的 略是 动 手 预 上  成  理
            │     │ │     │   优势 产品 以价 ， 推 期 销  延  对
            │     │ │     │   推出 缺乏 促销 抢 出       售  期  客
            │     │ │     │   了更 竞争 为主 占 了       渠       户
            │     │ │     │   具差 优势 ，利 了 系       道       真
            │     │ │     │   异化      润低 市 列       的       实
            │     │ │     │   竞争           场 促       表       需
            │     │ │     │   优势                                求
            │     │ │     │   的新                                的
            │     │ │     │   品                                  理
            │     │ │     │                                       解
            │     │ │     │                                       能
            │     │ │     │                                       力
            │     │ │     │                                       弱
            │     │ │     │                                       ，
            │     │ │     │                                       反
            │     │ │     │                                       复
            └─────┘ └─────┘
```

图 5-7　用问题树结构化分析问题的原因

如何选定真正待解的根议题

通过前面所介绍的识别根议题的两条路径和方法，会识别出多个可选的根议题，选择其中的任何一个作为要解决的根议题，解决方案的设计都会有很大的不同。例如针对 W 公司销售收入下滑的问题，根议题二"如何才能有效激励员工并稳定销售团队"与根议题四"如何提升产品经理对客户真实需求的洞察力"的解决方案是完全不同的。但是，由于解决问题存在诸多的约束条件，问题解决者又不得不需要快速决策并选定其中的某一个作为真正待解的根议题，以推进问题解决的后续行动。

对根议题的选择，就是对解决问题的基本方向的选择，类似于攀登珠峰时，选择从北坡登还是从南坡登。在本书则是直接满足问题所有者的需求还是帮助其暂时消除直接原因或主因，这是一个具有决定性意义的选择。对于症状解的设计而言，笔者建议应优先考虑在满足问题所有者需求的方向和路径上，选出真正想要解决的根议题。因为对需求的判断和选择，即使是在面对"既要……又要……"的多重需求时，也只需重点关注问题所有者的主要诉求即可。而当从消除原因这一方向和路径上识别出来的问题原因有多个时，则需要问题解决者收集大量信息并做大量的分析工作，才能识别出哪几个才是真实的原因。正如你因为身体不适去看医生，医生首先会根据你描述的不适症状，以及自己行医的经验假设出几种可能的原因，然后开出抽血、B超或CT检查单，通过这些检查结果来验证他对于上述几种原因的判断，最后才给出治疗方案。

由此可见，当我们想选择消除原因这一方向和路径上的某一个原因作为根议题时，其选择过程又是一个不断做出有关原因的假设，然后收集信息验证这一原因是否为真实原因的复杂过程。特别是当造成问题的原因可能有多个，且这些原因之间存在着相互影响的因果关系时，与其花费时间和精力再去收集大量信息来分析这些原因的真实性，并梳理出它们之间的因果关系，还不如直接针对问题所有者的需求思考解决方案更现实。因为原因需要广泛地收集信息去验证，而需求只需要针对问题所有者认真挖掘即可得到，且需求挖掘的工作在第一步界定问题时就已经完成了。

如图5-7所示的W公司销售收入下滑的原因除了订单交付不及时，可能还有产品缺乏竞争优势和营销能力不足。这些原因到目前为止也都只是一种假设而已，那么就需要问题解决者在第一步收集来的背景信息的基础上，再次收集大量与产品竞争优势和营销能力相关的信息，才能分析判断出真实的原因有哪些。面对竞争对手有差异化竞争优势的产品和具有压倒性优势的营销手段，如果选择直接针对问题所有者的需求思考：如何在三个月内弥补2000万元的收入缺口？或许能够立即想到"通过拓展海外市场来实现业绩目标"这一答案。

退一步来说，即使是想选择某个原因作为根议题来设计症状解，笔者也建议应当选择造成问题的直接原因而非深层次的原因甚至是根因。就像你跟女朋友爬山到半山腰，女朋友说要喝水，其实她的真实需求是口渴了。山上没有水，怎么办？临时的解决办法可以是到旁边的树上摘几个梨子或荔枝。当然啦，你也可以分析一下女朋友口渴的原因，可能是今天天气太热了，这是直接原因且无解；也可能是女朋友穿得有点多，容易出汗，这也算直接原因，此时你需要验证一下她的衣服是不是湿了，如果是，解决办法就是少穿点衣服。最根本的原因可能是女朋友体质太虚，容易出汗，此时就得借助医学手段来验证了。因此，对于症状解的根议题的选择，应优先考虑如何快速满足问题所有者的需求，其次才是考虑如何消除问题的原因（直接原因和主因）。

在商业环境下，道理也是一样的。以 W 公司销售收入下滑的问题为例，应优先选择"根议题一：如何在三个月内弥补 2000 万元的收入缺口"，其次是"根议题三：如何提高订单交付及时率，留住老客户"，而"根议题四：如何提升产品经理对客户真实需求的洞察力"则属于根因了。在针对原因的根议题选择上，选择根议题三要比选择根议题四更合理，这也正体现了假设思考六步法的效率优先原则：与其思考最优，不如执行次优。

总而言之，症状解的设计应优先选择与问题所有者的短期目标或造成问题的直接原因相关的议题作为根议题，与根因相关的议题则需要设计根本解，而与问题所有者的长期目标相关的议题就需要设计愿景解了。对症状解根议题的选择规则，可以用图 5-8 来说明。图 5-8 以生活中患感冒为例，如果你选择以直接原因为根议题来设计症状解，那么你会将问题抛给医生去解决。医生首先会对你感冒的原因是细菌感染还是病毒感染做出假设，然后再通过验血来验证真实的原因是细菌感染，最后开出的处方是让你打针吃药。如果你选择以短期目标"即使生病了也要上班挣钱养家"为根议题来设计症状解，那么就可以直接针对这个需求设计出"去药店买药吃，在家上班，线上讨论"的解决方案，不需要投入时间和精力去分析到底是什么原因造成的感冒。当然啦，如果你想从根本上解决经常性感冒的问题，那就要解决"身体免疫力下降"的根因了，根本解就是"加强锻炼，多吃维 C"。而如果你不仅仅只是追求身体健康，还想在未来的两年时间内塑造出一副苗条的身材，那你的愿景解就是一整套包括了瑜伽、医美和养生等措施的综合解决方案了。

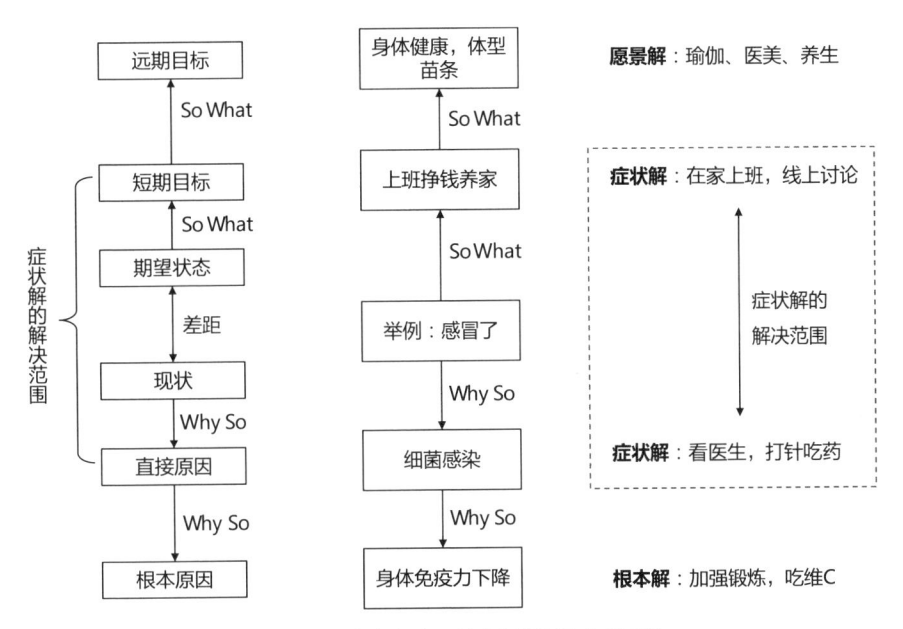

第五章 明晰问题解决方向和关键主议题

图 5-8 症状解根议题的选择规则及应用示例

下面我们再以中国新生儿出生率下降，因而出现少子化现象这一热门话题为例，来说明对根议题进行选择的重要性和方法。

据国家统计局发布的数据，2022 年全年全国出生人口数为 956 万人，人口出生率为 6.77‰，这是自 1950 年以来，年出生人口数首次跌破 1000 万人大关。2016 年是近 7 年中国人口出生率和人口自然增长的最高峰年份，人口出生率为 13.47‰，其后便开始逐年持续下降，到 2022 年人口出生率便比 2016 年跌落了约 50%。2016 年全国新增人口规模为 909 万人，到 2022 年减少到 -85 万人，这是自 1961 年以来中国人口首次出现净减少。根据人口学理论，总和生育率需要达到 2.1，即平均每位妇女一生中生育子女数为 2.1 人，才能实现下一代人口与上一代在数量上的持平，而中国的总和生育率在 2019 年已跌至 1.5。尽管国家于 2016 年和 2021 年相继放开生育二胎和三胎政策，但收效甚微，现在的问题不是不敢生，而是不愿生和不能生。可见，少子化只是一个现象，我们需要从这一现象入手，通过不断追问"Why So"和"So What"来思考解决少子化问题的可选根议题有哪些。

通过不断追问"Why So",我们可以识别出如图5-9所示的导致出现少子化现象的原因。

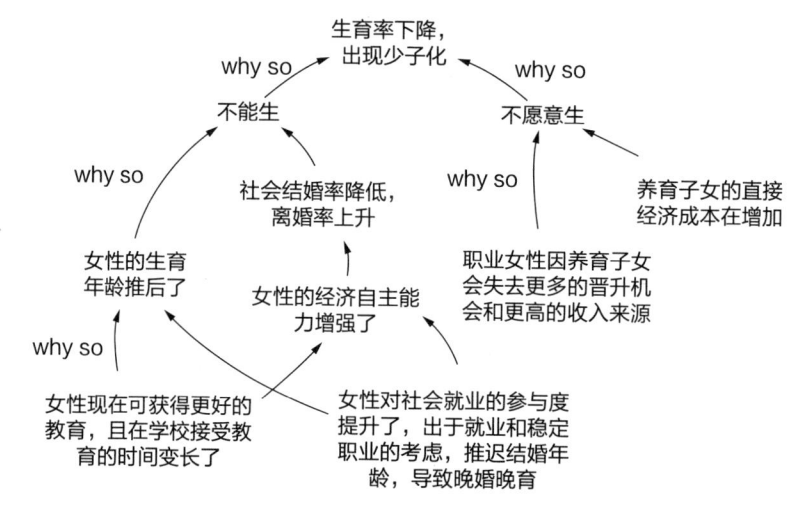

图 5-9 中国出现少子化现象的原因分析

针对上述原因,我们可以提出如下几个解决少子化问题的可选根议题:

√ 根议题一:如何提高高龄已婚女性的受孕率?

√ 根议题二:如何提高女性的结婚率?

√ 根议题三:如何降低职业女性因养育子女而造成的职业机会成本?

√ 根议题四:如何降低养育子女的直接经济成本?

这里的四个根议题都是针对少子化问题的直接原因提出来的,而主要的根因则是女性受教育程度的提高,以及社会就业参与度的提升,这是大势所趋,无法扭转,因此这里没有针对根因而提出的要解决的议题。

通过不断追问"So What",我们也可以挖掘出政府在解决少子化问题上的期望和需求,如图5-10所示。针对这些期望和需求,我们又可以提出如下几个解决少子化问题的可选根议题:

√ 根议题五:如何防止因劳动人口减少所带来的社会生产力下降?

√ 根议题六:如何减轻老年化社会中年轻人的负担?

√ 根议题七：如何避免国家财政在社会进入老年化后入不敷出？

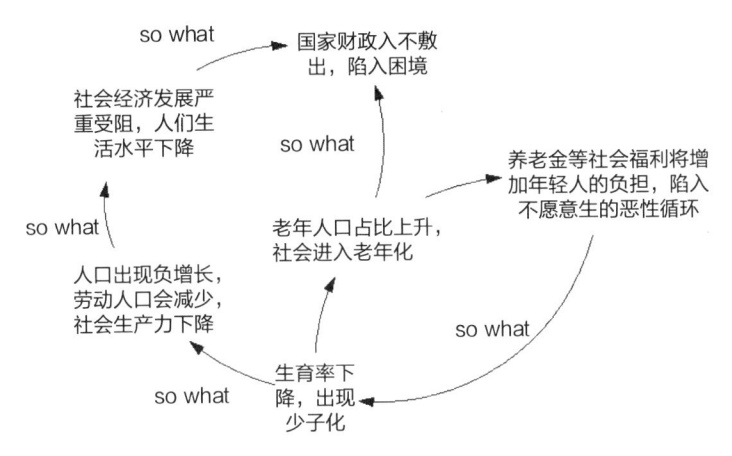

图 5-10 政府在解决少子化问题上的真实需求

这里的三个根议题中的前两个是针对政府的短期需求提出来的，后一个则是与政府的长期需求相关的议题了。现在，我们得到了七个可选的根议题，到底该选择哪个根议题作为短期症状解要解决的议题呢？如果选择根议题一，国家可以引进一些高科技生殖医疗辅助技术来提高高龄女性的受孕率；如果选择根议题四，国家可以在子女的生养、教育、医疗等方面加大直接经济补贴的力度；如果选择根议题五，则可以考虑引进自动化生产设备、延长退休年龄和创造适合老年人继续就业的工作环境等；而如果选择根议题六，则必须改革社会养老金制度，这是牺牲老年人成全年轻人的解决方案。

由此可见，解决方案会因选择的根议题不同而迥异。显而易见，没有任何方案可以同时解决上述七个根议题。因此，要解决少子化问题，必须先确定该选择哪个根议题，只有在选定了根议题之后，再来思考如何设计具体的行动方案才有实际的意义。

按照前面所说的症状解根议题的选择规则，针对直接原因提出的四个根议题（根议题一至根议题四）和针对政府短期需求提出的两个根议题（根议题五至根议题六）都是可选的。此时，我们就需要进一步运用第一步界定问题时所输出的相关信息来做筛选了。例如为解决少子化问题，应该站在谁的立场？达成什么期望和目的？是为了促进国家经济发展吗？还是为了减轻年轻人的负担？或者是为了让老年人老有所养？除此之外，还应考虑第一步所确定的解决时限、制约因素以及影响范围等。

针对企业经营管理的问题，有时我们也可以用图 5-11 所示的矩阵工具来给分析出来的众多根议题做优先级评估。该矩阵的横轴是对可能的解决速度的评估，它充分考虑了问题的紧急程度和对时限的要求。纵轴则是对问题给企业经营管理的各个方面所带来的各种影响的评估，包括对经营结果、实现的难易程度和资源投入等方面的综合评估。

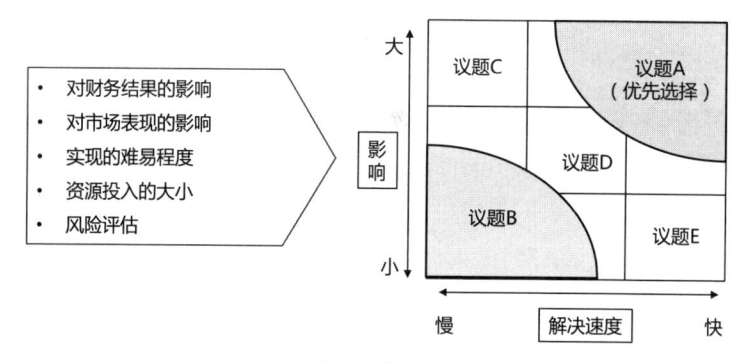

- 对财务结果的影响
- 对市场表现的影响
- 实现的难易程度
- 资源投入的大小
- 风险评估

图 5-11　议题的优先级评估工具

事实上，在接下来将根议题分解成众多的主议题后，也需要遵从 20/80 法则筛选出几个关键的主议题，那时还会用到此评估工具。

第三节　分解根议题并选定关键主议题

选定了真正要解决的根议题，接下来就是运用议题分解技术由根议题分解出主议题。根议题是基础，它确定了解决问题的基本方向，而主议题则表明解决方案准备从哪些方位或角度切入。方位比方向更精准，更接近具体的解决办法。例如针对 W 公司销售收入下滑的问题，假设我们选定的根议题是"如何在三个月内弥补 2000 万元的收入缺口"，然后

就可以通过业务公式"销售收入 = 销量 × 售价",从此根议题分解出如下的三个主议题:

√ 主议题一:如何在售价不变或降价的情况下大幅提升销量?

√ 主议题二:如何在销量不变或下降的情况下大幅提高售价?

√ 主议题三:如何通过同时提高销量和售价来增加销售收入?

由一个根议题也会分解出多个主议题,我们刚刚从众多的根议题中选定了一个真正待解的根议题,现在又不得不再一次面临对多个主议题做选择。众多根议题之间的关系有时是互补的,解决了某个针对原因所提出的根议题,也许可以满足另一个针对需求所提出的根议题。例如解决了"根议题一:如何提高高龄已婚女性的受孕率",就会提高人口出生率,从而为解决"根议题五:如何防止因劳动人口减少带来的社会生产力下降"这一问题提供了条件。但是,各个主议题之间的关系往往不是互补的,它们是满足 MECE 原则,不重复无遗漏地对根议题进行线性分割后的结果,其相互之间是独立的。因此,对主议题进行选择后的结果,是需要解决的主议题可能会有多个。

为了选出好的主议题,问题解决者需要运用不同的议题分解技术,将根议题从不同的方位和角度切分后,再进行比较和筛选。例如针对上述"如何在三个月内弥补 2000 万元的收入缺口"的根议题,除了可以用业务公式对其进行分解外,也可以运用如图 2-2 所示的安索夫矩阵将其分解成如下的四个主议题:

√ 主议题四:如何在现有市场上用现有产品提高销售收入?

√ 主议题五:如何在现有市场上推出新的产品来提高销售收入?

√ 主议题六:如何利用现有产品开拓新的市场来提高销售收入?

√ 主议题七:如何开发新的产品,打入新的市场来提高销售收入?

我们还可以从提高各个细分市场的收入这一角度,将其分解成如下的三个主议题:

√ 主议题八:如何增加城市级细分市场的收入?

√ 主议题九：如何增加行业级细分市场的收入？

√ 主议题十：如何增加民用级细分市场的收入？

另外，从营销 4P 的四个要素出发，也可以将其分解成如下的四个主议题：

√ 主议题十一：如何开发有市场竞争力的产品来提高销售收入？

√ 主议题十二：如何制定有市场竞争力的价格来提高销售收入？

√ 主议题十三：如何完善当前的销售渠道才能快速提高销售收入？

√ 主议题十四：如何开展能快速提高销售收入的市场推广活动？

以上用不同方法对同一个根议题进行分解的过程，就像对一个蛋糕横着切、竖着切或者斜着切，切一刀、两刀或者三刀，会得到许多不同的蛋糕块。好的分解议题的方法是要求通过这种方法的运用，加深对问题本质的理解。例如对"如何在三个月内弥补 2000 万元的收入缺口"这一根议题的分解，除了可以按上述四种方法，还可以按"销售收入 = 产品收入 + 服务收入"的业务公式进行分解，将弥补收入缺口的讨论引向对服务收入的重视。因为靠产品增加收入已经很难了，应看能否通过提供服务来增加收入，这也是许多企业正在走的由单一产品销售模式向"产品 + 服务"模式进行战略转型之路。

因此，要选出好的主议题，首先就要选择一个有助于从本质上加深问题理解的议题分解方法。就像前面阐述 MECE 原则时所列举的一个白煮鸡蛋的两种分割方法，尽管两种方法分割后的结果都满足 MECE 原则，但一种方法分割出来的各个部分都是类似的，而另一种方法则是将鸡蛋分割成了蛋黄和蛋白，利用后一种方法，就可以加深对鸡蛋构成成分的理解，从而提出与鸡蛋营养有关的洞见。

根据笔者的经验，问题解决者至少要能找到三种根议题分解方法，才可以从中选出一种比较好的。接下来问题解决者就可以基于 20/80 法则，运用图 5-11 所示的评估工具选出几个关键的主议题。在评估和选择主议题时，要做好如下三点：

◆ 充分利用已有的经验和直觉,以及对已有信息的快速判断力。

◆ 让问题所有者和利益相关方参与讨论,他们往往会提供更有益的洞察和见解。

◆ 坚持效率优先原则,关键主议题即使选错了并且随后被证伪,还是可以回来再重新选择的。

一个好议题的提出往往需要满足两个条件:一是对问题要有深刻理解和系统性的洞察;二是要有能够突破常规思维的创新思路和方法。最终被选中的议题好不好,主要看它是否具有下面的三个特征:

特征一:好议题揭示了问题的本质。这里的本质要么是真实需求,要么是问题根因。例如在前文所说的案例中,跑过黑熊不是本质性的,保住性命才是本质性的。

特征二:好议题必须清晰且强硬地表明问题解决方向或切入角度。例如议题"我们如何在三个月内开辟东南亚市场",就比议题"我们如何在适当的时机进入日韩或者东南亚市场"要好。

特征三:好议题是可以被解决的。不要在明显没有权限和资源的议题上浪费时间和精力。

还是以 W 公司销售收入下滑的问题为例,其关键主议题的选择过程如图 5-12 所示。

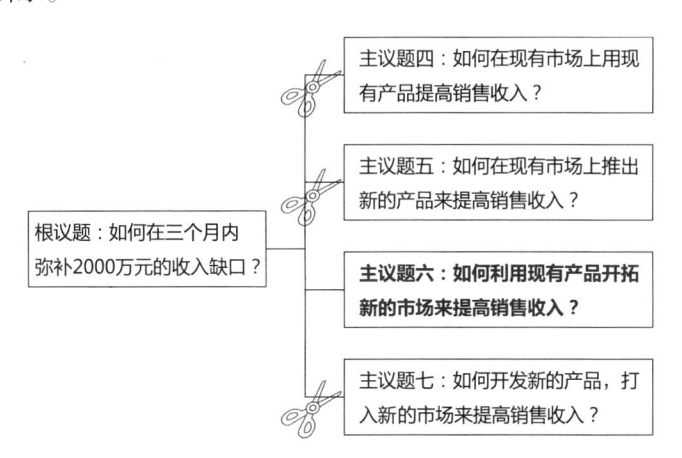

图 5-12 关键主议题的选择过程示例

前面选定的根议题是"如何在三个月内弥补2000万元的收入缺口"，并且用了四种议题分解方法分解出了14个主议题。通过讨论和比较，我们认为利用安索夫矩阵从现有产品和新产品、现有市场和新市场的组合中，探寻收入增长的路径更具实操性，于是选择了安索夫矩阵作为分解根议题的方法。在利用安索夫矩阵分解出来的四个主议题中，凡是与新产品开发相关的收入增长路径都可以被排除，因为已经来不及开发新产品了。在现有的市场上提高现有产品的销售收入这一收入增长路径，也因竞争对手正在搞低价竞争而不得不放弃。如此，最终可选的关键主议题就只剩下主议题六了。

当然，有时候为解决一个根议题，可能需要选定多个主议题、从多维度着手才行。例如某企业为提高盈利水平，利用业务公式"利润 = 销售收入 × 毛利率 – 期间费用"，对"如何提高企业的盈利水平"这一根议题进行了分解，并决定同时从下面的三个主议题切入，解决盈利问题：

√ 主议题一：如何强化市场营销推广的力度，以提高市场占有率？
√ 主议题二：如何聚焦价值客户和大客户，以优质服务提高客单价？
√ 主议题三：如何通过规范化项目管理，降低研发费用？

对于最终被选定的多个主议题，笔者建议数量上最好不要超过三个。要解决的主议题越多，资源投入就会越分散，越不聚焦，因而影响问题解决的效果。

到目前为止，问题解决者通过对根议题和主议题的识别与筛选，最终明晰了要解决的主要问题（根议题）和问题的主要方面（主议题），接下来就可以针对主要问题和问题的主要方面设计具体的行动方案了。

第六章 提出核心建议并构建初始方案

假设思考法的第一步，通过界定问题明确了问题所有者的期望和目标。第二步从问题出发，挖掘出了真正要解决的关键议题（包括根议题和主议题），从而明确了解决问题的方向和切入角度。第三步的任务则是针对真正要解决的议题，提出核心建议以及支撑核心建议的理由和行动举措。而核心建议由解决问题的期望目标和基本方针（或总体策略）构成，因此，期望目标、关键议题、基本方针和行动举措是解决方案的四个基本要素。在 S 线路径的提出假设阶段，构建初始解决方案的过程，也正是将这四个基本要素以金字塔结构的形式，自上而下勾勒出其整体架构的过程。

第一节 解决方案的四个基本要素

要解决问题，必须先设计出一个可实施的解决方案。那么一个完整的解决方案应当包括哪些基本内容呢？有人认为解决方案就是各种具体的行动、措施，包括要完成的任务、各任务的输出成果、责任人和时间节点等。虽然解决方案必须要落实到具体的行动上才有意义，但如果缺少解决问题的基本方针或总体策略的指引，具体实施时就容易陷入各种行动细节的争论而无法执行。因此，单纯的行动、措施只能被称为行动举措。

与之相反，如果只有正确的目标、方针或策略的指引，而没有具体的行动举措，也不能被认为是一个完整的解决方案。这些抽象的方针策略可能在许多场景下都是貌似正确的，但它却无法唤起任何具体的改进行动，因而也就不能带来任何改善成果。例如针对前文所说的 W 公司销售收入下滑的问题，如果只提出"利用现有产品开拓新的市场来提高销售收入"，具体执行者依然会一头雾水，感到茫然而不知所措。

一个问题的解决方案首先要明确问题所有者的期望和目标是什么。以登山初学者为例，登山者必须先决定要登上哪座山，如东岳泰山、西岳华山、南岳衡山、北岳恒山还是中岳嵩山。如果确定了目标山峰是泰山，接下来就要明确为了登上泰山必须或真正要解决的议题，例如如何选择最适合自己的登山路线？如何快速增强自己的体质？这些都是从不同的方向和角度提出来的，为解决登上泰山这个大问题而必须要解决的关键议题。

接下来就是思考解决这些关键议题的答案。但是我们不能一上来就思考"什么时候出发""乘坐什么交通工具到达登山口""每天坚持跑步还是到健身房强化训练"这些具体问题，而是要先确定成功登上泰山所应遵从的基本方针或总体策略，例如"是独自登山还是结伴而行""计划登山的费用总预算如何""任何情况下出现意外应怎么处理"，对这些问题的回答，可以为接下来制定具体的行动举措，提供总体指导和判断标准，解决方案的执行者也可以依此指导或标准，处理执行过程中出现的各种意外情况。

有了基本方针或总体策略，我们就可以在它的指引下开始思考具体行动的举措是什么了。假如登山初学者制定了"结伴登山、安全为要、量力而行"的方针策略，那么具体行动可能包括找一个登山经验丰富的同伴、选择出发日期及前往登山口的交通工具、仔细评估登山路线上的每一个安全隐患、制订中途身体吃不消时的折返计划以及每天下班后及周末的锻炼计划等。解决方案的设计尽管可以做得很周详，但墨菲总是无处不在。如果登山当天因各种意外无法当日下山，登山者就可以在"安全为要"的方针指导下，选择在山上住宿一晚。

总结起来，一个完整的解决方案包括了期望目标、关键议题、基本方针及行动举措这四个基本要素：

- 期望目标：问题所有者的期望和目标。
- 关键议题：真正要解决的根议题和主议题。

- 基本方针：解决问题的基本原则或总体策略。
- 行动举措：支持或实现基本方针的具体措施。

再以足球比赛为例，某球队想在下个月的比赛中拿到本场比赛的积分甚至战胜强敌，这是球队的期望目标。"如何才能尽量减少对方最强中场10号球员的控球机会""如何弥补我方连续比赛后体能下降的弱势"是球队必须要解决的两个关键议题。为了解决这两个关键议题并达成拿到积分的目标，球队制定了"以守为主，保平争胜"的基本方针和总体策略。在这一方针的指引下，球队可以采取的具体措施包括每天增加盯防对方10号球员的针对性训练、模拟对方惯用的进攻打法来设计防守阵型及球队的体能训练计划、训练强度和时间安排等。

解决方案的构建过程，就是一个从厘清问题所有者的目标到确定解决问题的方向（关键议题），再到提出基本方针（总体策略），最后细化成具体行动举措的过程，是一个定目标→明方向→提方针→化行动的逐步细化的过程。

"方向"与"方针"是两个容易被混淆的概念，我们常说的"路线方针政策"中的路线就是方向，"走中国特色的社会主义道路还是走资本主义道路？""群众路线是党的生命线和根本工作路线"，这些都是根本的方向性问题。解决问题光是方向正确还不够，还要有基本方针做指引。方针是具体执行时要遵从的基本原则或总体策略，比如"建设以公有制为主体、多种所有制经济共同发展的社会主义基本经济制度"是方向，"调整、改革、整顿、提高"则是第五个国民经济发展计划的基本方针，"精准扶贫、精准脱贫"是打赢脱贫攻坚战的总体策略。

基本方针及总体策略可用于指导具体行动、措施的制定。在足球比赛中，如果将"以守为主"的总体策略改为"以攻代守"，则球队应采取有利于中场控球、全场紧逼、前锋穿插进攻的具体行动。基本方针也是方案执行过程中面对意外情况考虑该采取何种行动时的判断标准，例如在"以守为主"的策略指导下，即使中场出现了夺球的有利时机，后卫也知道不应轻易前移，坚持做好防守，争取即使对方控球后也无法突破己方防线。

理解了解决方案的四个基本要素及其相互关系，也就理解了解决方案的内部结构。解决方案的设计，其实就是运用前文所说的结构化思维，对解决方案的四个要素及其相互关系的设计。而且这里所说的解决方案，不仅仅只针对本书重点阐述的症状解，也包括根本解和愿景解。以愿景解的典型代表"战略"为例，战略本质上也是一个为了弥补机会差距，追求愿景的整体解决方案，战略制定过程也应包括对上述四个基本要素的设计。《隆中对》是诸葛亮为刘备制定的一份战略解决方案，通过分析（具体分析内容可参考笔者的另一部著作《业务增长战略》），我们可以理解该解决方案四个基本要素的具体内容分别是：

- √ 期望目标：兴复汉室，成就霸业。
- √ 关键议题：缺人（贤人和能人）、缺地盘、缺物质保障。
- √ 基本方针：联吴抗曹。
- √ 行动举措：先占荆州，后取益州，保其岩阻，西和诸戎，南抚夷越，外结好孙权，内修政理。

由此可见，我们常说的"联吴抗曹"战略其实不是一个真正意义上的战略，只是战略这一类解决方案的四个基本要素中的基本方针而已。

第二节　将主议题结构化后提出方针和策略

通过前面的两个步骤，问题解决者清楚地界定了问题并明晰了真正待解决的根议题和主议题，也就是明确了问题解决的方向和切入角度。接下来就是要按解决方案的四个基本要素构建初始解决方案了，当然，此时所构建的解决方案也还只是一个未经验证的假设而已。

解决方案四个基本要素中的期望目标是在第一步就界定了的，关键议题（根议题和主议题）则是在第二步明晰的，现在首先要思考的是如何提出解决问题的基本方针或总体策略。为了提出基本方针或总体策略，需要对要解决的问题构建起整体框架上的认知，其方法就是将要解决的关键议题分解成能够看到问题全貌的议题树。

议题树由根议题、主议题、枝议题和叶议题组成，当然叶议题之下可以再分解出更小的议题。子议题要分解到何种程度才结束？最简单的判断是分解到可以凭直觉和经验用"是"或"否"来回答的小议题。而笔者认为绝大多数企业管理的问题，分解到第三层的叶议题就可以直接提出具体的行动举措了。因本书与主议题相关的话题都跟"三"这个数字有关，故笔者在此将其一并梳理出来：

- 至少要用三种不同的议题分解方法将根议题分解成主议题，才可通过对比从中选出较好的那一种分解方法。
- 对于最终被选定要解决的关键主议题，最好不要超过三个。
- 将根议题分解成议题树时，一般只需要分解到第三层的叶议题即可。

分解议题树的过程，其实也是在思考解决方案的过程，议题和解决方案就像一个硬币的两面。高层级的议题（根议题和主议题）含有对问题解决方向的假设，低层级的议题（枝议题和叶议题）就很接近具体的行动举措了。而基本方针或总体策略就主要是针对高层级议题提出来的，方针和策略是后续制定具体行动举措的方向指引，也是人们在解决方案的执行过程中感到困惑时的判断标准。

以 W 公司弥补销售收入缺口的问题为例，其议题树如图 6-1 所示。问题解决者通过前面的两个步骤，确定了要解决的关键主议题是"如何利用现有产品开拓新的市场来提高销售收入？"然后运用基于市场特征的议题分解方法将此主议题再分解成如下的四个枝议题：

√ 枝议题一：如何利用现有产品开拓欧美市场来提高销售收入？
√ 枝议题二：如何利用现有产品开拓日韩市场来提高销售收入？
√ 枝议题三：如何利用现有产品开拓东南亚市场来提高销售收入？
√ 枝议题四：如何利用现有产品开拓其他市场来提高销售收入？

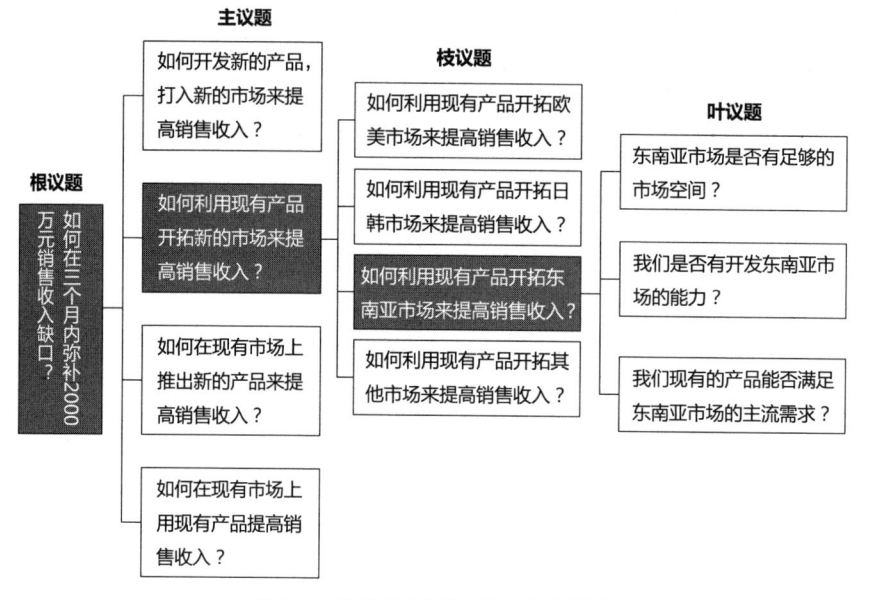

```
                          主议题
                    ┌──────────────────┐
                    │如何开发新的产品， │
                    │打入新的市场来提  │           枝议题
                    │高销售收入？      │    ┌──────────────────┐
                    └──────────────────┘    │如何利用现有产品开拓欧│              叶议题
                                            │美市场来提高销售收入？│     ┌──────────────────┐
         根议题                              └──────────────────┘      │东南亚市场是否有足够的│
    ┌─────────┐    ┌──────────────────┐    ┌──────────────────┐      │市场空间？          │
    │如        │    │如何利用现有产品   │    │如何利用现有产品开拓日│     └──────────────────┘
    │何        │    │开拓新的市场来提  │    │韩市场来提高销售收入？│     ┌──────────────────┐
    │在        │    │高销售收入？      │    └──────────────────┘      │我们是否有开发东南亚市│
    │三        │    └──────────────────┘    ┌──────────────────┐      │场的能力？          │
    │个        │                            │如何利用现有产品开拓东│     └──────────────────┘
    │月        │                            │南亚市场来提高销售收入？│    ┌──────────────────┐
    │内        │    ┌──────────────────┐    └──────────────────┘      │我们现有的产品能否满足│
    │弥        │    │如何在现有市场上  │                               │东南亚市场的主流需求？│
    │补        │    │推出新的产品来提  │    ┌──────────────────┐      └──────────────────┘
    │2000      │    │高销售收入？      │    │如何利用现有产品开拓其│
    │万        │    └──────────────────┘    │他市场来提高销售收入？│
    │元        │                            └──────────────────┘
    │销        │
    │售        │    ┌──────────────────┐
    │收        │    │如何在现有市场上  │
    │入        │    │用现有产品提高销  │
    │缺        │    │售收入？          │
    │口        │    └──────────────────┘
    │？        │
    └─────────┘
```

图 6-1　W 公司弥补收入缺口的议题树

通过简单分析，可以判断 W 公司对于之前从未接触过的欧美和日韩市场没有任何开拓经验，而中国市场正处于价格竞争的红海中，其他市场的空间又太小，因此最终选定要开拓已有部分市场基础的东南亚市场，也就是枝议题三。为了解决此枝议题，需要思考如下三个叶议题：

√叶议题一：东南亚市场是否有足够的市场空间？

√叶议题二：我们是否有开发东南亚市场的能力？

√叶议题三：我们现有的产品能否满足东南亚市场的主流需求？

正如前文描述 MECE 原则时所说的，在议题树的分解过程中，尽管遵从 MECE 原则可以防止重要议题的遗漏，但也不可滥用。企业管理问题的议题树分解到叶议题这一层级时，一般都难以做到不重复无遗漏，因此这一原则要适度放宽。

通过议题树的分解，问题解决者就对要解决的问题建立起了整体的认知。因为议题与解决方案是一个硬币的两面，所以议题树其实也勾勒出了解决方案的全貌。此时，问题解决者就可以凭借对已有信息的理解和丰富的过往经验，高屋建瓴地提出解决问题的基本方针或总体策略了。例如依据 W 公司弥补销售收入缺口的议题树，就可以提出"走出去，本地化"的基本方针。"走出去"意味着要摆脱当前国内市场的红海竞争，到海外市场去抢蛋糕；"本地化"是因为意识到 W 公司的海外销售和服务能力存在不足，需要借助本地经销商的力量。

只为从一个主议题分解出来的议题树提出基本方针或总体策略还是比较容易的。而对于被选定的多个主议题及其议题树，要提出能够为解决它们提供统一指引作用的基本方针或总体策略就会难得多，方法是先针对每一个主议题及其议题树思考其基本的方针策略，然后再整合形成一个统一的方针策略。例如针对前文第五章第三节所描述的某企业为提高盈利水平而选定的下面三个主议题：

√主议题一：如何强化市场营销推广的力度，以提高市场占有率？

√主议题二：如何聚焦价值客户和大客户，以优质服务提高客单价？

√主议题三：如何通过规范化项目管理，降低研发费用？

结合本企业的实际情况，发现上述三个主议题的解决都可以借助数字化手段，于是便提出了这样的基本方针或总体策略：依托公司的数字化基础设施，通过数字化营销、数字化服务和数字化管理全面提升综合盈利水平。

基本方针或总体策略跟议题一样，也会存在多个选择。本章第一节提到的登泰山的基本方针既可以是"结伴登山"，也可以是"独自登山"；某足球队想战胜劲敌的基本方针既可以是"以守为主，保平争胜"，也可以是"以攻代守，拼全力打赢对手"。这个其实也好理解，就像要打赢一场战役，会有多个可选的战术战法。提出多个方针策略的好处是可以通过对比分析，凸显出每一个选项的优劣势。假设有 A、B、C 三个可选的方针策略，经过充分讨论，最终决定选择 A 策略。但是通过对比分析，大家对 A 策略的不足也有了更清醒的认识，此时就可以有针对性地对 A 策略进行改进，优化其不足之处。

面对多个方针策略的选择，如果事先能够列出几项重要的评价标准，然后再依据这几个评价标准进行评估和选择，将有助于问题解决者选出可被大多数人认同的方针策略。这些评价标准可以来源于前面界定问题时所描述的问题被成功解决时的衡量标准，也可以是对执行所需的时间、资源、预算和权限的评估。评估过程可以按下面的顺序进行。

◆ 效率优先
√ 对症治疗的解决方案要满足效率优先的原则。
√ 先实施救火的解决方案，然后再思考如何预防火灾。

◆ 效果评估
√ 能否真正缩小现状与期望状态之间的差距？
√ 能够将差距缩小到何种程度？

◆ 资源投入
√ 需要多大人力、资金及多少时间方面的投入？
√ 方针策略是否在问题决策者的权限范围内？

◆ 不良影响
√ 短期内取得的效果可以持续多长时间？
√ 方针策略是否会带来其他的不良影响或副作用？

第三节　针对枝叶议题提出具体的行动举措

基本方针或总体策略是针对主议题和整个议题树的总体思考结果，有了解决问题的基本方针或总体策略，接下来就可以在其指引下，针对枝、叶议题提出具体的理由或行动举措了。

以图 6-1 所示的 W 公司弥补收入缺口的议题树为例，其被选定的主议题"如何利用现有产品开拓新的市场来提高销售收入"被分解并选定的枝、叶议题如图 6-2 所示。

```
                                    叶议题
                        ┌─────────────────────────────┐
              枝议题     │ 东南亚市场是否有足够的市场空间？ │
         ┌──────────┐   ├─────────────────────────────┤
         │如何利用现有│──┤ 我们是否有开发东南亚市场的能力？ │
         │产品开拓东南│   ├─────────────────────────────┤
         │亚市场来提高│   │ 我们现有的产品能否满足东南亚市场 │
         │销售收入？  │   │ 的主流需求？                  │
         └──────────┘   └─────────────────────────────┘
```

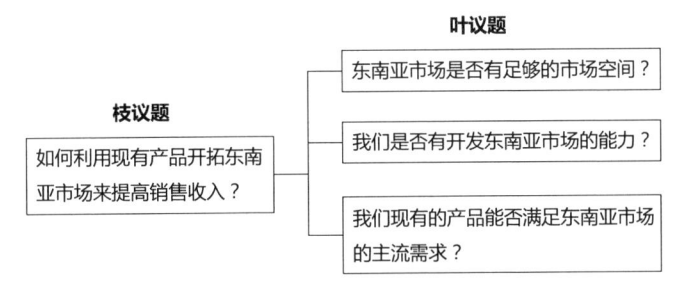

图 6-2　W 公司弥补收入缺口的枝叶议题

针对图 6-2 中所述的三个叶议题，问题解决者可以凭借已经掌握的信息和过程经验，分别提出相对应的理由或行动举措：

- ◆ 叶议题一：东南亚市场是否有足够的市场空间？
  - ➢ 理由：东南亚地区及其人口流动大的城市，对安防的需求很大，可以为我司带来 1000 万～3000 万元的销售收入。
- ◆ 叶议题二：我们是否有开发东南亚市场的能力？
  - ➢ 行动举措：可以借助现有的东南亚地区的几个经销商，并利用成功开拓泰国市场的经验来打开局面。
- ◆ 叶议题三：我们现有的产品能否满足东南亚市场的主流需求？
  - ➢ 理由：我们现有的产品 A 和解决方案 X 可以满足东南亚市场的主流需求。

一般来说，叶议题都是可以用"是"或"否"来回答的小议题。如果回答"是"，就给出理由或行动举措；如果回答"否"，也要给出理由。笔者建议只要是有可能回答"是"的，就尽量不要选择"否"，通过头脑风暴和创新思考，总能找到合适的解决办法，正所谓"办法总比困难多"。

在本例中，针对每一个叶议题都只提出了一条理由或行动举措作为示例，其实针对某个叶议题，提出的理由或行动举措可以有多条。但行动举措过多也不好，容易造成资源投入不聚焦，工作没有重点，因此可以通过整合，形成几条重要的行动举措。整合过程中，还应清除那些与基本方针或总体策略不相符的措施。

到目前为止，我们针对关键议题提出了方针策略，针对枝、叶议题也有了具体的行动举措，现在就可以将它们整合成解决方案的核心建议了。核心建议体现了问题解决者的核心观点和最终结论，是整个解决方案的核心思想。核心建议包括了基本方针、总体策略和解决问题的期望目标。因为不同的利益相关方对解决问题的期望目标会有所不同，因此核心建议在实际汇报时可能会根据不同的汇报对象做出适当的调整。以 W 公司弥补销售收入缺口的问题为例，基于前面所提出的方针策略和具本行动举措，可以整合出以下几个为不同利益相关方所准备的核心建议：

> 销售总监：我们应当利用现有的产品及泰国市场开拓的相关经验，积极开拓东南亚市场，并采取"走出去，本地化"的总体策略，到年底，可以为我司带来 1000 万～3000 万元的销售收入。

> 财务总监：我们应当利用现有的产品及泰国市场开拓的相关经验，积极开拓东南亚市场，并采取"走出去，本地化"的总体策略，此市场每年可以为我们贡献超过 Y 万元的销售毛利。

> 多个高层：我们应当利用现有的产品及泰国市场开拓的相关经验，积极开拓东南亚市场，并采取"走出去，本地化"的总体策略，到年底，可以为我司带来 1000 万～3000 万元的销售收入。一年后，可以占领约 X% 的东南亚市场份额，并且每年贡献超过 Y 万元的销售毛利。

核心建议要求能够清晰简洁地表达出解决问题的方向、方针和策略，以及利益相关方的期望目标。核心建议体现了整个解决方案的主旨，要能满足电梯游说的要求，可在 30 秒之内向沟通对象说清楚。

下面再以樊辉老师的线上学习平台为例演示提出核心建议的全过程，其根议题是"如何增加樊辉老师的线上学习平台的总用户数"，现将它分解成如图 6-3 所示的议题树。

利用议题树掌握了问题的全貌，并建立起了对解决方案的全面理解，就可以提出解决问题的基本方针或总体策略了：以原创或精选的优质内容，从大平台引流新用户并留住老用户。

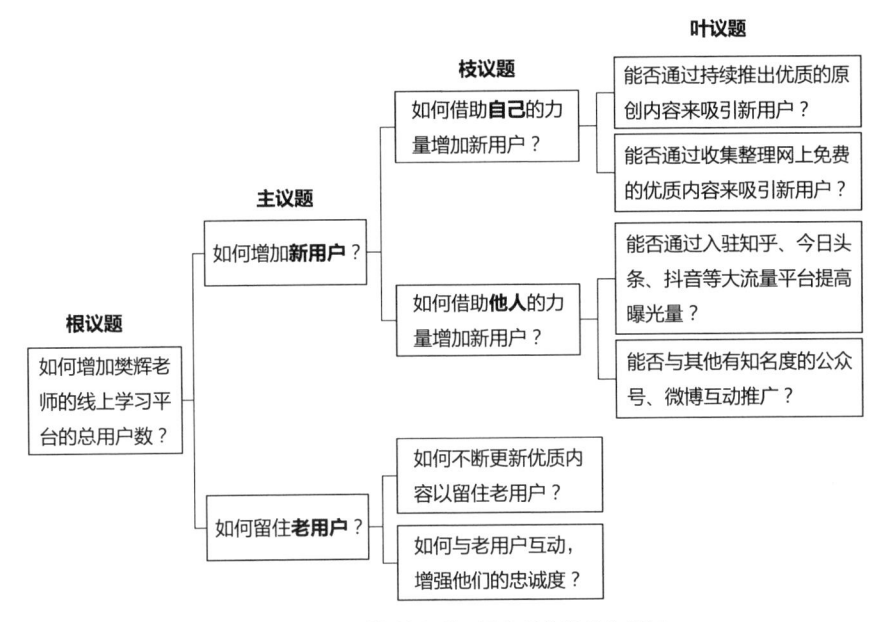

第六章 提出核心建议并构建初始方案

```
根议题                主议题              枝议题                      叶议题
                                  如何借助自己的力量      能否通过持续推出优质的原创
                                  增加新用户？           内容来吸引新用户？
                                                       能否通过收集整理网上免费
              如何增加新用户？                          的优质内容来吸引新用户？
                                                       能否通过入驻知乎、今日头
如何增加樊辉老                    如何借助他人的力量      条、抖音等大流量平台提高
师的线上学习平                    增加新用户？           曝光量？
台的总用户数？                                          能否与其他有知名度的公众
                                                       号、微博互动推广？
                                  如何不断更新优质内
              如何留住老用户？    容以留住老用户？
                                  如何与老用户互动，
                                  增强他们的忠诚度？
```

图 6-3 如何增加线上学习平台用户数的议题树

接下来针对该议题树中的枝、叶议题，就可以在上述方针策略的指引下，提出如下几条具体的行动举措：

◆ 持续推出优质的学习内容，既可以吸引新用户，也可以留住老用户。

√ 行动举措一：作为专业的咨询顾问和培训讲师，樊辉老师有能力不断地输出优质的原创内容。

√ 行动举措二：网上充斥着大量的免费学习资料，但需要做进一步的质量甄别和筛选整理，樊辉老师的线上学习平台可以提供这些服务。

◆ 与其他公共流量平台的合作可以提高曝光量，达到快速增粉的效果。

√ 行动举措三：其他公共流量平台上存在大量的不满足于知识扫盲，想系统、深入学习某些专业知识的用户。

√ 行动举措四：樊辉老师的线上学习平台专注于 IPD 研发管理，与其他公共流量平台是互补关系，相互之间不存在竞争。

最后由方针策略、行动举措和期望目标整合出核心建议：通过不断推出优质的学习内容，并充分发挥其他公共流量平台的作用，一年内可以使

樊辉老师的线上学习平台的用户数增长两倍以上。

第四节　以终为始构建方案故事的整体架构

前面我们已经通过假设思考获得了解决方案四个基本要素的全部内容，现在就可以开始着手运用第三章第四节所说的呈现表达技术，以方案故事的形式和金字塔结构来构建初始解决方案的整体架构（方案故事的主线）了，这是一个以终为始，自上而下的构建过程。

大部分人对于在此时就构建在第六步汇报时才会用到的方案故事总是心存疑虑，理由是构成方案故事的关键议题、方针策略和行动举措在此时都还只是一种假设而已，为什么不是等到它们都被证实并完善之后再构建呢？这种做法类似于科研人员先写出研究论文的大纲再进行科学实验，而这，也正是假设思考法在解决问题的效率上明显高于传统推论思考法的主要原因。

在假设思考法中，方案故事是我们接下来论证假设的路线图和过度收集及分析的报警器，也是后续方案汇报时所用的提案的大纲。

- 方案故事在信息收集阶段的作用：方案故事明确了信息收集的范围，确定了为了验证什么而需要收集哪些信息，同时不需要哪些信息。

- 方案故事在分析论证阶段的作用：方案故事确定了分析论证的内容和范围，确定了哪些分析和讨论有助于证实或证伪假设，哪些是多余的。通过论证，问题解决者就可以对方案故事进行更新和细节上的丰富。

- 方案故事在整合汇报阶段的作用：方案故事是最后提案汇报时的大纲，是叙述解决方案的主线。

构建方案故事的整体架构，可以使用前文所说的 SCQA 故事叙述模式：问题背景（Situation）是×××，当前的麻烦或问题（Complication）

是×××，解决问题的关键议题（Question）是×××，为此，我们必须实施某核心建议（Answer）×××，因为×××（各种支撑理由）。

以构建W公司如何在三个月内弥补2000万元收入缺口的方案故事为例，其中有关问题背景、当前麻烦及真正待解决的关键议题的描述如下：

> 公司从事安防监控设备的生产和销售已有十年，今年上半年的业绩一直维持在正常增长水平（S）。但是，从第三季度某竞争对手开展低价竞争以来，我们的销售收入就掉头进入了下滑的趋势，到年底估计会产生2000万元的收入缺口（C）。我们该如何利用现有产品开拓新的市场来提高销售收入呢（Q）？

上述信息源自对问题的界定和根议题以及关键主议题的选择，是假设思考六步法中第一步、第二步的输出。这是方案故事的序言部分，有了序言的铺垫，就可以很自然地提出核心建议了：

> 我们应当利用现有的产品及泰国市场开拓的相关经验，积极开拓东南亚市场，并采取"走出去，本地化"的总体策略，到年底，可以为我司带来1000万～3000万元的销售收入（A）。

核心建议是解决方案的最终结论，也是方案故事的主旨和中心思想，它包括了解决方案的基本方针或总体策略以及利益相关方的预期目标。为使核心建议被接纳，需要回答两个问题：一是为什么，即支持性理由；二是怎么做，即具体的行动举措。支撑W公司相关核心建议的理由或行动举措是：

> 理由或举措一：东南亚市场是一个有吸引力的安防监控的新兴市场，特别是流动人口大的城市对安防监控的潜在需求很大。

> 理由或举措二：我们有能力开拓该市场，今年以来我们已经跟该区域的几个经销商有过接触，并且我们此前有过成功开拓泰国市场的经验。

> 理由或举措三：我们的产品A和解决方案X都是成熟的，通过快速抢占该市场，可以让我们摆脱国内的价格战，并迅速提高销售收入。

组织方案故事的形式是金字塔结构，且本质上是一棵假设树。这一假设树是对第三章第四节所说的归类结构和论述结构两种金字塔子结构的混合运用。方案故事的叙述可以选择使用如图 6-4 所示的两种基础模板中的一种。

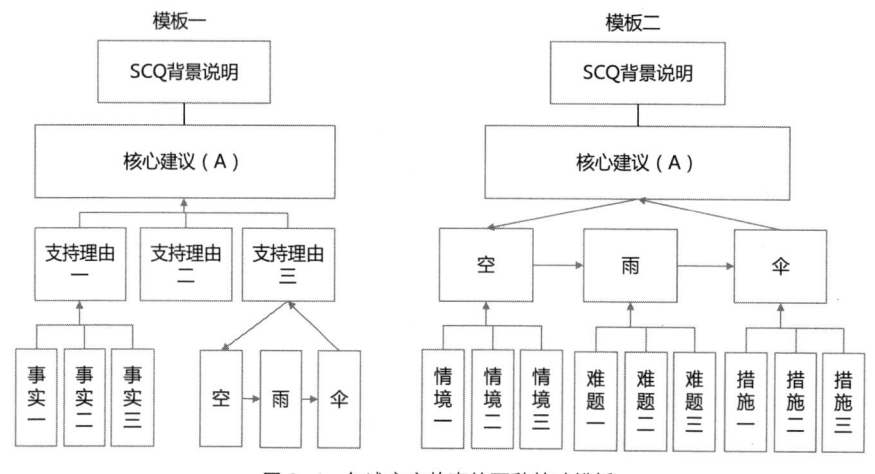

图 6-4 叙述方案故事的两种基础模板

在模板一中，由核心建议和支持理由组成的子结构是归类结构，各支持理由下面的结构既有归类结构，也有论述结构。在模板二中，核心建议和推导出核心建议的空、雨、伞用的是论述结构，空、雨、伞下面的内容用的是归类结构。

W 公司如何在三个月内弥补 2000 万元收入缺口的方案故事的整体架构就是用的模板一。下面让我们通过一个快速瘦身的方案故事来展示模板二的用法，如图 6-5 所示。

针对图中的空、雨、伞，我们还可以分别运用归类结构，为它们提出相应的事实依据、支持理由或者具体的行动举措：

◆空：肥胖的身材给小丽的工作和生活造成了极大的麻烦。

√情境一：求职时因形象问题被拒。

√情境二：男朋友也因此离她而去。

◆雨：小丽必须要下定决心调整心态进行减肥了，却苦于工作太忙，毅力不足。

√ 难题一：工作和生活上的不顺所造成的情绪低落，加速了身体的肥胖。

√ 难题二：繁忙的工作，让她无法通过日常健身或有氧运动的方式减肥。

√ 难题三：控制食量或增加日常卡路里的消耗等方式，需要极强的毅力。

◆ 伞：以下两项措施可以帮助小丽快速减肥。

√ 措施一：去美容医疗机构做吸脂手术，达到快速减肥的效果。

√ 措施二：通过中药或每周一次的针灸，打造不易肥胖的体质。

小丽尽管对自己的五官长相比较满意（S），却对日渐肥胖的身材越来越焦虑（C）。如何才能快速重塑苗条的身材（Q），成了小丽的一块心病
核心建议（A）：小丽可以通过吸脂术快速瘦身，并通过中药和针灸打造不易肥胖的体质来防止反弹，重新找回在同事和朋友面前的那份自信

空：肥胖的身材给小丽的工作和生活造成了极大的麻烦	→	雨：小丽必须下定决心调整心态进行减肥了，却苦于工作太忙，毅力不足	→	伞：以下两项措施可以帮助小丽快速减肥

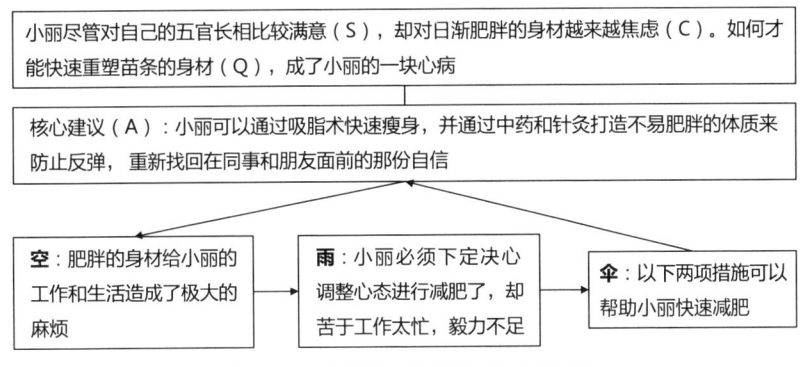

图6-5 方案故事叙述模板二的应用示例

方案故事的整体架构体现了方案故事的主线，故事主线是问题解决者在第六步整合汇报时所提交的最终提案的大纲。如果提案是用PPT幻灯片来展示的，则故事主线的内容会成为每页PPT的标题。

第七章　收集论证方案所需的信息

通过前面的三个步骤，问题解决者完成了问题解决 S 线路径的提出假设阶段，进入到信息收集和分析阶段，此阶段的任务包括了假设思考六步法的第四步和第五步，本章重点阐述第四步收集信息的相关任务和工具方法。事实上，实际工作中第四步的收集信息和第五步的分析论证总是同步进行的。在假设思考六步法的时间分配上，前三个步骤需占用 20% 的时间，最后第六步只占用 10% 的时间，剩下 70% 的时间都是在进行收集信息和分析论证。

但是，问题解决者在正式开始收集信息和分析论证之前，还需要先完成下面的这三项任务：

任务一：确认信息收集和分析的范围与内容，也就是说，为了论证解决方案，要收集哪些必需的信息，要做哪些充分且必要的分析。

任务二：明确由谁并且从哪些信息源收集所需的信息，通过对这些信息进行分析想要输出怎样的结果，什么时候必须完成，也就是信息收集和分析的工作计划是什么。

任务三：确定使用什么工具和方法来收集所需的信息。

第一节　明确充分且必要的分析内容

到目前为止，问题解决者针对关键议题所构建起来的解决方案，都还只是由大量的假设（包括核心建议、支撑理由或者行动举措）所支撑起来的大厦而已。其中的某些假设被客观事实和数据证实之后，会成为支撑大厦的坚实的积木；而被证伪的假设，则会成为可能导致大厦崩塌的朽木。

要证实或证伪这些假设，就需要收集论证所必需的信息。而要收集哪些信息并想输出怎样的分析结果，则由要论证的假设所决定。针对初始解决方案中的每一个假设，都有可能需要一个甚至多个分析才能将其证实或证伪。

以要论证第六章所构建的 W 公司弥补收入缺口的初始解决方案为例，方案故事提到"从第三季度某竞争对手开展低价竞争以来，我们的销售收入就掉头进入了下滑的趋势，到年底估计会产生 2000 万元的收入缺口"，为了确认该问题是真实存在的，需要收集信息论证假设"A.三季度以来，销售收入出现了下滑的趋势"。为论证该假设，需要做的分析是：

√A1：用时间轴展示 1～3 季度每月的收入变化趋势。

支撑初始解决方案核心建议的假设性理由之一是"B. 东南亚市场是一个有吸引力的新兴市场，特别是当地流动人口大的城市"。为了论证该假设，需要做的分析是：

√B1：说明排除欧美及日韩市场的理由。

√B2：用数据说明东南亚国家市场规模排前三的国家的未来市场空间。

√B3：列举三个流动人口大的城市对安防监控系统的具体需求及这些需求可以为我司带来的收入增长空间。

支撑初始解决方案核心建议的另一个假设性理由是"C. 我们有经验和能力开拓东南亚市场"。为了论证该假设，需要做的分析是：

√C1：说明开拓东南亚市场需要哪些特殊的资源和能力。

√C2：分析投入怎样的人力资源和资金成本才可以帮助我司打开该市场。

为了论证一个解决方案，需要分析的内容有很多，此时就应坚持效率优先原则，对要分析的内容进行优先级排序，用麦肯锡的说法是：不要妄想烧干大海。要聚焦那些如果其被证伪，则解决方案的主要支撑理由或核心建议就不成立的关键假设。因为一旦某个关键假设被证伪，也就预示着整个方案将被推翻，剩下的其他假设也就没有论证的必要了。另外也要从论证难度较低的分析内容做起，先摘好摘的果实。也就是说分析内容的优先级排序要从两个方面综合进行评估：对假设起支撑作用的重要程度和分析论证的难易程度。以 W 公司弥补收入缺口的解决方案的部分分析内容的优先级排序为例，如表 7-1 所示。

表 7-1　分析内容的优先级排序示例（H：高；M：中；L：低）

解决方案中的各种假设	要分析的内容	重要程度	难易程度
A.三季度以来，销售收入出现了下滑的趋势	A1：用时间轴展示 1～3 季度每月的收入变化趋势	H	L
B.东南亚市场是一个有吸引力的新兴市场，特别是当地流动人口大的城市	B1：说明排除欧美及日韩市场的理由	M	L
	B2：用数据说明东南亚国家市场规模排前三的国家的未来市场空间	H	M
	B3：列举三个流动人口大的城市对安防监控系统的具体需求及这些需求可以为我司带来的收入增长空间	H	H
C.我们有经验和能力开拓东南亚市场	C1：说明开拓东南亚市场需要哪些特殊的资源和能力	H	M
	C2：分析投入怎样的人力资源和资金成本才可以帮助我司打下该市场	M	L
……	……	……	……

由此可见，无论你是否意识到，当你在第六章构建初始解决方案和方案故事时，就已经在考虑要收集的信息和要分析的内容了。构建解决方案和方案故事是自上而下的过程，而信息的收集和分析则是自下而上的过程。方案中的各种假设驱动着各种分析，这些分析将证实或证伪之前所做出的各种假设。如果假设被证实，则方案会变得更加坚固；反之，则需要修改假设甚至重构整个解决方案，直到方案中的所有假设都能被各种事实依据所支撑。

由前面所构建的解决方案或方案故事中的假设来驱动信息的收集和分析工作，就能保证完整地收集到所有必需的信息并做到充分地进行了分析。如果缺失了部分必需的信息和分析，则解决方案的论证是不充分的，解决方案的可信度就会大打折扣。反之，如果过度收集与待论证的假设无关的信息，并做额外的分析也是不必要的，不要浪费时间和精力去收集那些冗余无关的信息。如果为了论证某个假设呈现了过多的信息和分析内容，反而会令解决方案的沟通对象感到困惑，因为他们已经接收到了足够让其做出判断的信息。专注于充分且必要的信息收集和分析工作，将极大地节省问题解决者的时间和精力，也会让最后一步的方案沟通与汇报过程更精简、更高效。因此，我们应当在正式着手收集信息之前，就构建好初始解决方案和方案故事。

提前构建的初始解决方案和方案故事，还可以用来应对利益相关方要求的额外信息和分析。我们都曾经被他们要求呈现更多冗余的信息和分析结果，如果我们满足他们的要求，就是在浪费时间和精力；如果我们拒绝，则方案可能会被否决。通常我们很难拒绝，只能照做，但如果有提前准备好的初始解决方案和方案故事，你就可以利用它来向利益相关方做出解释。因为一旦利益相关方进入你的方案故事，他们就会按照你设计好的故事逻辑进行思考，进而他们会知道什么才是有效的信息和分析内容。此时，你就可以询问他们"为什么需要这些信息或要做这项分析"？可能的回答有两种：一是他们能清晰地说明为什么这些信息或这一项分析是必需的；二是他们自己意识到这些信息或这项分析是不必要的。对第一种回答，你应当将这些信息或这项分析纳入解决方案及方案故事中；对第二种回答，利益相关方会主动放弃自己的要求。

可见，用假设思考法第三步所构建的解决方案和方案故事来驱动信息收集和分析，可以让问题解决者高效地收集充分且必要的信息，并只执行对论证解决方案是有效的且必需的分析。

第二节　制订信息收集和分析的工作计划

明确了要收集的信息和要分析的内容，接下来是依据想要得到的分析结果制订信息收集和分析的工作计划。因为正式的分析论证还没有开始，这里所说的分析结果一般便只是用图表形式展示的一种草图而已，或者也可以将其理解为解决方案中的某些具体内容的占位符，前面所梳理出来的每一项分析内容，都可以通过一个或多个故事草图来表示分析的结果。这些故事草图只需手绘出来即可，如图 7-1 所示。

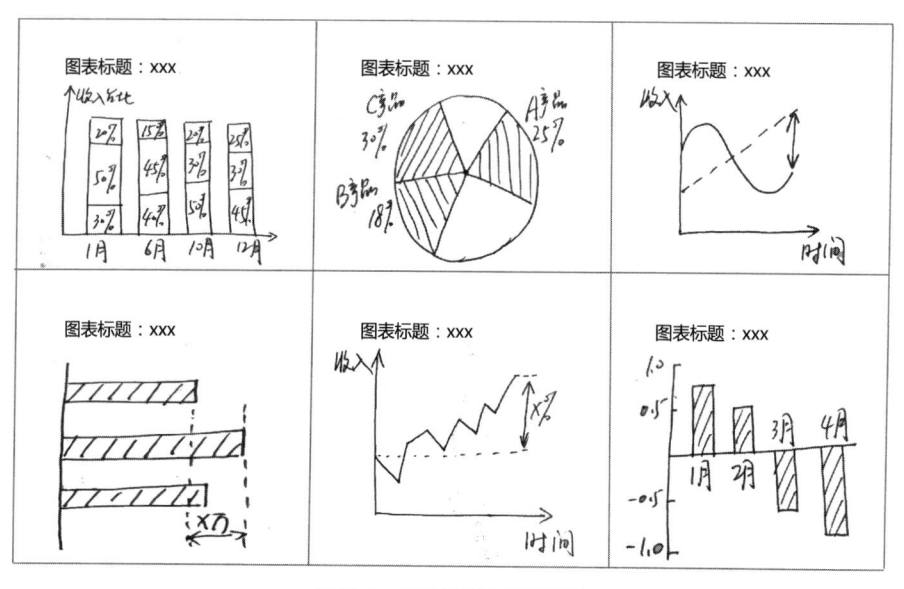

图 7-1 手绘的方案故事草图

手绘故事草图时先不要考虑是否能够获得相关的数据和信息，而是思考此处应当获得什么样的分析结果，才有利于证实或证伪某一假设。《麦肯锡教我的思考武器》一书的作者安宅和人指出：分析的本质是比较，因此手绘故事草图时，主要应关注此图表将从什么维度比较什么和什么。例如从某产品在整个产品线的收入占比的维度，比较 A 产品和 B 产品在 2023 年各月份的收入占比。

如果以项目管理的视角来看待本步骤的工作任务，可能会更容易理解一些。事实上，解决一个问题的过程，确实应当以项目的形式将整个过程管理起来。而在此步骤要制订的工作计划就是项目进度计划，制订项目进度计划之前要进行 PBS（产品分解结构）的分解。假设思考六步法中，

PBS 的分解结果就是对初始解决方案分解后所得到的假设树，是用方案故事的主线将方案草图串联起来的一套连环图，如图 7-2 所示。

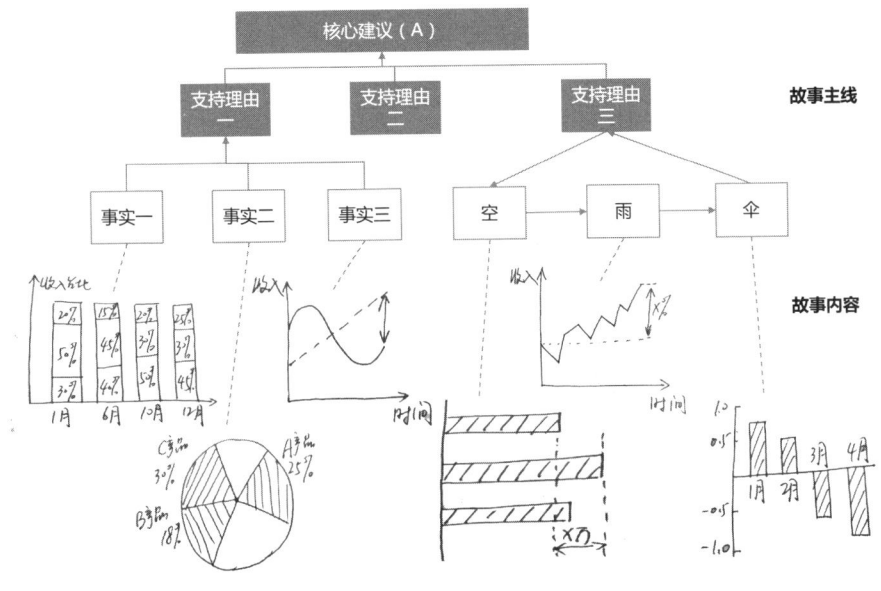

图 7-2　方案故事的连环草图

在第九章我们将看到，在最终汇报的提案中，如果提案是用 PPT 幻灯片来展示的，则每一页幻灯片的标题串联起来就是方案故事的主线，每一页幻灯片的图表信息，正是组成方案故事的具体内容的主要来源。在上一步骤中构建的还只是解决方案的整体架构，也就是方案故事的大纲而已。到了这里，通过连环图的绘制，补充了方案故事的具体内容，问题解决者才算完成了整个解决方案初稿的设计。如果关键议题选择正确，凭借过往经验所提出的核心建议及行动举措的假设也可以被证实，那么问题解决者的后续工作就是按照接下来即将制订的工作计划，围绕解决方案的初稿，补充完善连环图，将手绘的草图替换成正式的图表，将解决方案的初稿转化成可用于第六步整合汇报的终稿。这是一种幸运的结果，如果关键假设不幸被证伪，初始方案被推翻，则需要重新选择关键议题，重构一个新的初始方案，并重绘连环图。

基于方案故事的连环草图，问题解决者就可以制订信息收集和分析的工作计划了，如图 7-3 所示。工作计划包括了要分析的内容、可能的分析结果、分析方法及信息来源、责任人及完成时间。

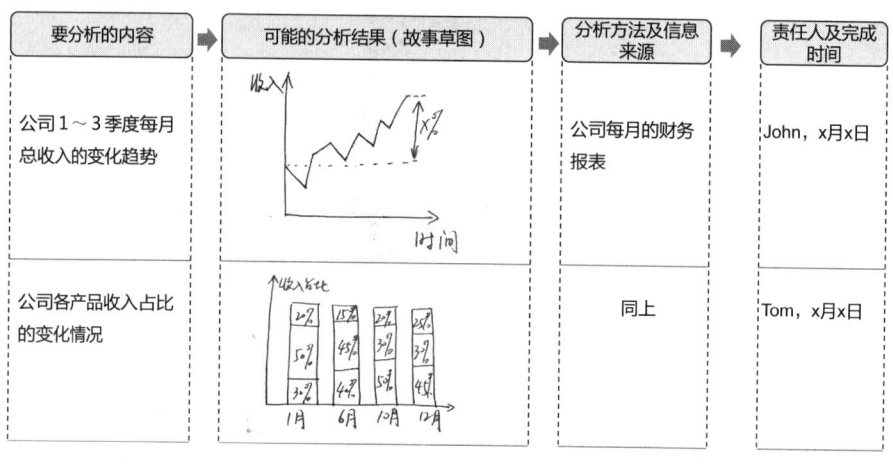

要分析的内容	可能的分析结果（故事草图）	分析方法及信息来源	责任人及完成时间
公司1～3季度每月总收入的变化趋势		公司每月的财务报表	John，x月x日
公司各产品收入占比的变化情况		同上	Tom，x月x日

图 7-3　信息收集和分析的工作计划

如果问题解决者是一个项目团队，则工作计划中各项任务的责任人可能是不同的人，通过分工协作快速完成信息收集和分析工作。即使问题解决者是单个人，制订一份详细的工作计划对提高解决问题的效率也是有益的。

第三节　高效的信息收集工具和方法

明确了要论证的假设和要分析的内容，并且通过手绘的故事草图，确定了分析论证要输出的结果，接下来就是要确定使用什么工具和方法，通过何种途径来收集方案论证所需的信息了。

效率优先的原则要求信息收集时不要过头，只需收集能够证实或证伪各种假设所必需的信息即可。切不可将收集工作本身当成目的，尽可能多地收集信息。幸运的是前面所确定的要分析的内容及其优先级排序，可以帮助我们筛选出哪些信息是充分且必要的。

信息收集有两条主要途径：一是通过现场调研获得一手信息；二是通

过相关资料的查阅获取二手信息。通过第一条途径获得一手信息是最主要也是最关键的，具体的方法有对利益相关方的深度访谈、问卷调查和产品或服务的体验测试等。第二条途径有时也被称为案头研究，主要关注行业分析报告、企业内部经营和管理的有关资料、行业标杆或竞争对手的相关信息等。综合起来看，信息收集的主要工具和方法有如下几个：

◆ 深度访谈与问卷调查
- √ 通过对利益相关方的深度访谈，收集与问题及初始解决方案相关的信息。
- √ 在企业内、外部开展范围更广泛的问卷调查，收集更全面的信息。

◆ 行业及企业资料的查阅
- √ 收集与公司外部经营环境及行业现状相关的资料和信息。
- √ 收集公司近期的业务经营信息及其变化趋势。
- √ 查阅公司与战略、运营及人员管理相关的流程、制度等资料。

◆ 标杆企业或竞争对手的信息收集
- √ 收集本行业的标杆企业或竞争对手的相关信息。
- √ 了解标杆企业或竞争对手在处理同类问题时所采取的措施。

对利益相关方的深度访谈

信息收集要坚持以一手信息为主，二手信息为辅的原则，多到问题发生的现场去发掘一手信息，收集二手信息时要保证信息来源的真实性和可靠性。对利益相关方的深度访谈就是获得一手信息最重要的手段之一，受访者可以针对你要论证的假设提供直接的反馈，尤其当受访者是该业务领域的专家时，他们可以提供一些可直接参考的想法，如过往的经历、类似的问题以及相关处理经验，有时受访者还会在访谈中告诉你从哪里可以获得某些重要的二手信息。深度访谈的价值不仅仅在于收集信息用以验证方案，还可以通过访谈让受访者参与解决方案的探讨，解决方案对受访者的意见采纳得越多，就越容易被受访者认可和接纳。

访谈不是聊天，要实施一次成功的访谈，应学会掌握访谈前、访谈中和访谈后的相关技巧。

访谈前要明确两项内容：一是找谁谈；二是谈什么。找谁谈就是要确定合适的受访者，从要分析的内容和要论证的假设出发，思考谁会对该假设做出较为强烈的反应，谁手上有与分析内容相关的信息和数据，谁具备与该假设相关的专业知识和经验，谁是该行动举措的执行者。明确谈什么就需要设计访谈提纲，针对不同的受访者，访谈提纲应当是不同的。问题解决者可以从如下几个方面思考如何设计访谈提纲：

√ 询问受访者对本次要解决的问题有何看法。

√ 询问受访者对问题原因的看法。

√ 询问受访者自己对问题被解决的期望是什么。

√ 询问受访者对问题解决方向的看法。

√ 询问受访者对初始解决方案中核心建议的看法。

√ 询问受访者对初始解决方案中各行动举措或支持理由的看法。

通过访谈提纲的设计，有助于把握访谈中涉及的主题，并提前做好应对访谈中可能出现的各种问题的准备。按照访谈提纲的提问顺序，可以控制访谈的节奏和时间安排，让受访者在有限的时间内回答完问题。把设计好的访谈提纲和初始解决方案提前几天发给受访者，并预约访谈时间是对受访者的一种尊重，如此也可以让他们有时间了解问题背景和当前所做的假设，毕竟没有人喜欢被突然"袭击"。

访谈中最关键的技巧是学会引导受访者，让其愿意开口说并且知道如何说。在正式的访谈开始前，要阐明此次访谈的目的和意义，以及受访者的信息对解决问题的积极作用。还要说明一下信息保密的相关要求，以消除受访者的顾虑。访谈中会遇到各种意外状况，有的受访者不愿意多谈，有的受访者自认为是专家而夸夸其谈，还有的受访者有想法却不知道如何讲出来，因此访谈过程中除了要注意认真倾听，还应针对不同的状况及时给予回应。对于不愿意多谈的，应通过细节和过程的询问，让其开口说出来；对于夸夸其谈的，要及时将其引导到讨论的主题上来；对于不知道如何表达的，应先用自己的语言复述受访者想要表达的看法，然后让其确认。

在访谈中，不要想通过一次访谈就尽可能多地收集信息，应聚焦本次访谈的主题，不要问得太多，将时间控制在30~45分钟。访谈过程中要注意受访者的肢体语言以及微表情、微动作，这些都可以为访谈提供重要的信息。访谈过程中不用担心受访者暂时的沉默所带来的尴尬，那是对方正在思考如何回答你的提问，如果你为了消除尴尬而过多地解释你的提问，只会再一次干扰受访者的思路。访谈快结束时别忘了提醒受访者还有哪些尽管我们没有问，但是他们却想表达出来的观点和想法。

访谈结束后要立即花10~30分钟的时间，整理提炼出此次访谈所获得的关键信息和自己的想法。不要等到一天的访谈结束之后的当晚再来整理，因为那时候许多细节已经忘记了，而许多关键信息就藏在访谈过程的细节中。对于公司外部的受访者，访谈结束后给其写一封感谢信是应该的，同时还可以借此保持联系，何乐而不为呢？

基于初始解决方案对利益相关方进行深度访谈的过程，也是一次对初始解决方案进行验证的过程。在整个验证过程中，问题解决者要注意以下几点：

◆ 澄清这只是初始方案；

√ 消除自己将未经验证的方案分享给他人的不安。

√ 引导被访谈者对你的方案提供帮助。

◆ 保持开放的心态

√ 只有真正想帮助你的人，才会从紧张的工作中抽身给你提供意见。

√ 初始方案被推翻比最终方案被推翻的成本低。

◆ 你有最终的决定权

√ 你有接受或拒绝某些建议的决定权。

√ 别人是认为该建议重要才会向你提出，对被拒绝的建议在最终方案中也要尽量给出解释。

资料查阅与案头研究

能否收集到与假设和分析内容最相关的、最具说服力的资料，也是决定初始解决方案能否被成功论证（包括证实和证伪）的关键之一，定量分析所需的大量数据及图表就都源自这些资料。

为了提高资料查阅的效率和质量，跟深度访谈一样，也要牢记要论证的假设和要分析的内容是什么，否则，大量的无用信息只会给你增加资料梳理和查阅的压力，除了浪费时间和精力，还会给分析工作造成干扰。

下面是分析和解决企业经营管理问题时经常要查阅的相关资料。

- √ 企业（或业务单元）的基本资料：企业的发展历程及概况介绍资料；其他有助于了解企业发展状况的重要资料。

- √ 战略规划与年度计划：战略规划方面的报告或材料；当年和近期的经营计划，复盘总结；各部门年度工作计划和总结报告。

- √ 财务审计资料：当年和近期的财务报表，财务预算及财务分析资料，包括经营分析报告。

- √ 营销与市场研究：当年和近期的销售额、销售量、市场覆盖率等方面的数据；营销管理方面的资料，包括营销流程、管理制度、人员管理、薪酬体系等；近期的不同业务领域盈利情况；市场分析报告，竞争对手、标杆企业研究报告，消费者调研报告等。

- √ 组织和人力资源管理：组织结构图、部门职责，中高层领导及部门负责人的简介；主要管理制度、主要业务流程与工作程序文件、工作职责、决策权限与程序文件；人力资源管理制度，含人事任免、招聘、培训、考核、薪酬、晋升等制度；当年和近期的绩效管理相关制度文件和绩效考核结果资料。

- √ 其他资料：掌握的政府相关部门、行业协会下发的文件、通知等；主要合作伙伴、供应商的合作协议或备忘录；近期发生的重大问题，包括员工集体流失、核心人才离职、客户投诉、政策突变等及其应对处理文件。

通过资料查阅和案头研究，目的之一是要获得可以验证假设的大量具有说服力的数据。许多数据（如销售收入和利润）可以通过简单的统计分析就可以获得，而某些数据（如市场规模）可能需要进行估算才能得到。估算数据时常用的方法是费米推论。

恩里科·费米是美籍意大利裔物理学家，是美国第一台核反应堆的设计师，也是1938年诺贝尔物理学奖得主。1945年7月，世界上第一颗原子弹在美国新墨西哥州沙漠中爆炸，40秒后，爆炸引起的滚滚气浪冲到科学家们进行观测的大本营里，第一个站起身的正是物理学家恩里科·费米。在原子弹爆炸之前，费米从笔记本里扯下一张纸，将其撕成碎片。当他感受到气浪所带来的第一个波动时，马上将碎纸片举过头顶抛撒出去。碎纸片在空中飘动，然后纷纷扬扬地落到地面，拉开的距离大约有2.3米。经过初步估算，费米宣布这颗原子弹的能量为1万吨TNT当量。后来，相关专家经过几个星期的分析研究，证实了费米当时现场估计的准确性。

费米推论即是在信息不完整的情况下，凭借对事物的深刻理解和洞察，通过结构化分解和假设使问题得以简化，从而得到符合或接近实际的估计值。下面以估算深圳市有多少个加油站为例，来说明费米推论的应用，整个结构化估算的模型如图7-4所示。

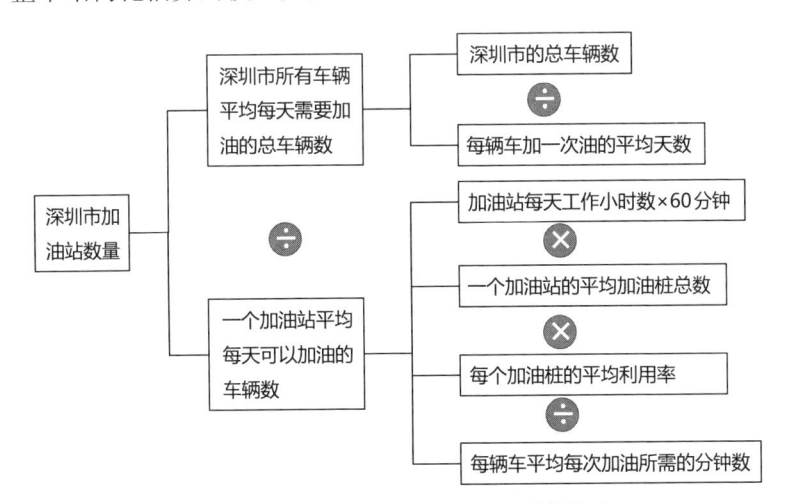

图7-4 深圳市加油站数量的结构化估算模型

但是，有时候我们并不是要一个具体的数值，只要给出数值范围即可。此时可以运用多种估算方法分别估算出最大值和最小值，并据此得出数值的大概范围。以销售收入的估算为例，通过如图 7-5 所示的三个业务公式，分别估算出三个数值后，就可以得到销售收入的数值范围。

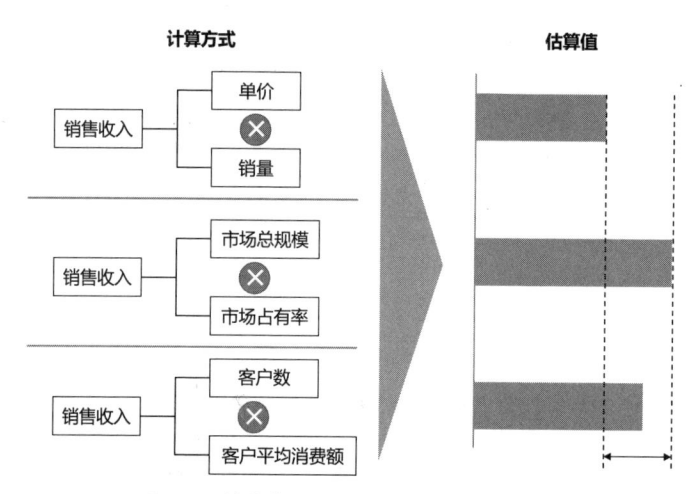

图 7-5　销售收入的数值范围的估算方法示例

第八章 分析论证并完善解决方案

初始解决方案需要在反复的"假设→论证→重构或调整"过程中进化为更完善、更精准的最终方案。解决方案的论证要基于充分且必要的事实以及清晰的逻辑推理，并借助大量图表来推进分析论证不断深入。

正如前文所说，第四步的收集信息和第五步的分析论证总是同步进行的，本章将阐述如何在信息收集的基础上对初始方案进行分析论证。

在《波士顿咨询工作法：精准预测答案》一书中，作者内田和成给出了三种验证假设的方法：通过实验进行验证、通过讨论进行验证和通过分析进行验证。

产品经理和销售经理最容易理解通过实验验证假设的做法，例如要开发一款新产品或产品的某项新功能，可以先开发出MVP（最小可行产品）到市场上去进行实验，再根据市场和客户的反馈完善产品，这里的MVP就是为满足客户需求所提出的一个假设产品。科研人员在研究新理论、新材料、新药物的过程中，也是先提出假设，再通过科学实验来验证的。正如内田和成在书中所说，实验验证法只适用于实验费用小、影响范围可控的部分情况，如对消费品进行改良、调整产品价格、改变销售策略等。

邀请利益相关方直接对解决方案进行讨论，听取他们对解决方案的意见和建议，并依此进行方案的完善，这就是通过讨论进行验证的方法。第四步收集信息时的深度访谈，本质上也正是在运用此方法验证之前所做的假设，访谈提纲的设计和访谈过程的引导，都是围绕初始方案（假设）进行的。但是，通过讨论只能验证初始方案中各种假设的思考方向是否大致正确，更精准的、能获得大多数人认同的验证结果，必须是基于客观事实和清晰的逻辑推理所获得的，这就是通过分析对假设进行验证的方法，也是本书所聚焦的方法。

第一节　基于事实和逻辑的方案论证过程

对解决方案进行分析论证的过程，是一个自下而上基于客观事实并以清晰的逻辑推导出最终结论的过程，也是一个从想要论证的假设（结论）出发思考"Why So"（原因或理由是什么？），对可论证该结论的事实提出要求，然后再以发掘出来的事实为依据思考"So What"（然后呢，那意味着什么？），因而推导出结论并证实或证伪假设的循环过程。如图8-1所示。

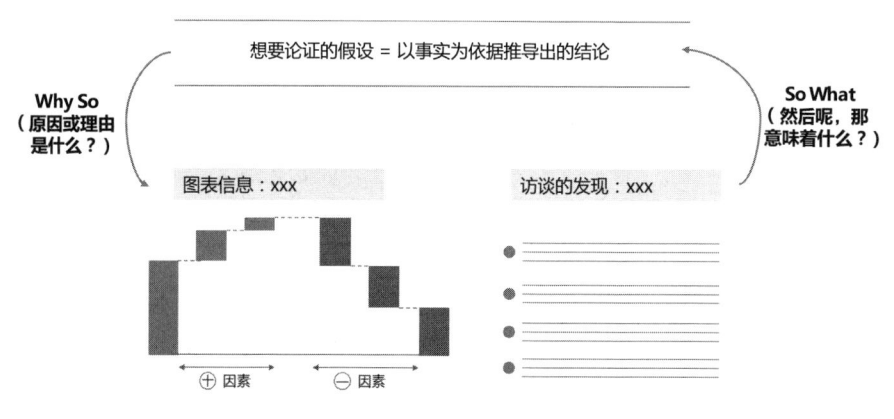

图8-1　对假设进行分析论证的循环过程

分析论证所推导出的结论尽管带有问题解决者鲜明的主观倾向性，但由于它是基于客观事实的，且经过了清晰的逻辑推理，因而能得到大多数人的认同。

高质量的分析论证应当做到：结论明确、逻辑清晰、事实充分。结论明确即是说分析论证过程中的每一个结论，都应当明确提出要么向左、要么向右的意见或建议，或者是如果满足某些条件就向左，否则就向右，不存在模棱两可的解读。逻辑清晰是要求每一次以事实及判断为前提推导出结论的分析论证过程，都应当符合前文所说的归纳或演绎逻辑，且整个推导过程要做到有理有据，条理清晰。任何结论的得出都要以客观事实为依据，并且要足够充分。就像一座大厦，如果没有足够的基石做支撑，很容易会崩塌，缺乏事实依据所做出的结论同样无法令人信服。

结论要能体现出明确的判断和建议

对解决方案的论证需要做大量基于客观事实的分析工作，分析所得出的结论会被用于证实或证伪初始方案。在实际的工作报告中，经常看到人们只愿意给出大量对客观事实的评论，却较少见到陈述者能给出自己的结论。以图 2-10 所示的 A、B 产品的收入变化情况为例，"A 产品收入额很大、B 产品收入增长很快"都只是评论而非结论。为了得出结论，我们还需要在评论的基础上不断追问"So What"，如此才可以得出"A 产品只需维持现状，B 产品应加大资源投入"的结论。评论与结论的区别示例如图 8-2 所示。

图 8-2 评论与结论的区别示例

由此可见，评论是由客观事实推导出结论的中间结果，本书称为观点。在麦肯锡的"空、雨、伞"的推理结构中，"天空中有乌云"是客观事实，"看起来要下雨了"是观点，"出门要带上雨伞"才是结论。

由此可见，结论应当明确体现问题解决者自己的主观判断、决策意见及建议，不可模棱两可、含糊其词，让人产生误解。例如针对"如何快速提升销售收入"这一议题，结论可以是"提高产品价格""做好大客户营销""开拓新的销售渠道"等，而不应该是"可以采取各种不同的措施，具体问题要具体分析"或者"降价促销是个不错的选择，只是可能会引起价格战"，诸如此类的结论无助于管理层快速进行决策，因而是毫无意义的。

对于主张"可以向左，也可以向右""这些措施都可以"的结论，表面上看起来思考很全面，却无法让人立即做出决策并采取行动，所以无论其所做的分析是多么的充分，结论不明确，也没有任何意义。当然，在实际的问题解决过程中，确实存在很多视情况而定的情形，即便是在此种情形下，也完全可以基于某些前提条件给出明确的结论，如"如果条件 A 满足，就向左；否则就向右""只要毛利率高于 $x\%$，就可以考虑降价促销"等。

人们在本应做出明确判断的时候却总是习惯于给出一个模糊的结论，采取回避态度的原因就在于推导出结论的逻辑不够清晰，或者支撑结论的事实不够充分。分析论证做到逻辑清晰、事实充分的好处，就是当你在被问及"你为什么如此判断"时，你能够以所有人都能理解并有说服力的方式来澄清得出结论的理由，甚至可以通过引导，让对方也能推导出跟你一样的结论。

通过清晰的逻辑推导出想要的结论

在自下而上对整个解决方案进行论证的过程中，不会一下子从最基础的客观事实直接跳到最终的核心建议，而是会像搭积木一样，通过一系列的判断和结论的累积，以及清晰的逻辑推导，层层往上最终搭建起解决方案的大厦。所谓逻辑推导，就是将事实依据、观点和结论用"Why So"和"So What"连接起来。连接方式可以是如下两种：

√ 事实依据→ So What →观点→ So What →结论。

√ 结论→ Why So →观点→ Why So →事实依据。

例如东南亚市场是一个有吸引力的安防监控的新兴市场，这是由大量事实依据推导出来的一个观点，通过"So What"的思考，可以得出"我们应当利用现有的产品开拓东南亚市场"的结论。或者先提出"我们应当利用现有的产品开拓东南亚市场"的结论，通过"Why So"的思考，导向"东南亚市场是一个有吸引力的安防监控的新兴市场"这一观点。

"事实依据→ So What →观点→ So What →结论""结论→ Why So →观点→ Why So →事实依据"就是搭建解决方案的一块块积木，搭建积木所使用的技术正是前文所说的归纳推理或演绎推理技术。在前文所说的"三个月内弥补 2000 万元收入缺口"的解决方案中，"东南亚市场是一个有吸引力的新兴市场，特别是当地流动人口大的城市"是其中一个待论证的观点。如图 8-3 所示便是运用归纳推理推导出这一观点的过程。

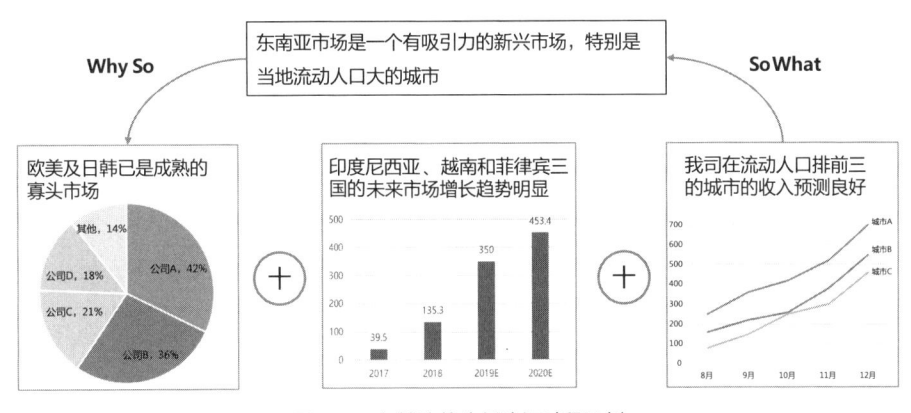

图 8-3 归纳法的分析论证过程示例

需要注意的是对逻辑严密性的追求也并非要求达到 100%，解决企业管理问题不是要侦破案件或给嫌疑犯量刑定罪，况且商业环境瞬息万变，症状解的设计本就是为了"救命"或"救火"，在效率优先的原则下，问题解决者要敢于在逻辑基本清晰的情况下就迅速做出判断和决策。

从杂乱的信息和数据中发掘出事实依据

解决方案的论证过程，就是一系列观点和结论的累积过程。在自下而上的逻辑推导过程中，某一层是由其下一层归纳或演绎出来的观点，同时又是支撑其上一层结论的论据，而支撑所有观点和结论的最底层论据即为客观事实。如前文所说，事实是指反映客观真实的信息或者能被大多数人所接受的原则、原理。那么什么样的信息才能算是客观真实的呢？一般情况下，用数字描述的信息，其可信度是比较高的，因而作为事实是最有说服力的，毕竟面对具体的销售收入或利润等数据，几乎每个人都能得出相同的解释。在各种类型的工作报告中，人们总是强调要用数据说话，这正是基于人们对数据可作为事实的高度认同。也正因为如此，想要推翻基于定量数据推导出来的结论，比起推翻由主观看法和观点归纳提炼出来的结论要难得多。

毋庸置疑，假数据或掺有"水分"的数据无法反映客观事实，但是真实的数据有时也会偏离事实，因此需要数据使用者明辨调查统计中的相关陷阱。例如统计数据显示，在铀矿工作的工人与其他人相比，寿命相当甚至会更长，由此是否可以得出在铀矿工作对身体无害的观点或结论呢？当然不可以！其实，统计数据本身没有错，真实数据背后的事实是只有那些身体强壮的人才会去铀矿工作，他们的寿命本来就应长一些，正是因为去了铀矿工作，才把他们的寿命拉低到了平均水平，造成了数据的"伪独立性"，这种现象常常被称为"健康工人效应"。再如中国人消费占比低的说法，源自国家统计局的真实统计数据，事实是该统计数据将人们的购房计入了投资而不是消费，以至于人们在住房上的消费越多，统计局公布的消费占比就越低，这一统计结果明显背离了人们在现实中的主观感受，因为人们一直是将购买房产看作消费的。如果统计数据将购房计入消费，则中国人消费占比低的说法自然就不成立了。

即使是一手真实的数据都有可能存在上述的统计陷阱，源自他人调研结果的二手数据，则更加会存在使用上的问题。因为这些数据是他人为实现其目的而做的统计，统计结果是服务于他人之目的的，直接拿来就用自然会产生误差。

除了可以从前文所说的一二手数据中发掘出事实，通过现场调查并得到确认的现实情况也可以被视为有效的事实，这一类事实经常是一种定性的描述。正如前文所说，通过对客户、供应商等利益相关方的深度访谈，以从外向企业内部看的视角，往往能获得大量对企业经营现状的真实了解。到一线去，把指挥权交给听得到炮声的人，都是基于此道理。因此，基于现场调查所获得的、被大多数人所认同的现实描述，也是一种非常有效的事实。

总而言之，一份信息是否可以被判定为事实，要看它是否具有让多数人认同的可信度。所谓只需要让多数人认同，即是说无须追求 100% 的事实，要求客观事实不能存有半点令人怀疑或模糊不清的地方，就像逻辑的严密性要求达到 100% 一样，也是不可取的。

用充分且必要的事实支撑各层观点和结论

解决方案论证过程中的每一个结论最终都应以事实为依据，并通过清晰的逻辑推导出来。然而，即使作为依据的事实很客观准确，推导的逻辑也条理清晰，但是依此得出的结论未必就一定具有说服力。例如"印度尼西亚、越南和菲律宾三国市场连续三年增长 30% 以上，今年我们应当考虑进入该三国市场。"这段话的前半句所说的"三国市场连续三年增长 30% 以上"是事实，后半句则给出了"应当考虑进入该三国市场"的结论。事实没有错，逻辑也没问题，可就是让人觉得结论有些牵强，经不起推敲。原因就在于结论仅仅是凭借"三国市场连续三年增长 30% 以上"这一项事实，运用不完全归纳推理推导出来的。

决定是否进入某细分市场是一种投资行为，投资决策的依据是对该细分市场的吸引力以及本公司竞争力进行综合评估的结果。吸引力的评估除了要看市场增长率，还要看市场规模。尽管三国市场的年增长率超过了 30%，但整体市场规模只有 100 亿元，而欧美市场的年增长率虽然只有 10%，市场规模却达到了千亿元级别，因此，欧美市场的吸引力更高。再看本公司的竞争力，产品对客户需求的满足程度、快速响应能力、品牌影响力、渠道拓展能力等都是竞争力的表现，缺少对这些能力的评估，就做出进入该三国市场的投资决策，根本就不会有任何说服力。只需一个事实，如"三国市场每年增长的 30% 均是被两家实力远超我司的头部企业所瓜分"，就可以轻易地推翻要进入该三国市场的结论。

仅仅依靠一个事实所支撑的结论是脆弱的，解决方案的构建和论证都应当依据 MECE 原则进行全面思考，通观全局，在事实依据充分的条件下做出决策。前面说过，结论的推导过程就像搭积木，如果仅在一块基石上用积木搭建大厦，一旦稍有晃动，大厦就会崩塌。而如果将基石增加到 3～5 个，在此之上搭建的大厦就会变得更稳固。因此，笔者一般建议每个观点或结论的推导最好要准备 3～5 个事实依据。

同时，任何事情做过头了也不好，当支撑某个观点或结论的事实依据超过 5 个时，不仅会造成时间和资源上的浪费，还会让整个逻辑推导过程变得不那么简明易懂，因此，支撑各种观点或结论的事实依据只需充分且必要即可。这就要求问题解决者在全面思考、充分发掘事实依据的同时，还应将它们按照对支撑某观点或结论所起的作用进行重要性排序，挑选出重要程度高的 3～5 个事实依据，作为推导出该观点或结论的充分且必要条件。

第二节　方案论证所需的各种分析方法

如果方案故事是按"空、雨、伞"的逻辑结构来组织的，那么在信息收集阶段，我们是得到了有关"天空中有乌云"的客观事实，接下来就是要通过分析得出"看起来要下雨了"的观点，最后还要将该观点转化为对企业有价值的结论："出门要带上雨伞。"

例如"竞争对手的某产品正在降价 10% 进行促销"是事实，"竞争对手降价后，同款产品价格比我们便宜 6%，我们将丧失 3% 的市场占有率"是对事实进行分析后所得出的观点，"为保持市场占有率不变，我司也应当降价 5%"则是含有解决方案或行动举措的结论，此时的结论将证实并完善之前所做的假设。当然，也有可能会证伪之前所做的假设。

为了能够从收集而来的信息中洞察出结论并给出有创新性的建议，问题解决者有必要掌握几种基础的信息分析方法。针对企业经营管理问题的症状解的设计，一般不需要多元线性回归、大数据建模等复杂的分析工具和方法，常用的是因果关系分析、相关关系分析、对比与对标分析、趋势分析、帕累托分析等定性和定量分析方法。因篇幅所限，本书将以因果关系分析和对比分析为重点，说明信息分析方法的具体应用过程。

在绝大多数的假设论证过程中，定性分析和定量分析要结合起来共同验证一个假设是否成立。定量分析为论证提供了量化的数据，定性分析则提供了利益相关方的感受和观点。定量分析表达了事件发生的频率和影响程度，定性分析则揭示了事件发生频率高低和影响程度大小的原因与后果。例如 W 公司的销售收入自第三季度以来出现了下滑的趋势，定量分析可以用数据展示第三季度以来每个月的实际销售收入及每个月收入下滑的幅度，定性分析则可以揭示出客户减少购买的原因，以及收入下滑可能会造成的员工流失的后果。在大数据时代，人们对定量分析推崇有加，但是，数据代表的只是一个结果，未必能够从中探寻得到问题的本质。就像《为什么：关于因果关系的新科学》一书的作者珀尔所说的："数据可以告诉你服药的病人比不服药的病人康复得更快，却不能告诉你原因何在。"因此，想通过分析洞察出有效的结论，并给出有创新性的建议，还得借助定性分析。

因果关系与相关性分析

这里的因果指问题发生的原因和结果，因果关系则是原因和结果之间的逻辑连接关系，因果关系分析就是要分析哪些信息揭示了问题发生的原因，哪些信息预示着问题产生的结果，以及这些因果之间的各种连接关系是怎样的。原因和结果之间可能存在一因多果、一果多因和互为因果的复杂关系链。

前文图 4-2 所展示的正是企业经营管理中多个问题之间各种复杂的因果关系。因为问题发生的原因和结果都在同一个系统中，所以某些原因和结果之间通过长长的关系链形成互为因果的恶性循环往往是很常见的。例如图 4-2 中的"问题 2：产品没有竞争优势"→"问题 12：产品价格持续走低"→"问题 7：公司利润增长缓慢"→"问题 15：员工工作积极性不足"→"问题 13：员工之间、部门之间配合不顺畅"→"问题 5：内部运营能力不足，效率不高"→"问题 6：产品成本居高不下"→"问题 2：产品没有竞争优势"，这一条互为因果的关系链就形成了一个恶性循环。

面对恶性循环的问题，症状解的设计方法是在关系链的某处剪断它，并在此处实施来自系统外部的影响力。而根本解的设计方法则是运用"系统结构决定系统行为"的第一性原理，通过对系统结构的改善甚至重构从根本上加以解决。

对于企业管理问题因果关系的分析，我们可以运用前文图 4-1 所示的 GAPMB 模型作为分析的底层逻辑。首先是从企业的财务表现入手，找出财务上的业绩差距。财务表现是由企业的市场表现决定的，市场表现包括了产品竞争力、品牌影响力、客户满意度等，财务表现不佳，原因就在于市场表现存在差距。而市场表现又是由企业的内部运营能力决定的，这些能力包括了为客户创造价值的所有关键能力，在华为内部，它们表现为 IPD、LTC 和 ITR 三大价值创造流的运作及管理的能力。能力则是由组织管理体系决定的，管理体系包括了组织结构、流程体系、人才与激励、氛围与文化等要素。

运用 GAPMB 模型分析因果关系时要用到问题树，在思考问题的前因与后果的两个方向上，用问题树分别识别出造成问题的原因和问题不解决的后果有哪些，然后在原因与后果之间找出可能的恶性循环。用问题树识别原因的方法是不断追问"Why So"，识别问题没有得到解决的结果则是不断追问"So What"。运用 GAPMB 模型分析因果关系并识别出恶性循环的方法如图 8-4 所示。

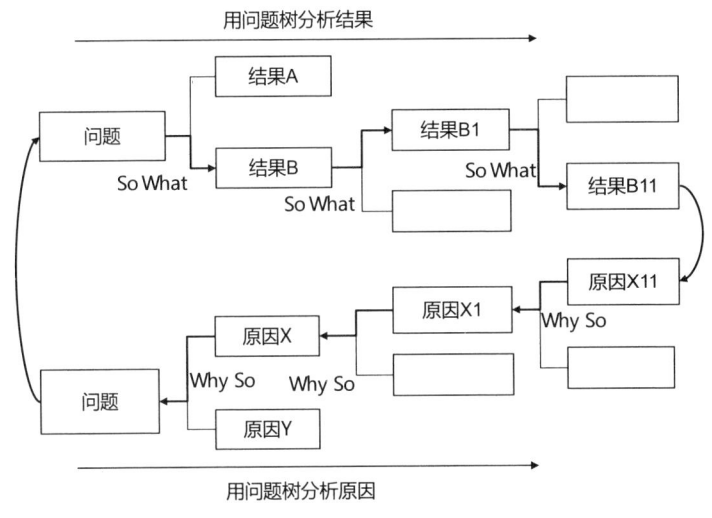

图 8-4 分析因果关系并识别出恶性循环的方法

在实际的因果关系分析中，造成问题的众多原因与问题未得到解决的众多后果之间所形成的恶性循环可能会不止一个，问题解决者需要决策该选择哪一个因果链路作为问题解决的突破口。按照前文所说的方法，症状解的设计要从直接满足问题所有者的期望和真实需求入手，而根本解的设计则是要消除问题的根因。

以 W 公司销售收入出现趋势性下滑的问题为例，其因果关系所形成的两个恶性循环如图 8-5 所示。

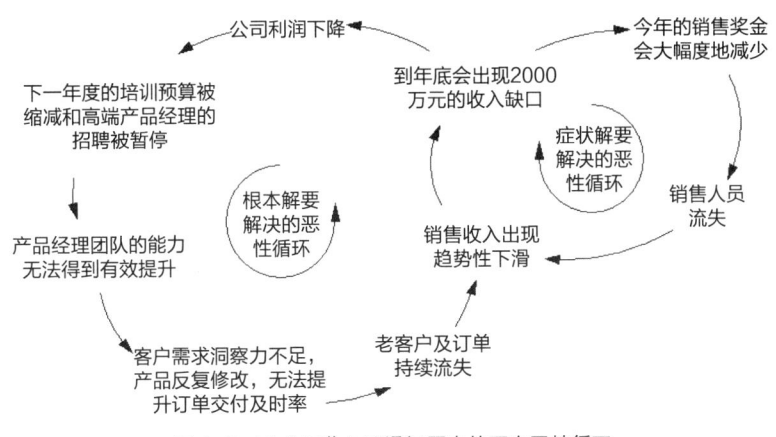

图 8-5 W 公司收入下滑问题中的两个恶性循环

图 8-5 中右侧的因果循环链路就是症状解想要剪断的链路，方法是用现有产品开辟东南亚市场，用三个月时间弥补 2000 万元的收入缺口。图 8-5 中左侧的因果循环链路就是根本解想要重构的链路，按照 GAPMB 模型的根因思考方法，从提升产品经理的市场及客户需求的洞察力入手，方可从根本上解决老客户及订单持续流失的问题。

因果关系与相关关系是极容易混淆的，所以才会有"夏天冰激凌卖得越多，被鲨鱼咬伤的人就越多"的说法。相关关系不等于因果关系，但因果关系首先应该是相关关系。要辨识因果关系，应先找出所有具有相关性的要素，然后再从中识别出真正的因果关系。从相关性中识别出因果关系的过程如图 8-6 所示。

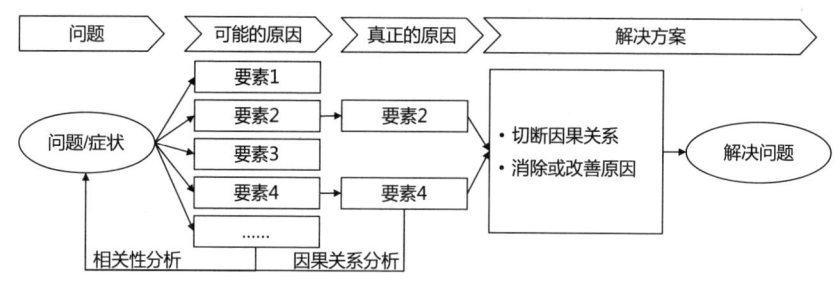

图 8-6 从相关性中识别出因果关系的过程

对于判断两个要素之间是相关关系还是因果关系，《为什么：关于因果关系的新科学》一书的作者珀尔提出了"因果关系之梯"的因果推断方法，该方法包括三层次的推断：关联、干预和反事实。

关联是指通过观察和总结，找出 A、B 两个要素之间的相关性。如观察到广告费的增加会带来销售额的增加，于是判定广告费与销售额之间存在相关关系，但不一定是因果关系。为了判断广告费与销售额之间是否存在因果关系，需要到达"因果关系之梯"的第二层：干预。

干预是指如果改变 A 要素，会对 B 要素产生怎样的影响。但是在干预的过程中，往往需要排除"混杂因子"，例如影响销售额的因素除了广告，还有产品竞争力、市场空间的大小及竞争激烈程度等，这些都是混杂因子。为了消除混杂因子的影响，在机械系统和生物系统上可以做随机实验。例如为了推断某种肥料的施肥量与农作物的产量是否存在因果关系，就要消除种子、土壤、水源等混杂因子的影响。为此，可以将一块土地分成很多小块，然后在所有的小块中随机施以不同量的肥料，并记录农作物的产量。通过反复实验，混杂因子的影响就会在多次的随机实验中被抵消掉。但是社会系统如经营管理系统是无法做随机实验的，于是就需要运用"因果关系之梯"的第三层：反事实。

反事实是指让时光倒流，假设当时 A 要素没有被改变，B 要素会怎样。这是在通过假设当时导致某件事的原因不存在，事情的发展会有何不同，从而来界定这一事件发生的原因。例如假设之前没有投放广告，销售额会有怎样的变化。这是一种假设中的主观想象，所以作者才会说科学世界里只有相关关系，因果关系只存在于人类的主观世界里。

实际应用"因果关系之梯"来推断两个要素之间的因果关系时，笔者建议还是要回到概率论的角度去理解，用概率的大小来帮助我们做判断。

√ 关联：A 要素与 B 要素一起出现的概率。

√ 干预：改变 A 要素，B 要素发生变化的概率。

√ 反事实：假设当时不改变 A 要素，B 要素不发生变化的概率。

在逻辑推理过程中，归纳推理是对相关关系的应用，演绎推理是对因果关系的应用。在商业环境下，不确定因素太多且瞬息万变，因此许多情况下要明确界定两个要素之间到底是相关关系还是因果关系，不仅耗时耗力且结果不一定有用。在效率优先的原则下，有效的方法是借助专家和利益相关方的力量，请他们一起参与分析和讨论，并借助珀尔的"因果关系之梯"对因果关系做出推断。同时，笔者还建议问题解决者不要执念于想要 100% 地确定到底是因果关系还是相关关系，如果 A 和 B 存在某种相关关系，且 A 的改变大概率会引起 B 的变化，我们就可以将这种相关关系当作因果关系来处理，这是商业环境下的一种不失理性且务实的做法，目的就是要确保在关键论点和论据上的逻辑关系能够成立且被大多数人认同。

对比与对标分析

对比也称比较，就是对两个及两个以上的事物进行比较，以揭示它们之间的差异点和共同点的一种思考方法。对比是最基本的信息分析方法之一，运用对比能够更好地把握分析对象的变化规律，并加以区分与鉴别，进而发现问题并提出解决方案。安宅和人说分析的本质就是比较，他所说的分析既包括了定量分析，也包括了定性分析。

对两个或多个同类事物之间的某些差异总是会表现得比较敏感，这是人的本能。例如某公司上个月的销售收入是 6000 万元，这个月只有 5000 万元，人们在潜意识里就会发问：为什么会减少 1000 万元？是哪些产品造成的收入减少？然而，绝大多数人都不会去关注 6000 万元和 5000 万元这两个数据，假设该公司这两个月的销售收入都是 6000 万元，则更不会有人去思考这两个月的 6000 万元收入在区域、产品、客户群、销量、单价上是否有区别，以及这些区别对销售的影响程度如何等问题。

这是因为差异可能意味着存在不安全因素，而相同则表示没有出现变化，所以是安全的。问题解决者在信息分析过程中对所有的信息都应保持足够的敏感度，即使是面对从不同渠道获得的相同的信息，也应尽力找出其中的差异，要问"相同的原因是什么"。也就是说大多数人是在寻找出现差异的原因，而问题解决者应该理解"出现差异是有原因的，而出现相同也是有原因的"。所以，问题解决者的"对比"与大多数人的"对比"在概念上是有区别的。

对比分析在信息分析和问题解决中的作用是：对比分析可以反映事物之间的当前水平和差距，以明确问题解决的方向；对比分析有助于认识事物的发展过程和规律，通过比较，可以追溯事物发展的历史渊源，确定事物发展的历史过程，揭示事物发展的变化规律，从而达到了解过去、预测未来的作用；对比分析有助于判断事物的异同和优劣，通过比较，对研究对象进行定性鉴别和定量分析，可以为解决方案中的各种论点、论据的形成、选择和评价提供充分的依据。

在对比分析时，首先要明确谁跟谁比，即比较的主体和客体是什么，再就是确定比什么，即比较的指标、标准和维度。依据比较的对象和内容的不同，可以分为以下几种不同的对比类型。

- 从时空的维度，对比可分为时间和空间上的对比。时间上的对比是一种纵向对比，是以时间、阶段为坐标，将同一事物的某些要素，如产品的质量、成本、价格等进行比较，把握事物的历史、现状和变化趋势。空间上的对比是一种横向对比，是将某一时期不同空间位置的同类事物进行比较，以分析它们之间的优劣和差距。例如在企业的经营管理活动中，我们会经常进行如图8-7所示的对比分析。

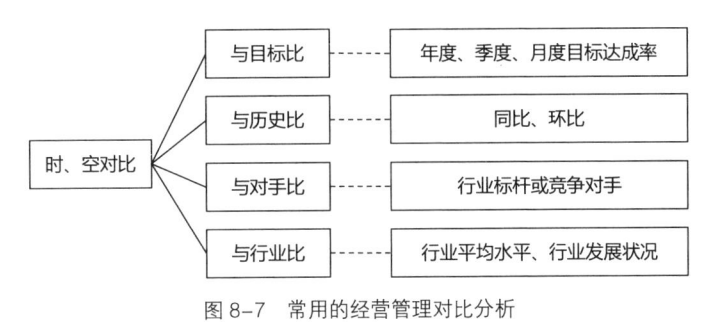

```
                 ┌── 与目标比 ──── 年度、季度、月度目标达成率
                 │
                 ├── 与历史比 ──── 同比、环比
   时、空对比 ───┤
                 ├── 与对手比 ──── 行业标杆或竞争对手
                 │
                 └── 与行业比 ──── 行业平均水平、行业发展状况
```

图 8-7　常用的经营管理对比分析

- 从要比较的属性来分，对比可分为定性与定量的对比。定性对比是通过事物间质的属性进行比较来预测事物的变化趋势；定量对比是通过事物间量的属性进行比较来评估事物发展的水平、规模。
- 按比较的范围，对比可分为全面对比与局部对比。全面对比是指对事物进行全方位、各个角度的比较，是一种多维度的比较方法。局部对比是全面比较的一部分，是对其中某一部分进行比较。

对比分析中，对比指标和标准的选择也很关键，企业经营管理活动中对比分析的指标选择可以从如下四个维度去思考。

一是规模指标：企业的规模代表着一种综合实力、市场竞争地位和对客户的影响力。营业额是制造业规模指标的代表，电商平台常用GMV来衡量其销售规模，有时客户数量、员工数量和产品数量也会被用于评估企业的规模大小。

二是效率指标：效率是投入与产出之间的比值关系。如果投入是按时间计算的，则为速度，如销售收入增长速度、客户需求响应速度、供应链交付速度。如果投入的是人力，则效率指标有人均收入、人均利润、人均产值等。效率代表了企业对时间和资源的利用程度。

三是效益指标：效益更多体现了企业经营管理结果的财务表现，如销售毛利、制造成本、服务成本、研发费用、营业利润等。

四是产品或业务的特性指标：企业所从事的业务或所提供的产品具有各种功能和特性，这些也可以作为对比分析的指标。例如我们经常用一个叫 $APPEALS 的工具，从八个维度提炼出 8~12 项客户关键购买指标来进行竞争产品的对比分析，如图 8-8 所示。

◆ 包装(P)
· 易安装
· 整套发货

◆ 可获得性(A)
· 本地支持
· 需求响应速度

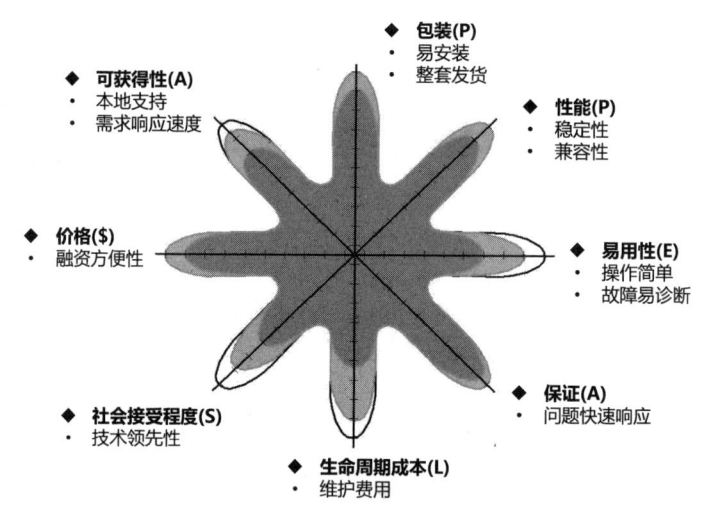

◆ 性能(P)
· 稳定性
· 兼容性

◆ 价格($)
· 融资方便性

◆ 易用性(E)
· 操作简单
· 故障易诊断

◆ 社会接受程度(S)
· 技术领先性

◆ 生命周期成本(L)
· 维护费用

◆ 保证(A)
· 问题快速响应

图 8-8 竞争产品的对比分析

在实际的信息分析过程中，运用对比分析时还要注意以下几点：

- 参与对比的事物要有可比性。可比性包括时间、空间和内容上的可比性。时间可比性是指所比较的数据、信息应当是同一期的；空间可比性是指比较要注意国家、地区、行业等的差异；内容可比性是指比较事物的属性、层次和范围应当是相同的。
- 要合理选择比较方式。不同的比较方式会产生不同的比较结果，并可用于不同的目的。例如，时间上的比较可反映某一事物的动态变化趋势，空间上的比较可反映不同比较对象之间的水平和差距，内容上的比较可揭示事物的属性和特征。
- 要注意比较的深度。通过比较揭示事物的本质联系和差别是比较的主要目的。在比较时，不要被比较对象的表象迷惑，应透过现象看本质。比较程度越深，比较结果就越精确、越有价值。

榜样的力量是无穷的，在分析和解决问题的过程中，与行业标杆或最强竞争对手进行对比分析，可以从他们身上吸取失败的教训，并学习处理同类问题的优秀实践，这就是对标。企业当前面临的诸多问题，也许同行业的竞争对手也曾遇到过，并早已摸索出了成功的经验，直接借鉴他们的管理经验可以提高成功解决问题的概率。华为公司几十年的高速发展历程，也是不断向行业标杆和友商对标学习的过程，其对标的企业包括IBM、思科、爱立信、苹果、三星等。例如在2006年之前，华为的项目管理能力一直是块短板，同一个海外比拼项目，爱立信20多个现场人员从来不用替换，而华为某产品线却需要不断轮换人员到现场支持。后来该产品线仔细分析了其中的缘由，发现爱立信有突出的项目管理能力，于是该产品线全面对标爱立信，并提出项目化管理的改进目标。华为公司2007年曾出现过几千人考PMP的盛况，并在2008年前后开始了对自己的项目管理方法论（RDPM）的探索。

第三节 用图表推进信息分析与方案论证

无论是定性分析还是定量分析，通过视觉化图表的运用，一方面可以促进对问题和解决方案进行更深入、更系统的思考；另一方面可以使分析所得出的结论及依此所提出的建议，在向利益相关方呈现和表达时更加形象、直观和有力。本节聚焦如何运用图表辅助信息分析与方案论证，提高分析论证的质量，第九章将解释在整合汇报时如何运用图表讲好方案故事。

需要说明一点的是本书所说的图表，除了包含将数据以视觉化形式呈现的数据图表（散点图、折线图、柱状图、饼图等），还包括将定性信息、思考过程及其他无法用文字表达的内容用视觉化形式表达的概念图形，如图8-9所示。

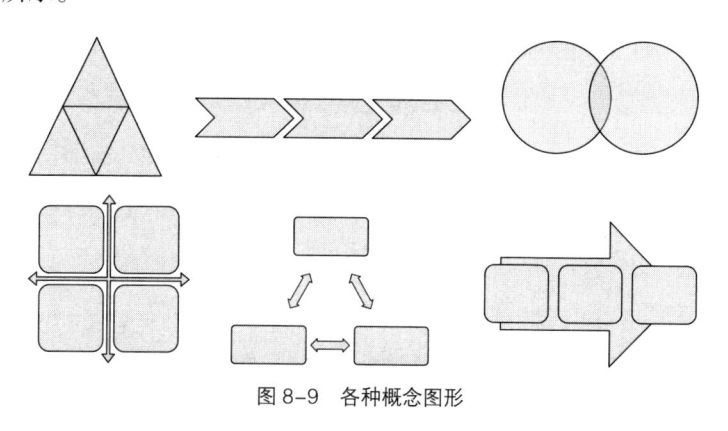

图8-9　各种概念图形

数据图表和概念图形都属于信息图表，是将收集到的数据和资料等信息进行简单图形化处理之后所得到的图表。在症状解的信息分析与方案论证过程中，问题解决者可能需要绘制上百张信息图表。而将多张信息图表中的关键信息经过进一步分析思考和提炼整合后所得到的图表则属于分析图表，分析图表是对深度分析结果的一种图形化呈现和表达，是信息图表的一种升华。

因此，在运用图表辅助信息分析和方案论证时，首先要将收集到的数据和资料转化成信息图表，如图8-10所示。在此过程中，面对同样一份资料，问题解决者可以从不同的角度提取所需的信息，然后将其绘制成信息图表。以图8-10中左上角的A、B、C三种产品1—5月的销售额数据为例，如果我们关注的是1—5月总销售额的变化情况，则可以画出图8-10中右上角的折线图；如果我们关注的是5月A、B、C三种产品的销售额排序，则可以画出图8-10中左下角的柱状图；如果我们关注的是5月A、B、C三种产品在总销售额中的占比，则可以画出图8-10中右下角的饼图。

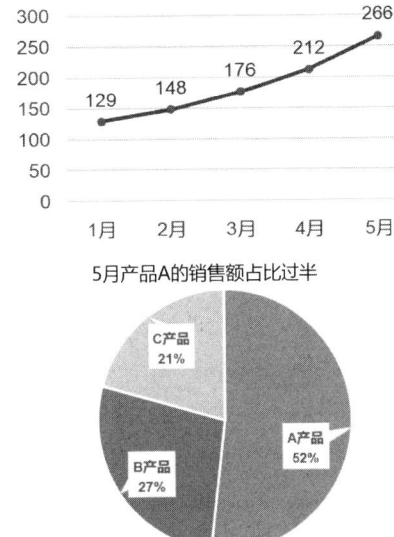

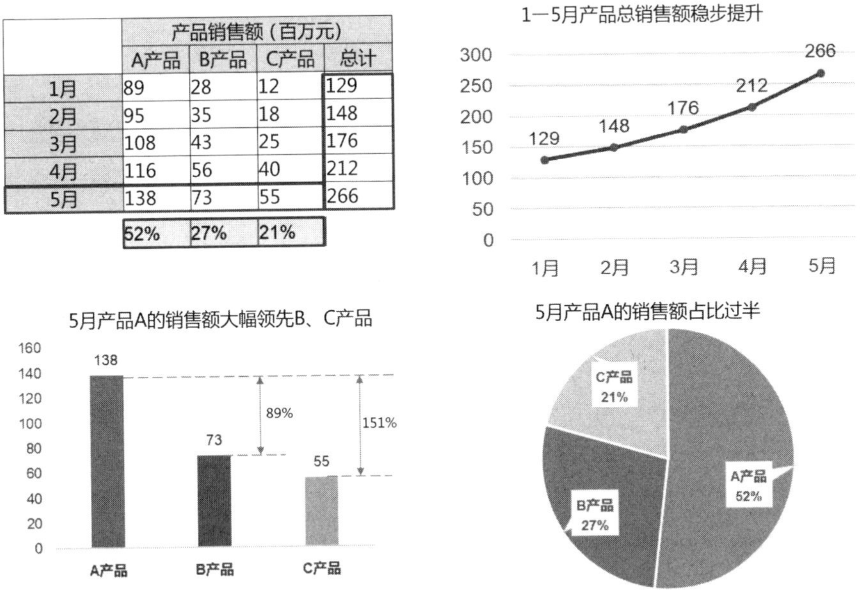

产品销售额（百万元）				
	A产品	B产品	C产品	总计
1月	89	28	12	129
2月	95	35	18	148
3月	108	43	25	176
4月	116	56	40	212
5月	138	73	55	266
	52%	27%	21%	

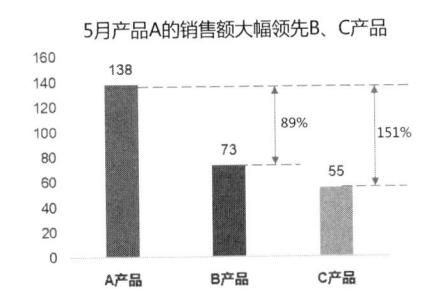

图 8-10 由数据和资料转化成的信息图表示例

将从数据和资料中提取的信息转化成信息图表的目的是更好地促进信息分析。而所有的信息分析，最终都是为了回答下面的这四个问题。

√ 发生了什么：了解问题发生的历史和现状，判断问题严重程度。

√ 为什么发生：洞察问题本质，探寻根源。

√ 未来会怎样：掌握问题发展规律，预测对未来的影响。

√ 现在怎么办：基于上述三个问题的分析，确定可行的解决措施。

因此，图表在信息分析和方案论证过程中的作用，就是要有效地引导问题解决者在通过信息分析回答上述这四个问题时，开展更深入、更系统的思考，因而提出真知灼见。下面我们以与 W 公司销售收入下滑问题相关的信息分析过程为例，说明图表是如何引导和促进思考的。

W 公司在 10 月初例行的经营分析会上，意识到公司的销售收入正处于一个趋势性下滑的危险境地，公司经营管理层要求销售总监尽快采取措施扭转这一不利局面。作为销售总监指派的问题解决者，假如你和你的问题解决项目团队按照本书所说的假设思考六步法，到现在为止已完成了前面的四个步骤并收集到了大量的数据和资料，正准备对初始方案进行分析论证。

你要分析和论证的第一个问题是"发生了什么"，按照前文所说的 GAPMB 问题分析模型，你首先要从财务表现入手，去验证公司的销售收入是不是正如经营管理层所意识到的那样出现了趋势性下滑，而不是偶然因素如竞争对手降价所导致的短暂波动。依据收集到的 W 公司 1—9 月的销售收入数据，你就可以绘制出如图 8-11 所示的每月销售收入柱状图。

W公司的销售收入在第三季度开始出现趋势性下滑，单位：万元

月份	1月	2月	3月	4月	5月	6月	7月	8月	9月
销售收入	4100	4300	4100	4200	4300	4500	4000	3600	3100

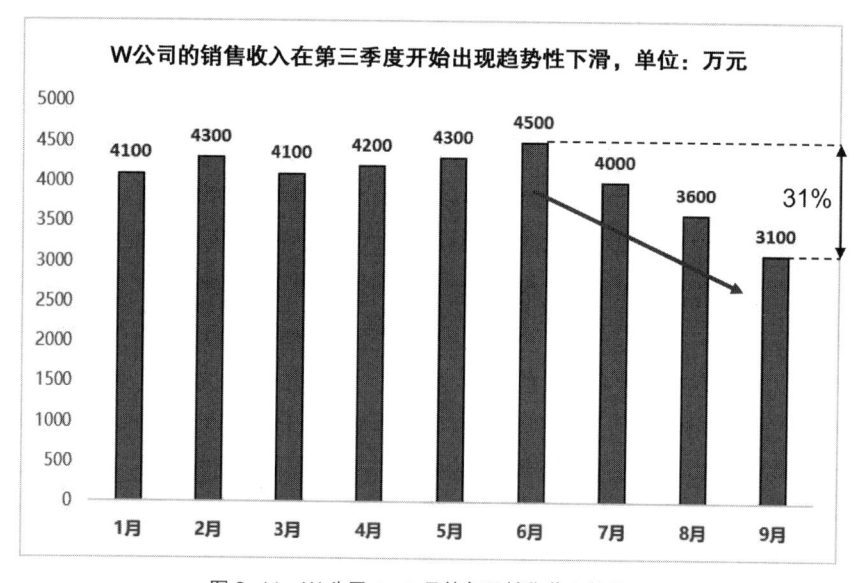

跌幅 31%

图 8-11　W 公司 1—9 月的每月销售收入柱状图

图 8-11 提示 W 公司自 6 月达到最高月销售收入 4500 万元之后，连续三个月出现了下滑，到 9 月，销售收入与最高点相比跌幅达 31%。如果不用图表，改用"最近销售收入下滑得比较厉害"这一类抽象和概括性的文字来描述问题，则无法让人们从问题的历史全貌出发，通过对比分析找到问题的切入点，并理解问题的严重程度。

除了从 W 公司总销售收入的变化趋势上验证了问题确实存在并且还比较严重，为了搞清楚到底发生了什么，你还可以将总销售收入按产品打开，看看是所有产品的销售收入都在下降，还是某一款产品造成的下降。

W 公司各产品第三季度的销售收入跌幅如图 8-12 所示。

单位（万元）	6月	7月	8月	9月	降幅
产品A	2600	2150	1900	1500	42%
产品B	1200	1100	1000	950	21%
产品C	700	750	700	650	7%
总销售收入	4500	4000	3600	3100	31%

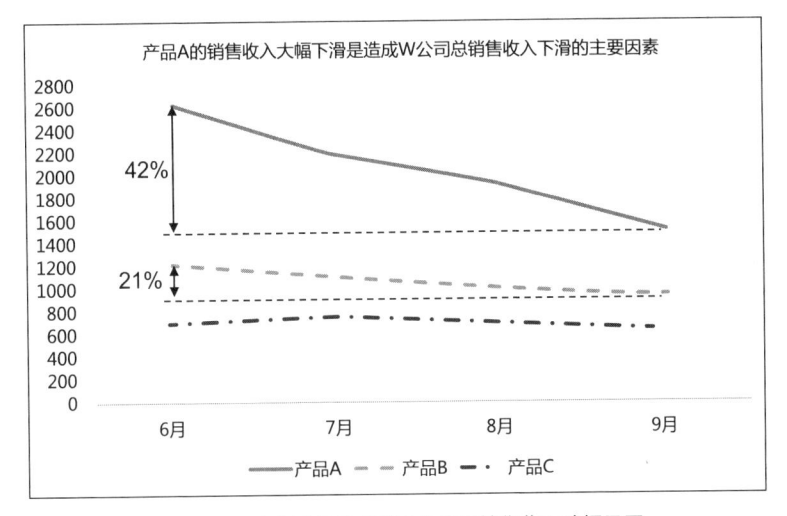

图 8-12　W 公司各产品第三季度的销售收入跌幅示图

图 8-12 提示产品 A 的销售收入大幅下滑是造成 W 公司总销售收入下滑的主要因素。正所谓"擒贼先擒王"，借助上述图表，你便可以很容易地识别出主要问题和问题的主要方面。

要论证初始方案中有关"发生了什么"的假设，只需收集近年或近几个月与企业的财务表现和市场表现相关的一些基础数据即可，例如销售规模及其走势、销售毛利及利润对比、市场份额及其增减、客户满意度的变化、各产品的收入占比、新市场及新产品的收入占比等。利用这些数据制作的图表可以帮助你从全局的角度把握住问题，判断是否存在问题及问题的严重程度。

图表不仅可以帮助我们理解现实中发生了什么，还会引发对"Why So"的思考。例如通过对图 8-11 中的关键拐点和连续下滑趋势的识别，你就很自然地想要搞清楚下面的这几个疑问。

√ 为什么 1—6 月的销售收入能够保持基本稳定并有所增长？

√ 为什么从 6 月之后销售收入就开始了下滑，6 月外部市场或者 W 公司内部发生了什么重要事件？

√ 为什么 6 月之后的销售收入是趋势性下滑而非有起有伏的波动？

√ 为什么销售收入在 7 月出现下滑时没有引起销售团队和经营管理层的注意，直到 9 月才被重视起来？

对上述这些问题的回答，就是在论证你之前所做的有关问题原因的假设。按照 GAPMB 问题分析模型，财务表现和市场表现不佳，是因为存在内部业务运营能力上的短板。业务运营能力的短板需要从企业价值链的角度来分析，企业价值链就是企业为客户创造价值的业务流，在华为，它们是 IPD、LTC 和 ITR 两大一小的业务流。当然，你也可以借助简化后的企业价值链概念图来协助自己分析业务运营能力上的短板。简化后的 W 公司的价值链图如图 8-13 所示。

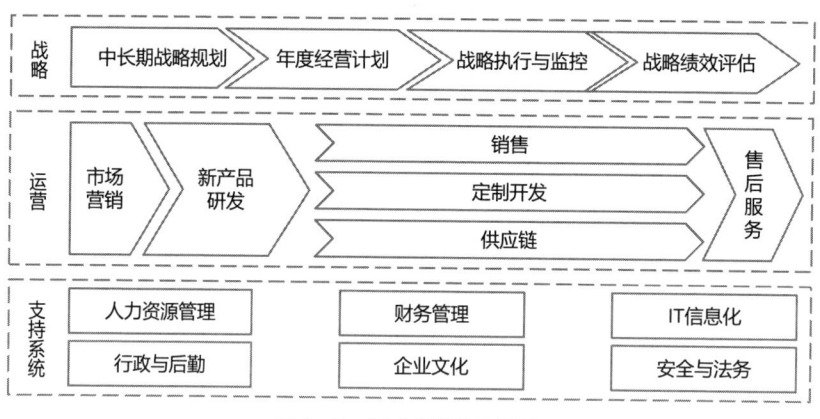

图 8-13　W 公司的价值链图

此时，你就可以借助 W 公司的价值链图，并利用前面通过对利益相关方的深度访谈收集来的信息，开展对问题原因的分析和思考。初步分析就会发现，竞争对手的低价竞争只是导致 W 公司销售收入下滑的触发因素，主要原因还是 W 公司的订单交期不能满足客户要求，导致大量老客户及其订单在流失。也就是说能力短板出现在 W 公司价值链中的"定制开发"

和"供应链"两个环节上。

通过对客户、上游供应商、下游经销商及内部相关人员的访谈资料进行深入分析，你进一步弄清楚了造成 W 公司订单交付延期的三个深层次原因分别是：供应商的物料延期、生产计划安排不当、产品经理对客户需求理解有误造成了产品定制开发方案的反复修改。

如果只是定性地给出"W 公司的订单交期不能满足客户要求的原因是定制开发和生产供应周期过长"的结论，是没有太多说服力的。在这里，你应当借助数据图表来强化这一结论。例如通过进一步的信息收集和简单的数据计算，你了解到一个中等规模的订单在行业中的平均交期是 32 天，业界最佳是 21 天，而 W 公司是 45 天，于是你可以将 W 公司的订单交期与行业平均及业界最佳的对比信息绘制成图表，如图 8-14 所示。

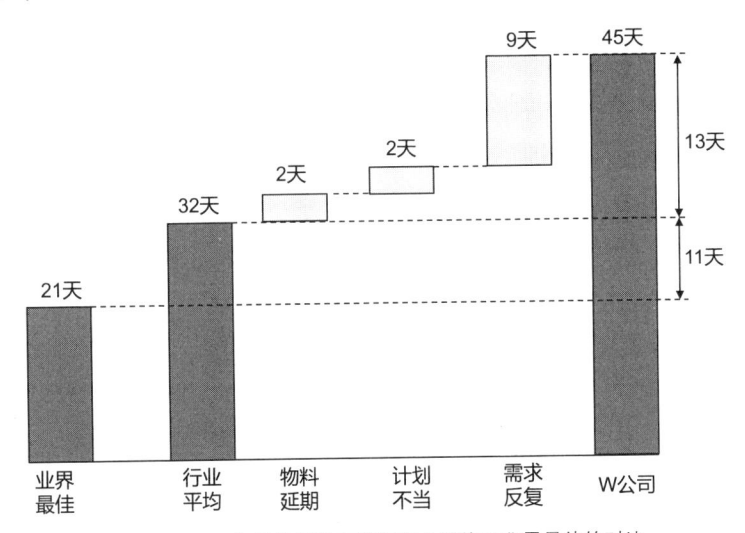

图 8-14　W 公司的订单交期与行业平均及业界最佳的对比

图 8-14 揭示出造成 W 公司订单交期长的关键原因是产品经理对客户需求的理解不到位，造成反复修改。如果把这个原因消除了，交期可以缩短至 36 天。

图表除了可以引发对"Why So"的思考，还可以引发对"So What"的思考。例如面对图 8-11 所提示的问题，结合对"Why So"和"So

What"的思考结果，就可以画出如前文图 8-5 所示的因果回路图及两个恶性循环。因果回路图也是一种功能强大的用于定性分析的概念图，它既可以用来分析和论证"为什么发生"，也可以用来分析和论证"未来会怎样"。

企业管理中的某些问题为什么会成为难以解决的顽疾，就是因为它是一种结构性问题，存在一个或多个让人左右为难的冲突，因此，解决管理顽疾的首要任务是找出管理系统中的某些结构性冲突。另外，在面对问题思考"现在怎么办"时，也要避免引入新的冲突。在此过程中，因果回路图可以发挥重要作用。

以 W 公司销售收入下滑的问题为例，如果你提出的解决办法是用现有产品开辟东南亚市场，因为是首次跟 W 公司合作，所以东南亚的新客户群可能会将大量合同金额小且需要深度定制开发的订单交给 W 公司。于是销售人员越是努力开发东南亚新客户，就会有越多的特殊定制要求的小订单进入 W 公司，造成 W 公司在价值链的定制开发和供应链两个能力短板上的压力更大，与从根本上解决收入下滑的改善行动形成了新的冲突。因此，你和你的问题解决项目团队在设计症状解时，一定要考虑如何规避那些需要特殊定制的小订单。运用因果回路图识别解决 W 公司收入下滑问题的症状解与根本解之间的冲突，如图 8-15 所示。

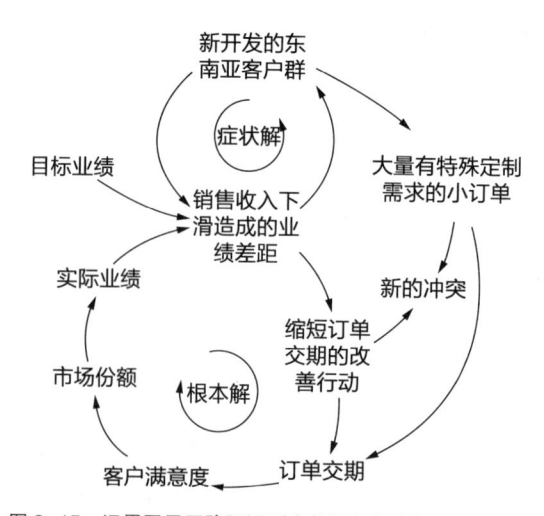

图 8-15 运用因果回路图识别症状解与根本解之间的冲突

由此可见，通过应用各种图表，可以引导问题解决者对初始解决方案的分析和论证做得更全面、更深入，让最终被论证的方案更具说服力和更靠谱。

第四节　通过论证让方案逐步走向靠谱

本章前面的内容分别阐述了论证初始解决方案的过程和方法，如果过程正确、方法得当且事实充分，加上问题解决者丰富的业务经验，方案被论证的结果应该可以很快就浮出水面。当然，分析论证的结果会存在如下三种可能：

- 结果一：全部的关键假设被证实为真，核心建议成立。
- 结果二：关键假设中的大部分被证实，少部分被证伪，但核心建议依然成立。
- 结果三：关键假设中的大部分被证伪，核心建议被推翻。

如果你的业务经验丰富、解决问题的能力强且运气好的话，得到结果一是有可能的，多数情况下会是结果二，有时也会得到结果三。无论是结果二还是结果三，问题解决者都应坦然接受这一事实。因为分析论证的目的是找到正确的答案，而非证明你最初的假设性答案为真。

作为一名被寄予厚望的问题解决者，你当然期待结果一的出现，也就是说所有的关键假设都被证实为真，且有了具体的事实依据；核心建议被进一步完善且更具真知灼见；解决方案的整体架构和故事主线也将成为最终提案的总体框架。结果一的出现得益于你丰富的业务经验和对问题的深刻理解。如果你已经在相关业务领域工作了多年，积攒了大量处理同类问题的过往经验，你基于这些经验所做出的假设很可能就是正确的。这也正是假设思考法的魅力所在——它倚重问题解决者的经验和直觉，经验越丰富，直觉越敏锐，所做的假设就越可靠。

与初始方案相比，被证实为真且被完善后的各个假设及核心建议将更具说服力，也让整个解决方案更靠谱。也就是说经过分析论证和整合完善后的新解决方案，结论是明确的，逻辑是清晰的，理由是充分且必要的，方案是可实施的。

以前面所构建的 W 公司想在三个月内弥补 2000 万元销售收入缺口的初始方案为例，该方案中的部分假设被证实并被完善后的内容可能是：

- ◆ 初始假设一：东南亚市场是一个有吸引力的安防监控的新兴市场，特别是流动人口大的城市对安防监控的潜在需求很大。
  - ➢ 被证实且完善后：印度尼西亚、越南和菲律宾三国市场是一个有吸引力的安防监控的新兴市场，特别是流动人口大的城市对安防监控的潜在需求很大。
- ◆ 初始假设二：我们有能力开拓该市场，今年以来我们已经跟该区域的几个经销商有过接触，并且我们此前有过成功开拓泰国市场的经验。
  - ➢ 被证实且完善后：我们通过成立以 ××× 为负责人（Leader）的东南亚市场开拓团队，并与三国的 A、B、C 等经销商合作，就可以快速进入这三国市场，开拓成本约 60 万元。
- ◆ 初始假设三：我们的产品和解决方案都是成熟的，通过快速抢占该市场，可以让我们摆脱国内的价格战，并迅速提升销售收入。
  - ➢ 被证实且完善后：我们现有的产品能够满足东南亚闷热潮湿的气候及客户的主流需求，三个月内可以抢占约 3% 的市场份额，创造 1500 万~2300 万元的收入。
- ◆ 初始的核心建议：我们应当利用现有的产品及泰国市场开拓的相关经验，积极开拓东南亚市场，并采取"走出去，本地化"的总体策略，到年底，可以为我司带来 1000 万~3000 万元的销售收入。
  - ➢ 完善后的核心建议：我们应当利用现有的产品及泰国市场开拓的相关经验，积极开拓印度尼西亚、越南和菲律宾市场，并采取"走出去，本地化"的总体策略，到年底，可以为我司带来 1500 万~2300

万元的销售收入。

初始假设被证实为真且方案被进一步完善之后，就可以开始着手第六步整合汇报的工作了。然而，许多情况下的分析论证过程绝不会像你所期待的那样很顺利地就得到了结果一，其间反而会遭遇证实性偏见等陷阱，并且最终的结果也有可能是核心建议被推翻。

如何避免证实性偏见的陷阱

基于经验和直觉进行假设，有其优越性，但也存在不足之处。不足之一就是会出现证实性偏见，《清醒思考的艺术：你最好让别人去犯的52种思维错误》一书的作者认为证实性偏见是所有思维错误之父。

该书通过一个试验描述了证实性偏见是什么，以及如何规避证实性偏见。一位教授让他的学生看一组数字：2、4、6，要他们找出其中的规则（事先教授已将规则写在了一张纸的背面）。受试者可以通过说出下一个数字来验证自己猜想的规则，教授会用"符合规则"或"不符合规则"来回答。学生说多少个数字不限，但规则只能猜一次。大多数学生说的是"8"，还有人试了"10""12"和"14"，教授的回答都是"符合规则"。于是学生们得出一个结论：规则是在前一个数字的基础上加上2。但是教授说："写在纸背面的规则不是这样的。"

唯一一位头脑灵活的学生用了不同的方法来猜想规则。他试了"4、7"等数字，也试了"-24、9、-43"……他显然是已经有了一个猜想，然后试图证明它不对，直到再也找不到反例。最后他给出的规则是"下一个数字必须大于前一个"，而这也正是教授写在纸背面的规则。这位机智的学生与其他同学的区别在哪里呢？他的同学只想证明他们的猜想是对的，而他则是在有意识地寻找反例来证明他的猜想是错误的。

人们普遍偏好那些能够证实假设的信息，而非那些可能会证伪假设的信息。美国俄亥俄州立大学的一项研究表明，当人们看到那些契合他们既有观点的文章时，会花比其他文章多36%的时间来阅读。为什么会产生证实性偏见呢？当人们特别相信自己的经验和直觉时，就会坚持自己的观点和想法，不管对与错、好与坏，总是极力证明自身认知的正确和远见，从而过滤、忽略那些与自己认知相左的观点。

在互联网及自媒体造就的信息泛滥的时代，各大网络平台会运用大数据算法推测你的喜好，你喜欢什么就给你推荐什么，这是在为你量身打造一个信息茧房。信息茧房会强化你的证实性偏见，并使你逐步丧失解决问题所需的独立思考和全面思考的能力。

因此，问题解决者在分析论证初始方案的各种假设时，应尽量避免证实性偏见。避免证实性偏见最好的办法，就是运用批判性思维多做证伪性检验。以W公司要进入东南亚安防监控市场的假设为例，如果你去咨询东南亚国家中那些正在代理销售来自中国的安防监控产品的经销商，他们一定会告诉你东南亚市场对中国厂家来说未来增长空间很大，这会让你更加坚信开拓东南亚市场的决策是对的，这就是证实性检验。调研访谈这些经销商是需要的吗？当然是需要的，这些信息对你来说是有用的。但这还不够，你还应当去问问至今还没有销售中国安防监控产品的经销商，问他们为什么不代理中国的安防监控产品，也许他们会告诉你不看好中国产品的各种理由，那么中国产品在东南亚市场能否占有一席之地就很难说了，这就是证伪性检验。

除了证伪性检验，组建解决问题的项目团队，也是一种不错的可有效规避证实性偏见的手段。对于某些问题即使无法组建团队，问题解决者也应当列出一个由利益相关方和业务专家组成的虚拟名单，在问题解决的任何环节，都可以想办法把名单上的人员请过来参与讨论。一个拥有不同背景和领域知识的讨论小组，有利于创造开放的工作氛围和产生新想法。各团队成员可以扮演不同的利益相关方，从不同的角度来模拟实施解决方案，然后提出问题。

避免证实性偏见的方法还有，在分解议题时尝试多种议题分解技术（笔者建议至少三种），从不同的角度看看会不会有新的发现；构建假设时，试着给每一个假设加上问号，通过质疑式提问提高假设的质量；收集信息时拓宽信息来源，以免遗漏那些可能会证伪假设的资讯；分析论证时开展像华为那样的红蓝军对抗。

假设与核心建议被推翻时怎么办

许多情况下分析论证不会像你所期待的那样很顺利地得到结果一，有时它也会证伪假设并推翻整个核心建议。正如前文所说，假设思考法并不追求每一步都走对，而是让每一步都离你想要的结果更近。因此，假设被证伪也应当被视为一种成功，因为你证实了此路不通。每一个被证伪的假设，都会让你对问题和解决方案建立起新的认知。例如原来的假设可能会引导你在竞争对手实施低价竞争时，你应当做出适当的反击以夺回被抢占的市场份额。然而，分析论证结果却显示反击行动的劣势，同时提示走出去开拓更具市场前景的东南亚市场这一策略的优势。于是得益于假设被推翻，当竞争对手还在国内市场的价格战中鏖战时，你已经洞悉了国内市场存在的结构性问题，并领先竞争对手开始了海外市场的拓展。

当分析所得的结果证伪了某个假设时，你需要评估被证伪的假设所带来的影响。如果被证伪的是一个次要的支持性理由，而主要的观点和建议仍然成立，则只需对该支持性理由做适当的修正即可。如果被证伪的是一个关键假设，且该假设被证伪会导致核心建议不成立，那么其他的假设就没有继续分析论证的必要了。如果核心建议依然有效，则继续分析剩余的假设，然后整合全部的分析结果。当核心建议被证明失效时，则需要重新选择一个根议题，并构建一个新的初始方案，开启一段新的信息收集和论证的过程。

在假设思考法中，反复地构建解决方案并论证它，是一种正常的工作状态，不能以此来评价解决问题的成败。第一轮假设思考过程中收集到的信息和分析论证的结果，对新一轮的方案构建及论证也是有用的，一般来说，第二轮假设思考所需要的时间和精力约是第一轮的 2/5。

通过迭代式分析论证的推进，初始解决方案将逐步走向靠谱，最终整合而成的核心建议也将更具说服力。结构化假设思考过程可以让你专注于由初始方案的假设所驱动的充分且必要的分析过程与内容，这样既提升了解决问题的效率，也让你避开了过度分析的陷阱。当初始方案中的所有假设被证实，核心建议被充分且有效的事实依据所支持，接下来你就可以将这些工作成果转化为最终可汇报的提案了。

第九章　整合方案并结构化呈现和汇报

现在，我们已经来到了假设思考六步法的最后一步：整合汇报，正如前文所说，这是运用假设思考六步法成功完成症状解设计的最后"临门一脚"，也是问题分析与解决的高潮所在。同时，这一步处于S线路径的第三个阶段：创新与整合。尽管S线路径的最后一个阶段叫创新与整合，但对症状解而言，这一阶段的主要任务是整合，症状解的创新设计主要是在前面提出假设阶段完成的。而对于根本解和愿景解，这一阶段的主要任务正是解决方案的创新设计与整合汇报。

对于症状解的设计，到达第六步，意味着作为问题解决者的你清晰地界定了问题，并明确了问题所有者的期望目标。你运用议题分解技术识别出了真正待解决的根议题和关键主议题，并依此提出了解决问题的基本方针或总体策略。在此基础上，你进一步设计出了由一系列行动举措和核心建议所构成的初始解决方案，然后通过深度访谈和资料查阅收集了大量数据和资料，并以充分的事实和严谨的逻辑证实了你的解决方案。在此期间，利益相关方也多次被访谈并参与讨论，与你分享了他们的见解，你据此完善了你的解决方案，让它更具说服力和可行性，也就是更靠谱了。

现在你的主要任务变成了如何以简单且有力的方式将解决方案的主要内容传达给各利益相关方，并促成他们的改善行动。在此之前的工作你都是以问题为工作重心，现在你需要转变工作方式，将工作重心转移至利益相关方，并以向他们成功推销解决方案为目的。

整合汇报阶段的主要任务可分解成下面的两个子任务。

子任务一：将复杂详尽的解决方案整合成形式上便于沟通汇报，内容简洁且精练的提案。

子任务二：依据沟通对象的职位及对问题关注角度的不同，将提案量体裁衣后，正式地向不同的利益相关方分享和汇报。

为完成上述两项子任务，前文第三章所描述的以金字塔原理为基础的呈现表达技术，是最关键的技术手段。

针对子任务一，要想提案在形式上便于沟通汇报，则应当采用前文所说的方案故事的形式来整合提案，并仔细推敲方案故事的整体叙事结构。而为了使提案的内容简洁且精练，就要多借助图表来呈现事实依据和分析结果，毕竟一图胜千言。

一份结构良好、内容简练的提案，可以为解决方案的整合与汇报带来如下四个好处。

- 让核心建议更清晰、更引人注目。一份结构良好的方案故事，会在故事的开头就将核心建议抛出来，以立即引起沟通对象的关注。方案故事的其他内容会始终围绕核心建议这个中心进行组织，在故事快结束时，会再次提及核心建议，触发沟通对象的改善行动。
- 让沟通过程更简短。结构良好、内容简练的提案可以让沟通对象花更少的时间解读内容，让汇报者花更少的时间回答和澄清问题。
- 让决策更高效。结构良好、内容简练的提案已经剔除了多余的信息，结论和建议从不拐弯抹角。提案被评审时，所有人都能聚焦重点，而不会陷入细枝末节及无休止的漫议中。
- 让提案被通过的概率更高。结构良好、内容简练并不是提案被通过的充分条件，但它确实可以提高提案被通过的概率。因为沟通对象更容易理解提案的结论和建议，也就更容易做出支持提案的决定，而不是在评审会快结束时还在犹豫不决。

在这里，让我们首先关注提案及方案故事的结构设计，以此帮助问题解决者输出一份形式上便于高效沟通和汇报的提案。

第一节　推敲方案故事的整体结构

在假设思考法的第三步构建方案时，我们就曾以方案故事的形式和金字塔的原理，以终为始、自上而下地构建起了初始方案的整体架构。在随后的方案论证期间，一般不会重构这一架构，因此，在第六步整合提案时，问题解决者只需在此架构的基础上继续推敲打磨就行了。

这里再一次以帮助 W 公司在三个月内弥补 2000 万元收入缺口的解决方案为例，第三步所构建的初始方案的架构如图 9-1 所示。

```
┌─────────────────────────────────────────────────────────────┐
│ 公司从事安防监控设备的生产和销售已有十年，今年上半年的业绩    │
│ 一直维持在正常增长水平。但是，从第三季度某竞争对手开展低价    │
│ 竞争以来，我们的销售收入就掉头进入了下滑的趋势，到年底估计    │
│ 会产生2000万元的收入缺口，我们该如何在三个月内扭转销售收入    │
│ 下滑的趋势并弥补2000万元的收入缺口？                          │
└─────────────────────────────────────────────────────────────┘
                              ↑
┌─────────────────────────────────────────────────────────────┐
│ 核心建议：应当利用现有的产品开拓东南亚市场，采取"走出去，本地  │
│ 化"的基本策略，到年底可以为我司带来1000万～3000万元的销售收入 │
└─────────────────────────────────────────────────────────────┘
          如果              和              那么
┌──────────────────┐ ┌──────────────────┐ ┌──────────────────┐
│支持性理由：东南亚 │ │支持性理由：我们有 │ │支持性理由：我们的 │
│市场是一个有吸引力 │ │能力开拓该市场，今 │ │产品和解决方案都是 │
│的安防监控的新兴市 │ │年以来我们已经跟该 │ │成熟的，通过快速抢 │
│场，特别是流动人口 │ │区域的几个经销商有 │ │占该市场，可以让我 │
│大的城市对安防监控 │ │过接触，并且我们此 │ │们摆脱国内的价格   │
│的潜在需求很大     │ │前有过成功开拓泰国 │ │战，并迅速提升销售 │
│                  │ │市场的经验         │ │收入               │
└──────────────────┘ └──────────────────┘ └──────────────────┘
```

图 9-1　W 公司弥补收入缺口的初始解决方案的架构

在初始解决方案中，故事主线所采用的是归类结构，因为还是假设的方案，其推理的逻辑结构是"如果……和……那么……"，初始方案中的支持性理由经过分析论证，其内容会有所调整。例如在解决问题的早期，问题解决者认为东南亚市场是一个有吸引力的市场，并可为 W 公司创造 1000 万～3000 万元的收入。而经过分析论证，认为市场机会集中在印度尼西亚、越南和菲律宾三国市场，并可为 W 公司创造 1500 万～2300 万元的收入。据此分析结果，我们只需调整支持性理由和核心建议的相关内容即可，同时推理的逻辑结构变为"因为……和……所以……"，但是故事主线的结构依然保持没有变。W公司弥补收入缺口的最终解决方案的架构如图9-2所示。

```
┌─────────────────────────────────────────────────────────────┐
│ 公司从事安防监控设备的生产和销售已有十年，今年上半年的业绩一直维持在正常增长水平。│
│ 但是，从第三季度某竞争对手开展低价竞争以来，我们的销售收入就掉头进入了下滑的趋势， │
│ 到年底估计会产生2000万元的收入缺口，我们该如何在三个月内扭转销售收入下滑的趋势并 │
│ 弥补2000万元的收入缺口？                                    │
└─────────────────────────────────────────────────────────────┘
                              ↑
┌─────────────────────────────────────────────────────────────┐
│ 核心建议：应当利用现有的产品开拓印度尼西亚、越南和菲律宾市场，采取"走出去，本地 │
│ 化"的基本策略，到年底，可以为我司带来1500万～2300万元的销售收入 │
└─────────────────────────────────────────────────────────────┘
        ┌─────────────┬───────↑───────┬─────────────┐
              因为           和            所以
┌──────────────────┐ ┌──────────────────┐ ┌──────────────────┐
│ 支持性理由：印度尼西亚、│ │ 支持性理由：我们通过成立以│ │ 支持性理由：我们现有的│
│ 越南和菲律宾三国市场是│ │ xxx为负责人（Leader）的东│ │ 产品能够满足东南亚闷热│
│ 一个有吸引力的安防监控│ │ 南亚市场开拓团队，并与三国│ │ 潮湿的气候及用户的主流│
│ 的新兴市场，特别是流动│ │ 的A、B、C等经销商合作，就│ │ 需求，三个月内可以抢占│
│ 人口大的城市对安防监控│ │ 可以快速进入这三国市场，开│ │ 约3%的市场份额，创造│
│ 的潜在需求很大    │ │ 拓成本约60万元         │ │ 1500万～2300万元的收入│
└──────────────────┘ └──────────────────┘ └──────────────────┘
```

图9-2　W公司弥补收入缺口的最终解决方案的架构

企业管理活动中，解决问题的提案在汇报时基本上都会选择以方案故事的形式组织其内容，方案故事的整体结构包括了故事序言部分的结构和故事主体部分的结构。经典的故事序言的结构就是前文所说的SCQA结构，而常用的故事主体的结构则是如图3-25所示的金字塔结构，故事主体中的故事主线还可以采用如图3-27所示的归类结构或者论述结构，正如第三章所说的，如果问题解决方向是满足期望（满足问题所有者的需求），故事主线建议采用归类结构；如果问题解决方向是改善现状（消除问题的原因），故事主线建议采用论述结构。

关于故事序言的结构，除了SCQA形式，还可以有多种不同的组合形式，下面以W公司弥补收入缺口的提案中的故事序言为例，说明各种组合的实际应用。

➢ QSCA形式：我司销售在接下来的三个月里面临的主要问题是如何

弥补 2000 万元的收入缺口（Q）。今年上半年我司的业绩一直维持在正常增长水平（S），从第三季度某竞争对手开展低价竞争以来，我们的销售收入就掉头进入了下滑的趋势，到年底估计会产生 2000 万元的收入缺口（C）。为解决此问题，我们认为我司应当利用现有的产品积极开拓东南亚市场……（A）。

> ASC 形式：本提案建议我司销售在接下来的三个月里，应当利用现有的产品积极开拓东南亚市场……（A）。众所周知，我司从事安防监控设备的生产和销售已有十年，今年上半年的业绩一直维持在正常增长水平（S）。但是，从第三季度某竞争对手开展低价竞争以来，我们的销售收入就掉头进入了下滑的趋势，到年底估计会产生 2000 万元的收入缺口（C）。

> CSA 形式：从第三季度某竞争对手开展低价竞争以来，我们的销售收入就掉头进入了下滑的趋势，到年底估计会产生 2000 万元的收入缺口（C）。众所周知，我司从事安防监控设备的生产和销售已有十年，今年上半年的业绩一直维持在正常增长水平（S）。为弥补收入缺口，我们认为我司应当利用现有的产品积极开拓东南亚市场……（A）。

尽管现在有人反对用 PPT 汇报工作，然而解决问题的提案基本上还是会选择以幻灯片的形式进行呈现，它的基本结构如图 2-6 所示。图中的每一个长方形框代表 PPT 报告中的一页或多页幻灯片，PPT 报告的基本结构一般会包括标题页、背景介绍、核心建议、内容摘要、报告主体、实施计划、风险及应对措施和附录。

◆ 报告的标题

报告的标题是沟通对象对 PPT 报告的第一印象，人们常会用一些让沟通对象不明就里，一开始就无法提起兴趣的标题。如下面的这几个标题：

√ 标题一：《关于开拓东南亚市场的报告》

√ 标题二：《东南亚市场的概况分析》

√ 标题三:《关于扭转销售下滑趋势的汇报》

√ 标题四:《关于补齐收入缺口的方案汇报》

√ 标题五:《开拓东南亚三国市场的初步建议》

因为核心建议是整份报告的中心思想,因此从核心建议提炼出方案报告的标题是最合适的,如"关于开拓东南亚市场补齐2000万元收入缺口的方案汇报"。这样的标题能让沟通对象在翻阅报告前就知道它是关于什么的报告,也知道报告中有他们认为值得关注的内容,从一开始就赢得了沟通对象的注意力。

◆ 背景介绍与核心建议

背景介绍与核心建议组成了PPT报告中方案故事的序言。可以采用前面刚刚介绍过的SCQA、QSCA、ASC或者CSA等形式的序言结构来呈现背景介绍和核心建议的实际内容。

◆ 内容摘要

当沟通对象按报告顺序理解了核心建议后,撰写内容摘要的主要目的,就成了争取在该页就让提案获得批准。通过内容摘要就让提案获得批准,就如同一本书的作者想让读者通过翻看一本书的目录,就决定是否购买该书一样。撰写报告不是写悬疑小说,应让沟通对象在内容摘要中就了解提案的主体内容。内容摘要应当能在一页幻灯片上呈现整个提案的主要内容,这样有利于沟通对象从中了解提案的全局。内容摘要还应适当地进行概括,最好是能让其有充当一级目录的作用。

◆ 报告主体

PPT报告的主体由大量客观事实和分析结论组成,这些都是用于支持内容摘要中的各项假设的。另外,内容摘要还决定了某个事实依据或分析结论应当放在报告主体还是附录。当某个事实或结论对证实方案中的某个关键假设起重要作用时,那么它应当被纳入报告主体。相反,如果某个事实或结论只能回答某个次要问题或对关键假设起补充说明的作用,则应被放置在附录中。

报告主体的 PPT 页面有章节引言页和基本信息页，章节引言页呈现的是内容摘要中某个主论点下的几个分论点的展开，这些分论点及支持它们的基本信息页就组成了支撑该主论点的一个独立章节。如果说内容摘要是整个报告的一级主目录页，那么章节引言页就是某章节的二级子目录页。当然，如果报告非常简短，也可以没有章节引言页。

例如支持"印度尼西亚、越南和菲律宾三国市场是一个有吸引力的安防监控的新兴市场"的几个分论点可以是：

√ 印度尼西亚是一个有吸引力的市场。

√ 越南是一个有吸引力的市场。

√ 菲律宾是一个有吸引力的市场。

于是该报告的一个章节引言页可以如图 9-3 所示。

```
章节引言
◆ 印度尼西亚、越南和菲律宾三国是一个有吸引力的安防监控的新兴市场。
 · 印度尼西亚是一个有吸引力的市场。
 · 越南是一个有吸引力的市场。
 · 菲律宾是一个有吸引力的市场。

◆ 我们有能力开拓上述三个有吸引力的新兴市场……
◆ 我们现有的产品能够满足东南亚客户的主流需求……
```

图 9-3 提案 PPT 报告主体中的章节引言页示例

报告主体各部分的顺序，应当按照内容摘要中的顺序进行安排。内容摘要中各项内容的顺序，其实就体现了故事主线的结构是归类结构还是论述结构，报告主体当然要依循此结构来组织，否则，会造成逻辑上的混乱。更进一步的要求是组成报告主体的基本信息页的标题，也应当源自章节引言或者内容摘要，甚至可以直接复制章节引言或内容摘要中的各个要点，这些标题串联起来就像是在讲述一个完整的故事。

◆ 实施计划

只要是一份完整的解决方案，就应当有实施计划及实施责任人的相关内容，问题解决者必须要让沟通对象知道提案被批准通过之后的行动计划。如果是一份实施难度比较高的解决方案，还应当列出详细的一、二级计划，与项目管理计划类似，该计划不仅要包括进度计划，还应包括资源投入计划、质量管理计划、风险管理计划等。

如果方案实施对资源有特殊的要求，可以在此进行说明，并在汇报时寻求利益相关方的承诺。

◆ 风险及应对措施

墨菲无处不在，只要采取行动，就一定会存在风险，没有人敢批准没有风险应对计划的方案。如果你能客观主动地列出方案中存在的风险，让沟通对象知道你已提前对此进行了思考，会大大提高方案被批准的概率。在谈及风险时，你需要解释风险的源头、风险发生时会带来的影响以及你的具体应对措施，这些详细的风险应对措施，会帮助你彻底消除决策者的最后一道顾虑。

◆ 附录

只包含沟通对象想知道的重要信息，而不是你所知道的全部信息，这是撰写 PPT 报告主体时要遵从的原则之一。但是我们还是经常能看到有报告把所有的分析过程和结果都塞进报告主体中去，企图用大量数据去说明结论的严谨性，以及问题解决者的努力程度。然而事与愿违，过度的细节只会让沟通对象感到疑惑。

然而，如果报告中缺失详尽的细节信息，包括论证材料和调查结果的解释说明，在面对下面的这些质疑时又无法从容应对。

- √ 人们会问起你是如何从数据或图表中得出某个结论的。
- √ 人们会问到那些中途被你用二八法则排除掉的非关键议题。
- √ 人们会提出那些已经早已被你推翻了的建议来挑战你的方案。
- √ 人们还会单纯就是出于好奇向你提出想看看某些细节信息。
- √ 还有人只是为了表明他自己这个岗位存在的价值，无厘头地提出一个琐碎的问题。

解决上述矛盾的办法是将非关键信息放入附录，作为备用资料库以准备好应对沟通对象可能会提出的上述各种质疑。

第二节　用图表讲好方案故事

拥有好的故事结构可以让沟通对象更容易理解，而一份好的提案还必须要有具备说服力的内容才行。尽管提案内容的质量主要是由前面五个步骤的输出质量决定的，如问题界定是否清晰，能否识别出本质性的议题，假设方案是否靠谱，收集到的信息是否准确，分析论证是否充分等，但是如果能在第六步通过图表的运用来进一步提升提案的呈现和表达的有效性，则会使提案在汇报时目标更明确、沟通过程更简短、通过率更高。因为绝大多数人都是视觉学习者，用图表的形式来呈现和表达提案的观点和建议，会让提案更简练且更具说服力。

明确图表要表达的观点或结论

运用图表来呈现和表达的第一步是选择图表样式，而决定图表样式的不是数据，是你想要表达的观点或结论。以表9-1所示的某产品2019年1—12月销售额的数据为例。

表9-1　2019年产品A每月的销售额　　单位：百万元

1月	2月	3月	4月	5月	6月	7月	8月	9月	10月	11月	12月
32	26	35	39	33	40	42	40	43	45	42	48

如果你想表达"2019年产品A的销售额呈现出稳步上升的态势"这一观点，则可以绘制如图9-4所示的图。如果你想表达的观点是"2019年产品A取得了大幅增长"，则应当绘制如图9-5所示的图。并且为了凸显52%的增长幅度，图中的纵轴单位由1000万元改成了500万元。如果你看到的数据是产品A的销售额在2月、5月、8月和11月下跌，于是得出

"2019年产品A的销售表现不够稳定"的观点，则应当绘制如图9-6所示的图，并用箭头和梯形图凸显销售额下跌的情形。

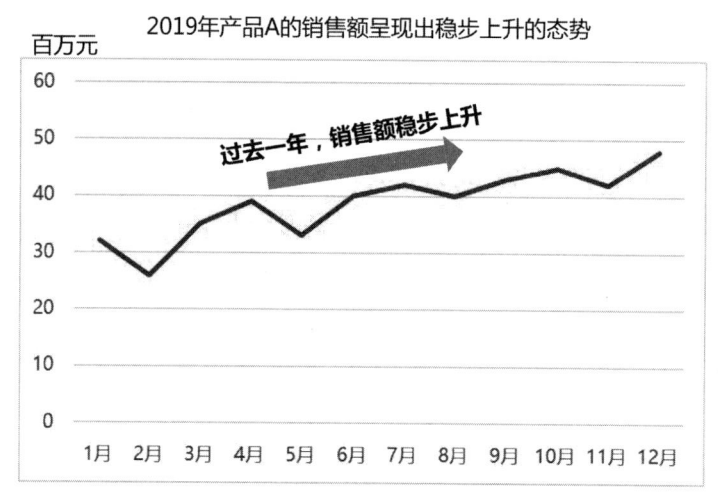

图9-4 相同数据不同观点的图表示例一

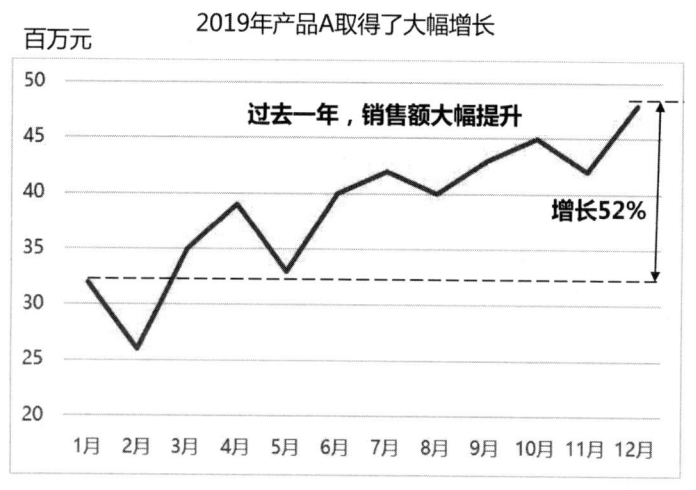

图9-5 相同数据不同观点的图表示例二

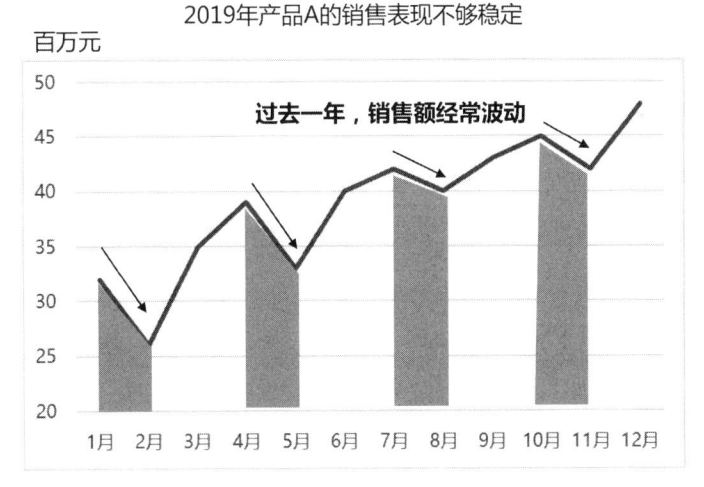

图 9-6 相同数据不同观点的图表示例三

由此可见，相同的一份数据，为了证实或证伪一个假设，你可以将其解读成各种不同的观点和意见，图表也会因此随需而变，因为图表的作用毕竟只是为了强调你的观点和意见而已。

为了让图表能更好地表达你的真实意图，还应当给图表取一个能够明确表明你的观点的标题。假如将图 9-4 的标题改为"2019 年产品 A 的每月销售额"，则这一标题只是点明了此图的主题与产品 A 的销售额相关，然后让沟通对象自己去解读图想要强调的是什么，也许是产品 A 的全年销售增幅很大，也许是产品 A 各月的销售表现不够稳定，还可能是产品 A 存在每隔三个月就会下跌的规律等。不要让沟通对象自己去解读，解读就是误解的开始，你应当通过像"2019 年产品 A 的销售额呈现出稳步上升的态势"这样的标题，来清晰且强硬地表明你的观点。

用数据图表呈现定量分析成果

在 PPT 形式的提案报告中，常需要用数据图表来呈现定量分析的成果，其数量往往要占到整个图表数量的七成以上，因为人们始终认为有数据和定量分析支持的商业决策才会更可靠。例如 W 公司要开拓东南亚市场，必须要给出这一举措可在三个月内弥补 2000 万元收入缺口的定量分析，否则解决方案是不可能获得批准的。

安宅和人说分析的本质就是比较，同时他进一步指出定量分析中的比较只有三种基础模式：比差、组成和变化。因此，用数据图表可视化呈现的关键是你首先要明确自己想要表达的是哪一种比较结果，是A、B两种产品销售额之间的差距比较？还是A产品的销售额随时间的变化状况？抑或是A产品在企业总销售额中的占比？一份数据表格可以同时对这三个问题进行回答，但是图表的绘制原则是"一图明一事"，一张图表所表达的观点或结论越简练，沟通对象能够记住和理解的内容就越多，这正是"少即是多"的完美体现。

数据图表的构成内容包括数据、标题、坐标轴、几何图形和参考线，其中的坐标轴、几何图形和参考线组成了数据图表的样式，按照其样式的不同，数据图表可分为散点图、折线图、柱状图、条形图和饼图等。尽管定量分析只有三种基础模式，但每一种模式的图表表达样式可以有多种。

◆ 定量分析的比差模式及图表样式

比差是最常用的一种比较模式，是两个事物直接从数量、重量、长度、强度等属性上比较出数值上的差距，本质上是这里与那里的比较。比差模式的图表样式举例如图9-7所示。

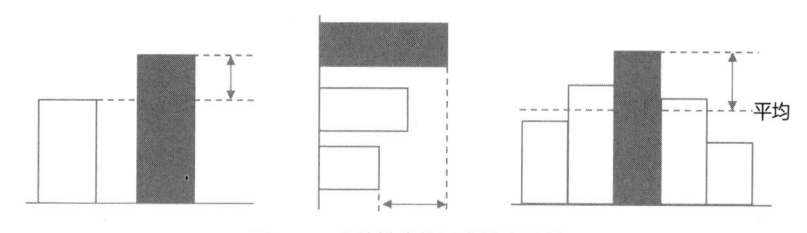

图9-7 比差模式的图表样式举例

比差模式以一种简单明了的方式直接呈现出定量分析的成果，往往能够让沟通对象立即理解问题的严重程度，或事实依据对方案论证的支持强度。人们经常用水平条形图和柱状图来表达比差模式的定量分析成果，水平条形图代表了自上而下的数值上的排序关系，而柱状图则意味着从左到右的数值上的变化关系。

◆ 定量分析的组成模式及图表样式

组成模式本质上是部分与整体之间的比较，比较的结果经常表现为比率或占比，例如市场占有率、新产品收入占比、骨干员工流失率等。组成模式的图表样式举例如图 9-8 所示。

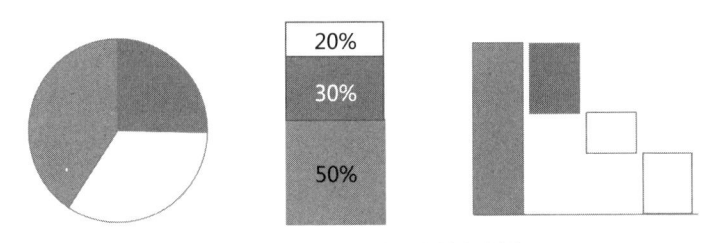

图 9-8 组成模式的图表样式举例

通过组成模式的定量分析，能够帮助我们抓住主要问题和问题的主要方面，进而识别关键议题，找出关键假设及影响解决方案的关键部分，这些都是成功解决问题的关键所在，也是实现效率优先原则的基础。

人们经常用饼图、堆叠柱状图和瀑布图来表达组成模式的定量分析成果，饼图是一种静态的数据呈现方式，为了展示不同组成部分随时间的变化情况，可以使用堆叠柱状图，瀑布图则可以拆分出各个正向或负向的部分因素是如何影响一个要素由原始数值演变成当前数值的。

◆ 定量分析的变化模式及图表样式

时间是分析的一个重要维度，变化就是在时间轴上比较某一事物在不同时间点的表现状况，其本质是今天与昨天的比较，比如某产品每个月的销售额的变化情况。变化模式的图表样式举例如图 9-9 所示。

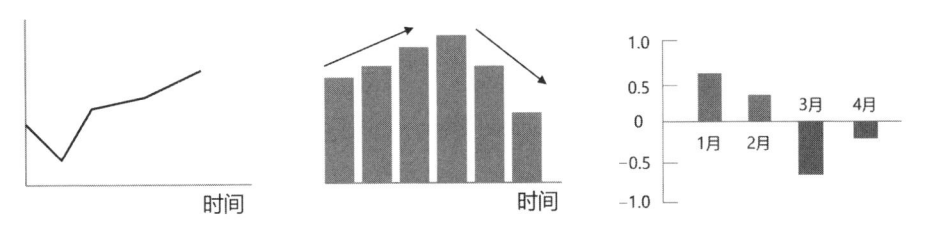

图 9-9 变化模式的图表样式举例

通过变化模式的定量分析，可以了解问题随时间发生的历史过程，洞察事物变化的基本规律，并预测问题的发展趋势，为解决问题和防范风险提供了依据。人们经常用折线图和柱状图来表达变化模式的定量分析成果，折线图通常代表连续的变化趋势，柱状图对应某个变量（如销量）在某个时间节点的具体数值。

以上只是说明了定量分析中的三种基础比较模式及其常用的图表样式，尽管这些基础模式和图表样式已能够帮助你应对绝大多数的表达需求，但商业世界有其复杂性，有时你可能需要将两种基础模式的图表组合在一起，才能完整表达你的观点或结论。然而，再复杂的数据图表也都是上述三种基础模式的不同组合而已。如图 9-10 所示。

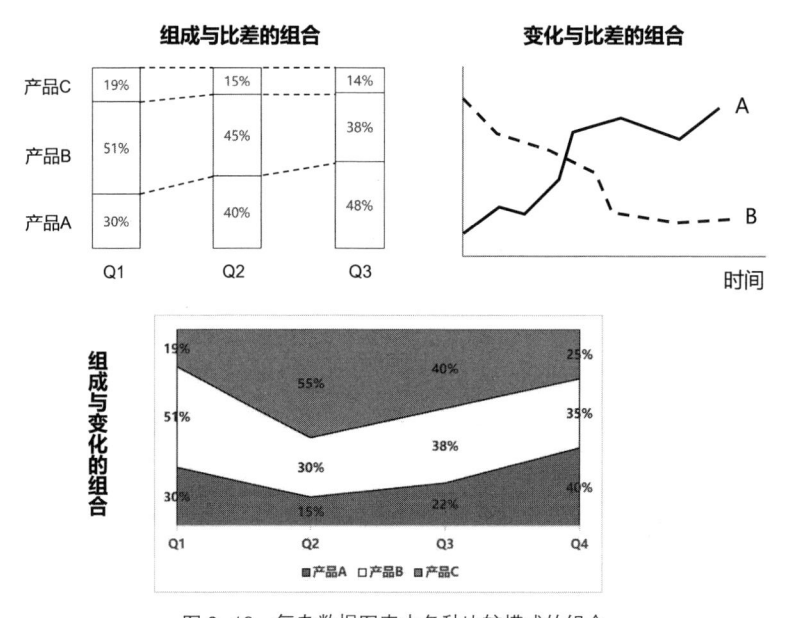

图 9-10　复杂数据图表中各种比较模式的组合

图 9-10 中的左上图表是组成与比差的组合，右上图表是变化与比差的组合，下面的图表是组成与变化的组合。一般来说，如果一张简单的图表就可以说明清楚，就不需要再弄巧成拙地去绘制复杂的图表了。

与此同时，请忍住为图表添加不必要装饰的冲动，比如颜色、三维图形、动画等其他花里胡哨的东西。麦肯锡就特别强调信息永远重于工具，只用黑白两色来画图表。

用概念图形表达定性分析成果

在第八章我们曾借助概念图形来推进高质量的信息分析和方案论证，跟数据图表一样，概念图形也可以被应用于整合汇报时用的提案中，以更加形象、直观和有力的方式向利益相关方呈现和表达提案的结论与建议。

概念图形的作用是对定性分析出来的因果关系、组成结构、相互作用等进行视觉化表达，其图表样式如图 8-9 所示。在 PPT 报告中可以用组织结构图来表示组织中不同部门和团队之间的层级关系，并在宏观上建立起对组织的全局把握。流程图则可以用来表示从输入到输出的每个步骤的关键任务和活动，通过流程图将业务活动化繁为简，可以帮助沟通对象迅速理解分析结论的推导过程。在假设思考法的应用过程中，特别是在分解议题时，我们所使用的各种逻辑树及各种现成的框架（如 SWOT 框架、4P 营销模型、波特五力模型等）都是可直接用来表达定性分析成果的概念图形。正如《像高手一样解决问题》的作者所提醒的那样，PPT 报告中概念图形的使用也要小心谨慎，如果在一个本应使用数据图表的地方使用了概念图形，分析结论可能会被认为不够严谨，或者论证的事实依据不够充分。再如对于一个用简单文字就足以表达清楚的信息使用了概念图形，反而会干扰沟通对象对关键信息的摄取，此时文字本身就是最佳的表达方式，当然你也可以用粗大字体或其他辅助性文字来协助阐述你的观点或结论。

第三节　分享和汇报最终提案

通过前面对提案结构和内容的打磨，你终于输出了一份结构良好、内容简练的汇报材料，现在到了正式向各利益相关方分享和汇报最终提案的时候了。在这里，作为问题解决者的你或你的团队，要完成的工作正是前文所说的整合汇报阶段的第二个子任务，该子任务可再细分成如下三项具体的活动：

- 事先沟通：提前与沟通对象分享报告，未雨绸缪，避免汇报现场出现"翻车"意外。
- 量体裁衣：根据沟通对象的不同偏好与背景调整汇报内容。
- 汇报答疑：通过正式的汇报和答疑，推动决策者批准提案。

事先沟通以避免汇报时出现意外

假如你是严格按照假设思考六步法的方法一路走到这里的，我相信你早已将解决方案与各利益相关方进行过多次交流了。特别是在初始解决方案被构建之后的深度访谈和分析论证的过程中，利益相关方会被多次询问对有关问题和解决方案的意见和建议。对于最终要汇报的提案，其本就不应该是一次大揭秘，或者是故意隐瞒信息、制造悬念，只为了在最后汇报的时刻给大家一个惊喜。相反，最终提案应当是与利益相关方持续沟通、讨论后的结果。正如前文所说，解决方案对利益相关方的意见采纳得越多，最终提案就越容易被他们认可和接纳。

然而，尽管利益相关方对最终提案的主要内容有了相当程度的了解，也还是需要在正式汇报前做一次较为全面的一对一的事先沟通，以避免正式汇报时出现意外情况。与正式汇报会议上的一对多不同，在一对一的沟通环境中，双方讨论的主题会更聚焦，也都会以更加开放的心态接受对方的不同意见，也就更容易通过求同存异达成基本共识，这是在正式场合下无法达到的效果。归纳起来，事先沟通可以起到以下几个重要作用：

- √ 事先沟通可以避免利益相关方在第一次接触提案并在对提案了解程度较低时，就要匆忙做出决定或承诺。
- √ 通过事先一对一的沟通，可以了解利益相关方所关心的问题，并争取在正式汇报前就消除疑惑。
- √ 事先沟通有助于了解哪些利益相关方可能持有反对态度，从而预设应对方案，防止汇报现场翻车。
- √ 通过事先沟通，梳理出可能会引起各方僵持不下的问题点，为避免拖而不决，提前准备相关材料，供决策者使用。

事先沟通可以采取多种形式，包括电话、微信、邮件或者预备会议等，这取决于你和利益相关方的工作关系、提案的复杂程度和时间约束等因素。一旦完成了事先沟通，理想情况下，当你正式向大家分享和汇报提案时，当场没有人会对你所提出的核心建议和所提供的论证信息感到意外或者表示反对，尽管这并不代表所有人都同意了你所说的一切。即使有人在汇报现场提出了不同意见，他也应该早就对一些基本的观点和事实与你达成了共识，现在他只是基于对信息的不同理解在发表看法。因为事先沟通时你已了解了他的不同意见，此时就不会因此而感到意外继而手足无措，而是会将它视为一次友善、民主的讨论，并胸有成竹地抛出你早已预备好的相关材料。

根据沟通对象将报告量体裁衣

对报告进行量体裁衣，意味着要根据不同的沟通对象调整提案的沟通方式、故事主线结构或者具体的报告内容。

提案的沟通方式也可以有多种，除了正式的会议，还可以是一对一的面谈、远程电话交流或者以邮件的形式发送一份报告。沟通方式取决于要分享的提案类型和复杂程度，以及沟通对象的喜好和时间是否充裕。在不同的沟通方式下，需要对沟通的内容进行适当裁剪，例如你无法在远程电话交流中解释清楚一个柱状图所呈现出来的定量比较结果。电话交流和电子邮件都只适用于沟通对象已对问题和解决方案有了深入的了解，此种情况下无须反复确认相关信息便可快速做出判断和决策，因此这是两种非常高效的沟通方式。然而，解决企业管理问题的绝大多数提案，还是需要通过正式会议进行充分讨论、风险评估之后才被决策通过，正因为如此，正式会议上用于视觉化呈现的 PPT 报告也就成了最常用的信息载体。

有时，量体裁衣还意味着要调整提案的结构和内容。假如沟通对象对问题发生的背景信息很了解，那么沟通时就可以跳过此部分的内容；假如沟通对象以公司高层为主，他们对方案细节不太感兴趣，那么，花时间去讲解细节还有什么意义呢？直接阐明结论和建议就好了。再以 W 公司弥补收入缺口的提案为例，如果正式汇报时与会人员更倾向于以细分市场的形式分别了解印度尼西亚、越南和菲律宾三个市场的开拓方案，则提案的故事主线结构及 PPT 报告的内容应调整成如图 9-11 所示。

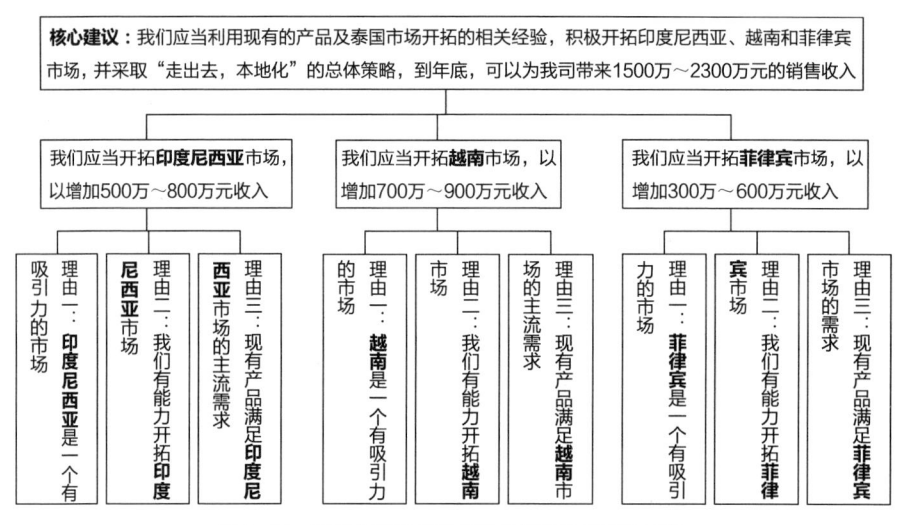

图 9-11　针对沟通对象对报告进行量体裁衣的示例

图 9-11 与前面图 9-2 所展示的故事主线的结构是完全不同的，两种结构没有优劣之分，只要有助于沟通对象理解提案内容并提高决策效率就是合适的。

提案的正式汇报、答疑与结案

在正式汇报之前，对提案的 PPT 报告再做一次详细的检查依然是有必要的。如表 9-2 所示，该表列出了解决方案汇报前常用的一些检查项，读者也可以根据自己的工作经验和业务场景增加一些检查项。

表 9-2　提案正式汇报前的检查单

	检查项
沟通对象	沟通对象已提前知悉你要汇报的大概内容
	正式汇报前已与所有与会人员对报告的关键内容达成了基本共识
	正式汇报前已向问题所有者和决策者单独汇报了某些利益相关方对提案的不同意见或建议
提案结构	提案的整体框架满足金字塔原理的相关要求
	问题解决方向是满足需求时故事主线采用了归类结构；问题解决方向是消除原因时故事主线采用了论述结构
	故事主线结构清晰，且故事主线 = 内容摘要 + 章节引言
	报告主体简洁、精练，且一个页面尽量只表达一个观点或结论
	报告中的页面是否还可以进一步删减
提案内容	信息页的标题与故事主线相对应
	信息页的标题可以被本页所呈现的事实依据证实
	信息页中的图表要一图明一事，观点或结论要明确
	图表不要使用与信息表达无关的 3D 效果和动画等
	相关补充材料已放置在附录中
	检查语法和拼写错误，检查标签、单位和备注信息等

汇报的目的是让沟通对象理解并最终批准提案，因此汇报时要将注意力集中在他们身上，留意他们的反应，而非只盯着你的幻灯片。如果他们在点头或者以"嗯哦"等语气词回应你时，你就不必再解释过多的细节，快速进入下一项内容。如果他们盯着某一页幻灯片在仔细阅读上面的信息，你就应该放慢语速，并询问他们是否有疑问。

不要害怕沟通对象提出疑问，你应当及时停下来仔细聆听他们在说什么，如果你不能确定他们的问题，可以换一种说法复述一遍，并请他们确认你是否正确理解了他们的问题。一旦确定了他们的疑问，你就可以直接给出你的答案，而不必过度解释细节，除非沟通对象对细节感兴趣。大部分情况下，他们确实只是需要一个答案而已。此时，你可以通过提问"我是否回答了你的问题"来确认自己是否解决了他们的疑问。如果他们说"是的"，你就可以继续你的汇报。相反，你则需要再次确认他们的问题或者给出补充说明。在解答疑问时，附录会成为得力的助手，它可以被用于回答许多有关细节的疑问。但是，在回答完问题之后，你应及时返回到报告的主体部分。

在提案汇报结束并解答了所有人的疑问之后，你应当主动寻求决策者对提案实施批准。如果汇报结束后没有形成一个明确的是否批准通过的结论，会后人们就会有各自不同的判断：有的人认为提案被通过了，有的人则认为提案还不够成熟，还需要进一步完善。一个清晰明确的结论有利于消除这些误解，并能成功地将问题解决进程推进至方案实施阶段。提案一旦被批准通过，也就标志着问题分析与解决方案设计工作正式结案了。

精进篇

第十章 解决企业管理问题的三种思维框架

在方法篇，正如你所看到的，假设思考六步法对症状解的设计非常有效。但是症状解只能应对不确定性较低，犯错的成本较少且历时较短的问题。对于不确定性高、犯错成本大且历时长的企业管理问题，则需要设计根本解和愿景解。如图 5-8 所示，根本解是要消除造成问题的根本原因，愿景解则是要实现问题所有者的远期目标。症状解为实施根本解争取了时间，根本解为实施愿景解夯实了基础，愿景解则可以帮助企业实现最终的战略意图。

不要妄想用一种思维框架去设计这三种解，笔者在《业务增长战略》一书中阐述了如何运用 BLM 业务领先模型帮助企业设计实现其战略目标的愿景解，而在《研发再造》一书中则展示了如何运用五星模型和变革指导框架帮助企业从根本上解决研发管理的顽疾。

人们在个人成长、家庭生活、企业管理、社会治理及生态环境各领域中所遇到的问题纷繁复杂，每个领域的问题的解决方案又可以按解决时限分为症状解、根本解和愿景解。各领域的问题及三种解决方案如图 10-1 所示。

面对复杂的问题，我们只能用工具和方法的复杂性来加以应对，毕竟查理·芒格也曾说过，一个人如果能够掌握 100 个思维模型，就可以比别人更聪明。思维模型是你解决问题的工具箱，工具箱里的工具越多，就越能快速且正确地分析和解决问题。

也正因如此，针对企业管理领域的问题，笔者建议用三种不同的思维框架去应对三种不同的问题解，这不失为一种理性且务实的做法。然而，现实中还是能从相当多的书籍和网络文章中看到，有人依然在热衷于探索

问题领域 ↓			
生态环境			
社会治理			
企业管理	《问题快解：结构化假设思考六步法》	《研发再造：IPD变革管理六步法》	《业务增长战略：BLM战略规划7步法》
家庭生活			
个人成长			
	症状解	根本解	愿景解　← **解决方案**

图 10-1　各领域的问题及三种解决方案

出一种可以解决所有问题的工具和方法。事实上，无论是麦肯锡的七步成诗法，还是其他书籍所述的问题解决术，都无法用一种思维框架去成功应对前面所说的所有领域的问题。

下面让我们继续聚焦于企业管理领域，对设计症状解、根本解和愿景解的三种思维框架和工具方法进行概览，帮助你建立起解决企业管理问题的整体思考框架。在深度掌握了这三种思维框架和工具方法之后，你便可以渐进式地将它们通过增强或裁剪，应用到个人成长、家庭生活或社会治理等其他领域。

第一节　结构化假设思考驱动的症状解设计

运用结构化思维解决问题的方法，最有名的当属麦肯锡七步成诗法。然而许多介绍麦肯锡七步成诗法的书籍本质上所描述的思考方法，有的是推论思考，有的是假设思考；有的讲如何用该方法消除问题根因，有的讲如何用该方法制定企业战略。绝大多数读者不明就里地看完这些书之后，分析和解决问题的能力并没有得到有价值的提升。

基于上述原因，许多人对麦肯锡七步成诗法都只是囫囵吞枣式地学了个大概，知道先定义问题，然后用逻辑树分解问题，接下来是选择关键问题，并就关键问题提出解决方案，最后整合汇报。对麦肯锡七步成诗法的这种层次的理解，类似于许多人认为华为的 IPD 集成产品开发流程就是如图 3-18 所示的概念、计划、开发、验证、发布和生命周期管理六个步骤。

事实上，图 3-18 展示的只是 IPD 体系下产品开发流程的一级流程，流程是分层分级的，下面还可以细化成二级至五级流程，只有到二级或三级流程，才开始具有可操作性。与此类似，麦肯锡七步成诗法的七个步骤也只能算是解决问题的一级流程，缺乏可操作性。笔者在写作本书的过程中，翻阅了 20 年来出版的近百本有关问题分析与解决的书籍，只在《工作的原理：解决问题篇》一书中看到了一个较详细的假设驱动的问题解决流程，然而它所介绍的流程依然缺少了许多关键环节，如根议题的识别、关键主议题的筛选、故事主线的构建、工作计划的制订等。

如果你是按照本书的章节安排一路阅读到这里的，相信你已经很清楚地知道从议题出发，运用假设思考六步法分析和解决问题的详细流程了，如图 10-2 所示。

假设思考六步法首先按问题解决方向的不同分成了两个流程：一个是消除直接或主要原因的流程，另一个是快速满足问题所有者需求的流程。如果解决问题的方向是消除原因，则整个过程有两轮构建与论证假设的过程。因为假设思考既可以是对问题原因的假设，也可以是对解决方案的假设。对于症状解而言，它能消除的原因只是直接或主要原因，为了消除这些原因，首先需要对造成问题的原因做出假设，然后收集信息来论证该原因是否为造成问题的真实原因，这是第一轮论证。只有证实了问题的原因，才可以针对该原因提出解决方案的假设，并再次收集信息，论证解决方案是否可行，这是第二轮论证。

如果解决问题的方向是满足问题所有者的需求，则整个过程只有一轮构建与论证假设的过程。对于症状解而言，它能满足的需求只能是短期目标而非远期目标，并且在这个方向上解决问题，只需对实现目标的解决方案进行论证即可。

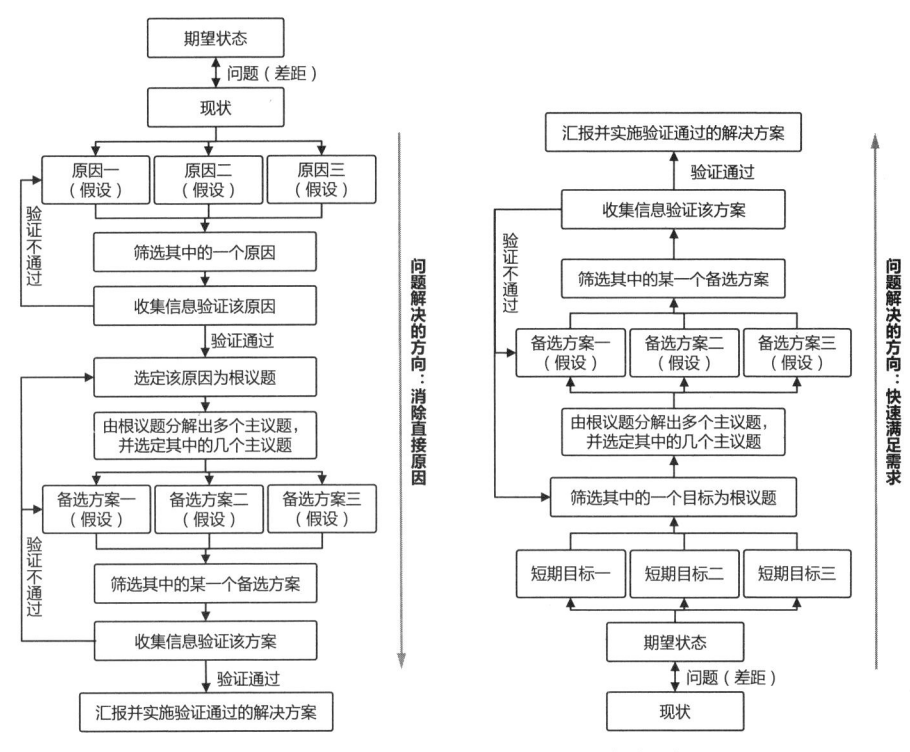

图 10-2 假设思考六步法分析和解决问题的详细流程

如果把图 10-2 所展示的问题解决流程看作二级流程，则假设思考六步法的 6 大步骤就是一级流程。其实本书是把上述二级流程进一步细化成了如表 10-1 所示的包含了 22 个子步骤的三级流程，并详细介绍了各子步骤所对应的具体任务和活动。表中 6 大步骤用 S 表示，22 个子步骤用 SP 表示，流程中不同分支的选择用 A、B、C 表示。

表 10-1 假设思考六步法的三级流程及各步骤的任务和活动

步骤	子步骤	任务和活动
S1：界定问题	S1-SP01	由经营分析入手发现市场和财务表现的业绩差距（问题症状）
	S1-SP02	从重要性、紧迫性和趋势性三个维度识别出要优先解决的问题（Problem）
	S1-SP03	快速收集界定问题所需的背景信息（第一轮信息收集）
	S1-SP04	运用问题定义模板清晰、准确地界定问题（Problem）

续表

步骤	子步骤	任务和活动
S2：明确议题	S2-SP05	从问题定义出发，通过追问"Why So"和"So What"，分解出由问题原因和真实需求所构成的问题树（不是议题树），在解决问题的两个不同方向上（消除原因和满足需求）分别输出多个可选的根议题（Issue）
	S2-SP06-A1	如果选定的根议题是要消除原因，则运用议题优先级评估工具，从多个直接原因中选定一个作为真正待解决的根议题
	S2-SP06-A2	收集信息（第二轮信息收集），验证 S2-SP06-A1 选定的原因是不是造成问题的真实原因。如果验证不通过，则返回 S2-SP06-A1 选择另一个原因作为根议题；如果验证通过，则跳到 S2-SP07
	S2-SP06-B	如果选定的根议题是要满足问题所有者的需求，则运用议题优先级评估工具，从问题所有者的多个短期目标中选定一个作为真正待解决的根议题
	S2-SP07	运用三种以上的议题分解技术，由根议题分解出多个主议题。然后运用议题优先级评估工具，从多个主议题中选定不超过三个的关键主议题
S3：构建方案	S3-SP08	将选定的关键主议题分解成由枝议题和叶议题所构成的议题树，并提出解决问题的基本方针或总体策略
	S3-SP09	在基本方针或总体策略的指引下，针对枝、叶议题提出具体的行动举措
	S3-SP10	整合并提出核心建议，核心建议 = 基本方针（或总体策略）+ 期望目标
	S3-SP11	以终为始，构建初始解决方案的整体架构及方案故事的主线
S4：收集信息	S4-SP12	针对初始解决方案中的各项假设（包括核心建议、支撑理由或行动举措），确定要分析的内容（充分且必要）
	S4-SP13	对要分析的内容进行重要性和难易程度的优先级评估
	S4-SP14	用故事草图明确每一项分析想要得到的分析结果，并按方案故事的主线连接成连环草图
	S4-SP15	基于每一项假设及要分析的内容、想要的分析结果、信息来源、责任人等信息制订信息收集和分析的工作计划
	S4-SP16	通过深度访谈、资料查阅及案头研究等方法收集信息（第三轮信息收集）

续表

步骤	子步骤	任务和活动
S5：论证方案	S5-SP17	运用各种定量和定性的分析方法分析收集来的信息，以论证初始解决方案中的各项假设。其间多运用图表来提高分析的质量，并避免证实性偏见
	S5-SP18-A	如果全部的关键假设被证实为真，核心建议成立，则跳到S6-SP19
	S5-SP18-B	如果关键假设中的大部分被证实，少部分被证伪，但核心建议依然成立，则对被证伪的结论和建议进行修正后跳到S6-SP19
	S5-SP18-C	如果关键假设中的大部分被证伪，核心建议被推翻，则返回到S3-SP08重新构建一个新的初始解决方案，或者返回到S2-SP05重新选择一个新的根议题
S6：整合汇报	S6-SP19	推敲打磨最终汇报用的提案及方案故事的整体结构，包括故事序言的结构和报告主体的结构
	S6-SP20	打磨提案中的各种图表，提高提案的呈现和表达质量
	S6-SP21	事先沟通并针对沟通对象对提案的结构和内容进行量体裁衣
	S6-SP22	正式汇报、答疑并结案，将被批准的解决方案推进至实施阶段

参照此三级流程，结合在本书技术篇所介绍的各项分析和解决问题的技术，你只需勤加练习，即可有效提升自己通过设计症状解快速解决问题的能力。需要注意的是，假设思考法是由假设驱动的一种问题解决术，因此，在拿到问题的第一天就要敢于给出初始的结论，尽管这有违你平时所习惯的先收集信息，待分析之后再给出结论的思考方法。当然，要提高初始结论就一击即中的概率，丰富的业务经验和敏锐的直觉是必要条件。

第二节　以系统思考为基础的根本解设计

症状解是一种临时的应急解决方案，因而总是被人们认为这是在头痛医头，脚痛医脚，一直未能获得应有的重视。正如前文所述，实施症状解是为接下来实施根本解赢得时间，火灾现场救火就是在救命。在企业管理活动中，设计一个能够迅速弥补业绩差距，防止问题进一步恶化的症状解，也会被视为能力卓越的一种表现。

然而，在救火现场将明火扑灭之后，或者通过吃药将发烧咳嗽等感冒症状消除之后，人们就应立即开始思考造成火灾或感冒的根因是什么，并设计根本解力求彻底解决问题。相对于技术问题根因的简单性，企业管理问题的根因往往盘根错节且根深蒂固，因此，探寻此类根因需要系统思考，而非线性思考。

无论是麦肯锡七步成诗法，还是本书所介绍的假设思考六步法，它们采用的都是线性分割思维，这种思维方式将系统简单地视为一个机械系统，通过将整个系统线性分割成不同的子系统、组件或者零部件，使得系统一旦出了问题，就可以客观且精准地定位出问题部位，然后修改设计图纸或操作程序即可。运用线性分割思维处理问题的基本方法，是将大问题分解成小问题，小问题解决了，大问题也就解决了。但是，这种问题处理方法只看到了系统的静态复杂性而忽视了其动态复杂性，因此，它只能用于应对动态复杂性较低的机械系统和某些有机系统的根因问题解决。通过精准的外科手术切除某个癌病的身体器官，就是这种方法在西医中的一种应用，中医则更注重人体内各种有机系统，如呼吸系统、消化系统等的动态复杂性，强调阴阳平衡，辨证用药。

企业是一种具有更高动态复杂性的社会系统，其根因问题的解决必须要采用系统思考，否则，结果很可能就是"这里"的解决方案又造成"那里"的新问题，"今天"的解决方案又造成"明天"更大的问题。缺乏系统思考的解决方案所造成的后果以如图 10-3 所示的案例为例。

图 10-3 中左侧的因果回路图提示销售部为了提升销售业绩，对客户承诺了大量定制化需求，此承诺会增加研发部的交付难度，降低研发项目的及时交付率，也就是说销售部提升销售业绩的解决方案，给研发部造成了无法及时交付的新问题。图 10-3 中右侧的因果回路图则提示，针对下属员工能力不足的表现，上级主管总喜欢越俎代庖，而不是给予方法指导和能

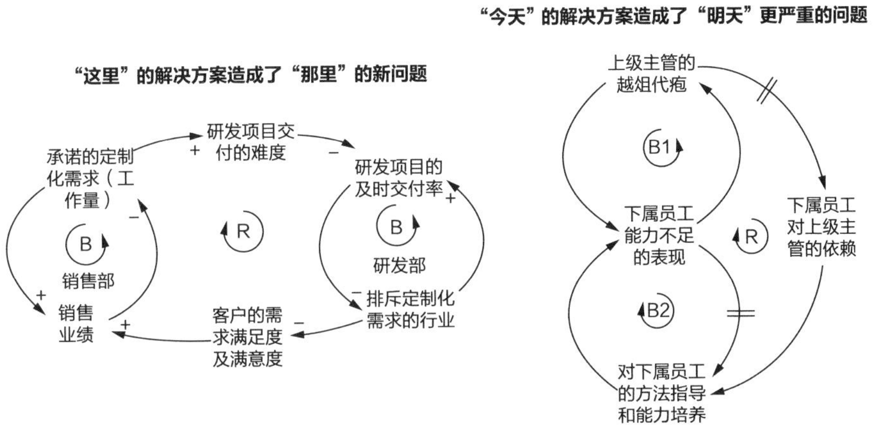

图 10-3　缺乏系统思考的解决方案所造成的后果示例

力培养，因而造成下属员工越发依赖上级主管的帮助来处理问题，久而久之，下属员工的能力离岗位职责的要求差距会更大。也就是说上级主管在当下越俎代庖解决问题的方式，会造成将来下属员工能力越来越差的更严重的问题。

具有动态复杂性的问题，因与果在时空中并不紧密相连。正如销售业绩不佳不是销售部不努力，下属员工能力不足也不是上级主管当甩手掌柜一样。爱因斯坦曾说过，你无法用产生问题的思维方式去解决因为这些思维方式而造成的问题。因此，为解决因线性思考而产生的问题，并应对系统的动态复杂性，必须运用动态思考的方法。

系统思考是集成了全面思考、深入思考和动态思考的一种思考方法，笔者在《研发再造》一书中就是运用了如图 3-16 所示的五星模型对企业进行了全面的组织诊断，这是全面思考；基于如图 4-1 所示的 GAPMB 的分析逻辑深入挖掘问题根因，这是深入思考；使用因果连接关系或因果回路图追溯问题的动态形成机制，这是动态思考。全面思考就是既见树木也见森林，要看到问题的全貌；深入思考就是要看到问题的本质，看到冰山在水面以下的部分；动态思考就是看清问题沿着连接关系随时间变化的趋势。只有经过系统思考而提出的解决方案才会更精准、更健壮、更具远见。更精准是因为其全面考虑了与系统有关的所有内容，并准确地找出了其中的瓶颈因素；更健壮是因为其深入分析了问题的所有前因后果，使后续实施的解决方案不会因为出现某些负面效应而停摆；更具远见是因为其识别出了问题的变化趋势及各要素间的联动关系，使解决方案更能经得起时间的考验。

基于系统思考设计根本解的过程也是一个如图1-5所示的S2曲线，在S曲线的提出假设阶段，问题解决者也需要提出一个初始方案，但此方案主要是提供初始的方向指引，并为解决问题的项目做立项准备及初始计划所用，它不会主导整个根本解的设计。在随后的信息收集和分析阶段，问题解决者会花费大量的时间和资源收集信息，并运用系统思考开展全面、深入和动态的分析，以找出企业管理问题的根因，最后基于分析结果设计根本解。因此，设计根本解时尽管也会用到假设思考，但它更倚重问题解决者对系统思考的熟练运用。

如果把症状解的设计和实施看成是对企业管理体系的一次改良，那么根本解的设计与实施则是一次重大变革的过程，在《研发再造》一书中，笔者也给出了一个如图10-4所示的变革指导框架。

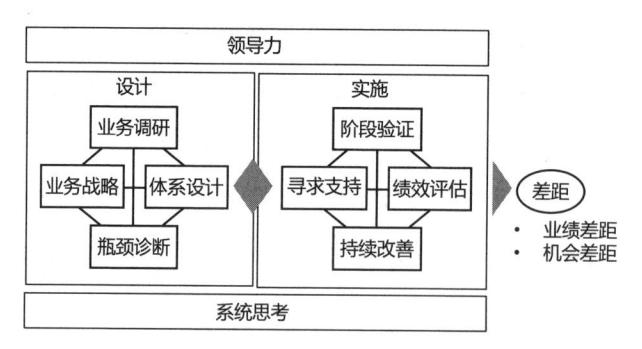

图 10-4 变革指导框架

企业管理体系的变革既要弥补当下的业绩差距，更要关注对未来机会差距的弥补。要弥补机会差距，需要新的业务战略，业务战略的核心是业务模式的创新设计。变革方案的设计要运用系统思考并基于对外部竞争环境及内部管理系统的全方位洞察，然后找出具有杠杆作用的少数瓶颈因素，最后分步改善它。变革方案的设计包括管理体系的顶层蓝图设计、各模块的框架设计及详细设计。

企业管理体系的变革既是系统性、结构性的变革，更是对人的利益和权力分配的变革，因此，变革方案的实施必须寻求相关干系人的广泛支持。同时管理体系的未来蓝图只能通过分阶段的方式来验证和实现，而阶段性变革绩效的评估，又为下一步的持续改善注入了变革动力和信心。在推动整个变革不断螺旋式前行的过程中，公司或业务单元的一把手及各层级管理者的领导力至关重要。

综合运用上述系统思考方法、组织诊断五星模型、根因分析 GAPMB 模型及变革指导框架，《研发再造》一书提出了如图 10-5 所示的企业管理体系变革六步法。

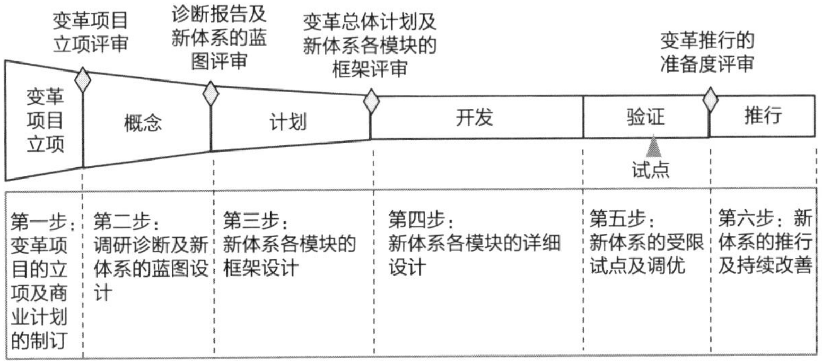

图 10-5　企业管理体系变革六步法

管理体系变革的第一步是变革项目的立项及商业计划的制订，输出变革项目任务书和商业计划；第二步是调研诊断及新体系的蓝图设计（总体方案设计），输出调研诊断报告、新体系的未来蓝图和本项目的一级总体计划；第三步是新体系各模块的框架设计（概要设计），输出各模块的总体框架和本项目的二、三级详细计划；第四步是新体系各模块的详细设计，输出各模块详细的流程、模板及应用指南；第五步是新体系的受限试点及调优，也就是变革方案的测试和验证，输出试点优化后的新体系变革实施方案；第六步是新体系的推行及持续改善，输出新体系推行的具体策略和计划。

要想从根本上消除管理顽疾并成功实施变革，必定会经历一段艰难的蜕变过程，因此变革失败的风险很高。原因除了变革可能会导致企业内部权力与利益发生重新分配，还有就是没有厘清贯穿整个变革过程的变革管理、项目管理、问题分析与解决这三条主线之间的关系。

变革管理的主线是要对与变革相关的五个基本问题做出回答：为什么要变革，变革什么，变革成什么，如何实现变革，如何衡量并持续改善？

项目管理的主线是要应用项目管理的工具和方法对变革项目实施范围、进度、质量等的管理，包括干系人管理、项目范围与进度管理、问题与提案的质量管理、风险与冲突管理等。

问题分析与解决的主线则是从解决企业管理问题的角度，思考如何诊断问题并构建方案，如何通过试点检验并优化方案，最后是如何推动方案全面实施。

这三条主线相互纠缠在一起，给企业管理体系的变革带来了极大的风险和挑战。因此，问题解决者及其团队要拥有扎实的项目管理基础、丰富的业务实践经验和系统的问题思考力。

第三节　以零基思考为核心的愿景解设计

根本解的设计和管理体系的变革只能让企业在当下健康地活下去，企业如果还想要追求更加高远的发展目标，则需要通过战略规划来对自己的未来愿景进行设计和谋划。

企业战略是有层级的，自上而下可分为总体战略、业务战略和职能战略。总体战略关注的是公司层面的愿景、使命和目标，以及为了达成这些愿景和目标需要投资的业务及其组合，还有为这些业务的发展所制定的公司级的战略举措和发展策略。业务战略指的是企业内部各产品线、事业部、子公司或者各区域所制定的业务发展战略，业务战略关心的是在哪些目标市场上谋求发展,通过何种途径实现发展,采取什么措施促成发展。最下面的一层是各职能领域要制定的职能战略,它们包括了人力资源战略、技术研发战略、市场营销战略等。毋庸置疑,低层级的战略制定都是为了支持上层战略目标和任务的达成。对于中小型企业而言,一般只需做出总体战略和业务战略即可,各职能领域只需做好年度经营计划。

在华为,进行战略规划和愿景设计的核心工具是如图10-6所示的BLM(业务领先模型)。

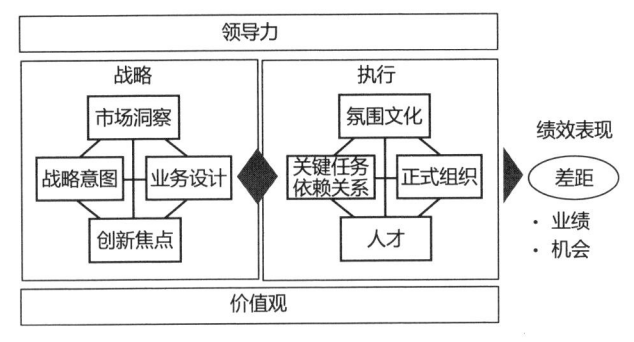

图 10-6 BLM(业务领先模型)

BLM从战略设计与执行的各个方面,引导业务经营团队在战略制定与执行的过程中进行系统的思考、务实的分析、有效的资源调配以及执行跟踪。在《业务增长战略》一书中,笔者以BLM为基础,为企业总体战略的制定提供了一个如图10-7所示的总体战略制定路线图的工具。

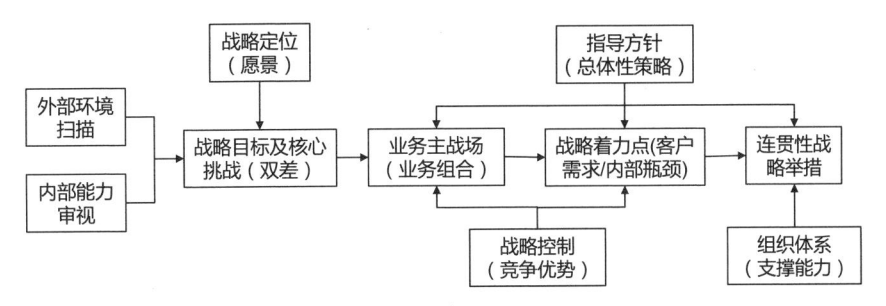

图 10-7 企业总体战略制定路线图

企业的总体战略是对企业未来发展方向、业务重心、指导方针、竞争策略及关键资源的总体性规划,总体战略要想被成功执行,必须通过业务战略的制定，在营销、研发、生产、质量、财务等业务领域达成战略共识才行。针对业务战略的制定，《业务增长战略》一书详细介绍了如图10-8所示的基于BLM的业务战略规划7步法。

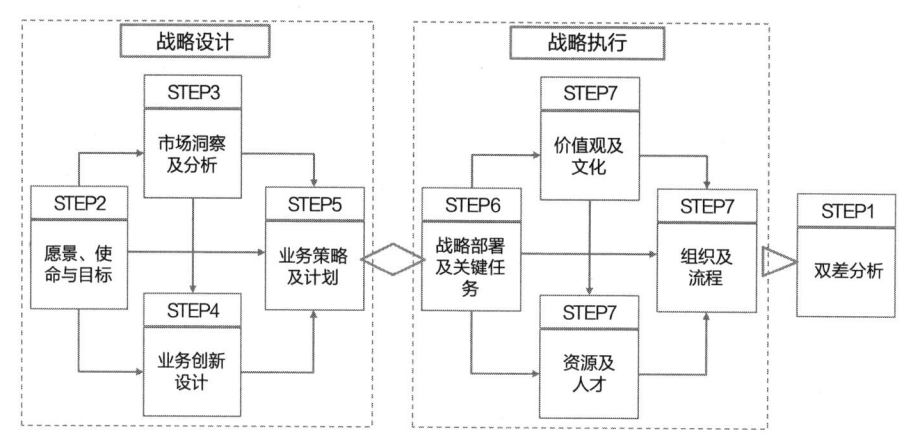

图10-8 业务战略规划7步法

注：STEP为"步骤"之意。

双差分析（STEP1）：战略规划从差距分析开始，差距分为业绩差距和机会差距，弥补业绩差距需要加强战略执行，而弥补机会差距则需要设计新的业务模式。因为还没有进行正式的市场洞察，所以第一步的重点是要识别出业绩差距。

愿景、使命与目标（STEP2）：机会差距的产生，源于业务经营团队对未来战略方向和目标的期望，也就是战略意图。战略意图包括了愿景、使命与目标，愿景要回答：从事什么业务、通过何种方式、想成为什么样子；使命则要回答：为客户、为企业、为员工创造什么价值；战略目标包括财务目标、市场目标、技术目标等。

市场洞察及分析（STEP3）：市场洞察有"四看"：看趋势、看客户、看对手、看自己。前面的三看是看外部环境，最后的看自己则是把视角转向企业内部。看趋势包括宏观趋势和行业趋势（中观），看客户、看对手、看自己则是微观。朝外看主要是为了寻找弥补机会差距的市场机会，朝内看则是为了识别出自身的优劣势。市场洞察是为接下来的业务模式和业务策略的设计提供信息的输入。

业务创新设计（STEP4）：业务模式的创新设计是战略设计的落脚点，是整个战略规划的核心。业务模式的设计需要系统思考客户选择、价值主张、盈利模式、业务范围和战略控制这五个要素及其相互关系。业务模式又称商业模式，它反映了一个业务日常运营的基本逻辑，业务模式的不同，会带来业务经营系统和管理模式的迥异。在这一步，战略规划团队开始对市场进行细分和评估，并选择最终的目标细分市场，然后针对每一个目标细分市场进行业务设计，最后再进行业务模式的整合。业务战略的好坏，取决于业务模式设计的高下。

业务策略及计划（STEP5）：业务模式是战略层面的东西，战略需要转化为策略，然后细化成战术，才有可能取得战场上的胜利。业务计划包括产品包、分销渠道、订单履行、定价/服务条款、技术支持和营销宣传六个要素。与业务设计类似，刚开始，战略规划团队会针对每一个目标细分市场制定详细的业务策略和计划，并输出每个细分市场的产品路标规划，然后再将所有细分市场的业务策略和产品路标规划整合成业务单元总的业务计划及产品路标规划。

关键任务和组织支撑（STEP6与STEP7）：在这两步，需要借助一个叫BEM的工具对业务战略进行战略解码。战略解码的核心是从众多的业务策略中梳理出对战略目标的达成具有决定性意义的重大战略举措，也就是未来三年必须要打赢的3～5场必赢之战，再由必赢之战的关键成功因素导出战略KPI。同时还要分析，为了打赢必赢之战，组织能力上还存在哪些明显的短板，造成能力短板的根因及解决方案分别是什么（包括业务领导力、组织流程、人才与激励、氛围与文化四个要素）。至此还只是完成了对业务战略空间维度的解码，然后还需要从三年的战略必赢之战和组织能力提升方案中提炼出下一年度的关键任务，并从上述的战略KPI及年度关键任务中导出本业务单元的年度组织级KPI，如此才算完成了对业务战略时间维度的解码。最后基于年度关键任务和组织级KPI，制定出年度经营计划和年度预算。

从上述企业总体战略制定路线图和业务战略规划 7 步法中可以看出，BLM（业务领先模型）本质上既是一种战略规划工具，也是一种解决问题的思维框架。这是因为战略规划的过程就是以差距的识别为起点，以差距被弥补为终点的一个过程，而问题正是期望状态与现状之间的差距，弥补差距就是在解决问题，并且解决的是如何实现企业发展远景目标的战略性问题。

业务战略规划 7 步法的运用过程，也符合前文所说的 S 曲线的特征，在提出假设阶段提出未来战略方向和目标的假设，在信息收集和分析阶段洞察市场机会，在创新与整合阶段完成业务模式和业务策略的创新设计。

尽管战略规划与愿景解的设计也离不开系统思考，但在整个规划和设计过程中起关键作用的，还是围绕业务模式创新所必需的零基思考。正如管理大师德鲁克所言，当今企业之间的竞争，不是产品和服务之间的竞争，而是业务模式之间的竞争。

在过去很长的一段时间里，靠技术和产品创新推动企业价值增长是唯一有效的方式。但是，在当今时代，由于全球经济一体化的加速和信息传递网络的完善，竞争对手的快速模仿大大缩减了技术创新的获益周期，企业已经很难长时间独占某项创新技术所带来的红利。因此，新的企业价值增长引擎转变成了业务模式的创新。

业务模式创新是将构成业务模式的客户选择、价值主张、盈利模式、战略控制和业务范围五个要素进行系统性的创新设计，如此打出的是一套组合拳，尽管竞争对手可以模仿其中的一两个创新点，却很难照搬整个业务模式。

依据克里斯坦森的破坏式创新理论，结合华为的创新实践，笔者将业务模式的创新类型分为延续式创新和破坏式创新，破坏式创新又可再细分为低端市场破坏式创新和新市场破坏式创新。三种业务模式创新类型如图 10-9 所示。

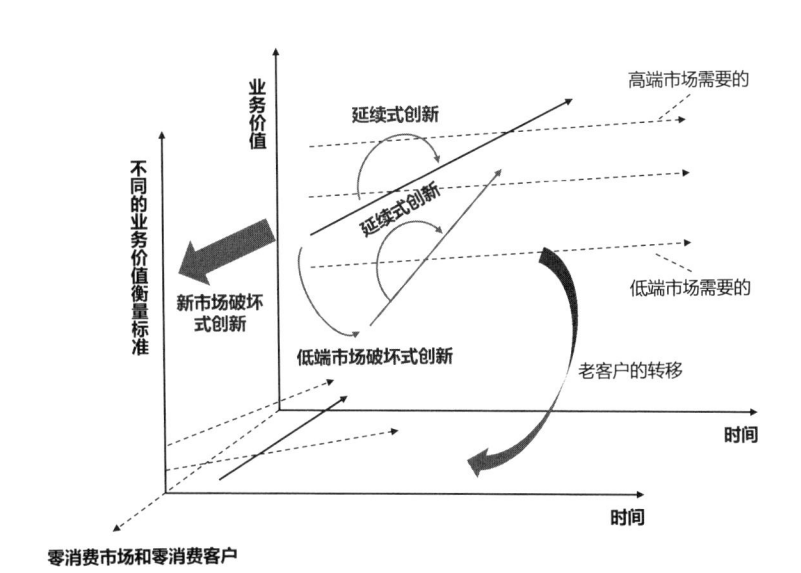

图 10-9 三种业务模式创新类型

延续式创新是指在位企业为了满足现有市场和客户的"不足的市场机会"，渐进式地提升或改良其产品、服务或业务模式。在企业的生命周期中，绝大多数时间都是在为满足客户不断提出的更高要求而开发新产品，提供新服务。

采用低端市场破坏式创新的往往是一个行业或品类的新进玩家，瞄准现有市场中的某些低端客户的"超出的市场机会"，运用低价的产品和服务，"刚刚好"满足低端客户的需求。当新进玩家在低端市场站稳脚跟之后，接下来也会采用延续式创新逐步往中高端市场进发。

新市场破坏式创新则是开辟了一个新的细分行业或品类的价值网络，类似于蓝海战略中提到的"蓝海"市场，将原来那些因为时间、空间、经济或能力上的诸多限制条件而放弃现有市面上的产品和服务的非消费者变成了消费者。当新的价值网络成熟时，旧价值网络中的老客户也会转移至新的价值网络。

业务战略规划 7 步法的核心是业务模式的创新设计，也因此，基于 BLM 思维框架设计愿景解所需的核心思考方式是零基思考。

结语　成为解决企业管理问题的高手

人人都是问题解决者，人人都想成为问题解决高手。针对企业管理问题的症状解，笔者在本书中详细介绍了如何运用结构化假设思考六步法对其进行设计的步骤和方法。然而你在书中所看到的只不过是一种信息而已，只有理解了才能将其转化成知识，在实践中学会用了才算能力，最后把问题解决了才是真本事。

本书所介绍的不只是像英语语法一样可以陈述的信息和知识，还有与解决问题相关的技能。就像学习游泳一样，你无法只通过阅读与游泳相关的文章，或观看讲授游泳技巧的视频就可以学会，相反，你需要勇敢地下水去扑腾、呛水、再扑腾、再呛水……如此反复，直到有一天，你发现自己也能在水面上浮起来了，这就是你现在需要做的——勤加练习。幸运的是，作为一名经理或者主管，从岗位职责的定义上来说，你的大部分工作就是在处理问题，你每天都需要处理一系列大大小小、令人头疼的问题，而这些问题正是你勤加练习的机会。

当然，在阅读本书的过程中，你也可以使用笔者在与本书配套的培训课程中所提供的三个演练案例来做练习。

> 演练案例一：你是公司某产品的负责人，经销商一直抱怨贵公司的产品价格太高，压着贵公司答应其在下一季度进货时至少要降价20%，否则他们将从价格更便宜的越南买进同类产品，面对可能亏本销售的局面，你将如何应对？

> 演练案例二：H公司是某品牌智能手机生产商，近期客服人员反馈，手机用户对智能手机在使用过程中出现的各种质量问题的投诉出现了不断增多的趋势。你作为H公司的PQA，公司总经理要求你尽快提出减少用户投诉的解决方案。

> 演练案例三：公司人力资源部通过统计发现，去年入职的新员工，

即使经过严格的招聘程序筛选和繁重的六个月试用期的培养，却依然有超过30%的新员工在转正之后的一年时间内陆续提出了离职申请。但是，在公司任职三年以上的老员工却很稳定。作为一名负责员工发展的人力资源经理，人力资源总监要求你在三周之内针对该问题提出一个应对方案，先稳住现有的新员工，并将在此过程中发现的因历史原因造成的根源性问题提交给公司高层管理会议进行专题讨论。

然而，要想成为有真本事的问题解决高手，除了要掌握本书所介绍的分析和解决问题的流程、工具及方法，还应广泛地汲取其他各种问题解决术的精髓，只有博采众长并融会贯通之后，当遭遇各种复杂问题时，你才能自信满满地从容应对。

作为本书的结语，笔者将运用假设思考六步法的一些优秀实践总结成了如下的八条建议或忠告。当然，你也可以将自己成长过程中的最佳实践提炼出来，作为第九条或第十条建议。

建议一：正确选择并清晰界定要解决的问题（Problem）

在企业的经营管理活动中，管理者的注意力是稀缺资源，并不是所有的问题都值得投入时间和精力去解决。管理是有成本的，管理问题的改进要服务于经营结果的改善，否则，解决问题就成了纯粹是为了管理标准化、精细化，而不是在为最终的经营结果负责。因此，企业管理者要善于利用每月或每季度的经营分析活动，通过产品与服务的市场表现及财务表现上的差距来发现内部管理的诸多问题，然后经过重要性、紧迫性和趋势性的评估选出最应当要解决的问题。

选定了要解决的问题之后，在匆忙提出假设之前，花时间弄清楚问题影响的业务范围、问题的所有者及所有者的期望与目的、成功的衡量标准、解决问题的时限及其他约束条件，总是值得的。另外，在解决问题的过程中，可能还会对之前已经界定过的内容如问题所有者的期望、解决时限以及衡量标准等进行修订。因为问题就是企业和问题所有者的痛点，即需求，就像产品开发对客户需求有一个渐进明晰的过程一样，问题解决也是如此。特别是对问题约束条件的突破，往往能带来更具创新性的解决方案。

建议二：组建正式的或虚拟的问题解决项目团队

人是解决问题最重要的因素，你解决问题的能力再强，也请尽量不要单打独斗，最好的结果是推动决策者以项目的形式将利益相关方卷进来，成立正式的问题解决项目团队。尽管大多数情况下，你可能无法组建正式的项目团队，但是在你的工作计划里，也应当存在一个类似的由利益相关方组成的虚拟团队，即使团队中的成员并不知道其在你的这个虚拟团队中担当何种角色和职责。

团队中下面的这几个角色比较关键。不同的团队角色可以为解决问题带来不同的看待问题的视角，避免证实性偏见的观点，并提供集思广益的解决方案。

√ 决策者：对问题和解决方案具有决策权的人。

√ 专家或参谋：有能力为问题解决者提供指导的人。

√ 标杆或榜样：有成功经验值得学习和借鉴的人或部门。

√ 支持者：需要其为解决问题提供资源、信息或者配合的人或部门。

不要害怕让利益相关方早早看到你拿出的不成熟的解决方案，解决方案需要与利益相关方一起来打磨。就像产品开发一样，客户参与的程度越深，产品成功的概率就越大。各利益相关方越是深度参与问题解决过程，解决方案被接纳和被成功执行的概率也就越大，这是将利益相关方卷进来成立问题解决项目团队的最大益处。

建议三：从议题（Issue）出发解决问题

真正要解决的是议题（Issue）而非问题（Problem），问题是期望状态与现状之间的差距（包括业绩差距和机会差距），议题则揭示了造成现状不及期望的原因或者问题所有者高于现状的真实期望和需求是什么。

议题又可分为根议题、主议题、枝议题和叶议题，它们一起构成了议题树。根议题来自问题树，问题树是由问题定义通过不断追问"Why So"

和"So What"而得，将根议题进行分解后可得到议题树。根议题明确了问题解决的方向是消除原因还是满足期望，主议题则进一步确定了解决问题的切入方位或角度，最好是运用三种以上的议题分解技术来帮助你找出具有本质性的主议题。根议题和主议题决定了解决方案的基本方针或总体策略，因此选对根议题和主议题，问题也就被解决了一大半。

分解议题时要遵循 MECE 原则，这主要是针对主议题和枝议题而言的，叶议题就没必要强制要求了。

建议四：在接手问题的第一天就敢于提出假设

在假设思考法中，假设是所有决策和行动的基础，没有假设，我们将寸步难行，因此，要敢于在接手问题的第一天就给出假设。但好的假设不是瞎蒙，而是有依据的设想，尽管此时的依据还只是一些粗略的背景信息、经验和直觉。

假设包括了对问题原因的假设和对具体行动方案的假设，有假设就需要有论证，因此，当解决问题的方向是消除原因时，则整个问题解决过程包括了对问题和解决方案的两轮论证，而当解决问题的方向是满足期望时，则只需对解决方案进行论证。

提出假设的过程，也是头脑风暴、六顶思考帽、设计思维等创新思考工具和方法的应用过程。要注意的是有时问题本身可能就是解决方案，例如小孩发高烧是一个问题，但它本身就是一个解决方案，发高烧是因为小孩身体的免疫系统正在杀死病毒。又如互联网对线下实体店的经营带来了巨大的冲击是一个问题，但利用互联网开展线上营销何尝不是解决实体店经营困难的一个解决方案呢？

建议五：用批判性思维为问题解决保驾护航

假设思考法特别倚重问题解决者过去的成功经验，但往往成也萧何败也萧何，非形式逻辑的批判性思维，可以帮助问题解决者跳出过往经验和惯性思维框架的窠臼，从而更具创造力并可避免证实性偏见。

批判性思维简单来说，就是以质疑的态度反思自己和他人思考过程的合理性与结果的准确性，发现思维中的谬误和陷阱，同时启发创造性思考。假设思考六步法的每一步都可以通过批判性思维的运用，来提高思考的质量，为问题解决保驾护航。运用批判性思维的最好方式是提出一个好的批判性问题，例如"解决了这个根议题就能达成问题所有者的期望目标吗""支撑这一假设的理由已经足够充分了吗"等。在《学会提问》一书中，两位作者为我们详细阐述了如何通过提问来实践批判性思维，以及营造良好对话氛围的系列技巧。

组建问题解决项目团队，并邀请利益相关方深度参与问题解决过程的目的之一，就是为了更好地引入来自不同角度的批判性思考，通过对不同观点和建议的接纳与综合，可以让解决方案更健壮、更具创新性。

建议六：一切以能有效激发改善行动为目的

画出复杂的逻辑树，收集大量的信息，构建有感染力的方案故事或者写出炫酷的 PPT 报告，都不是设计问题解决方案的最终目的，而最终目的只有一个，那就是有效激发部门或员工采取能够改善绩效的一切行动。

有人的地方就有江湖，就有利益的纷争。一份解决方案很难平衡所有利益相关方的诉求，有时甚至要牺牲某些部门或员工的短期利益，因此，再完美的解决方案也会有人跳出来挑刺甚至抵制。

问题解决者不要只是一味地强调对事不对人，所有问题的解决既要对事，也要对人。尽管在假设思考六步法中没有特别提到对人际关系的处理，但不代表这一项工作不重要。恰恰相反的是，处理好人际关系特别是获得关键干系人的支持，是推动问题有效解决的必备条件。

如果解决方案确实无法获得某些关键干系人的支持，那就以退为进，修改方案，一切以能有效激发改善行动为目的。即使修改后的方案大不如之前那么完美，或许只能带来三成的绩效改善，但这也比完美方案被束之高阁强，也就是说与其追求最优，不如执行次优。

建议七：以积极的心态将问题视为机会

人们往往只看到问题所表现出来的冲突和矛盾，于是便将其视为毒瘤和垃圾，并将与之相关的人视为害群之马，因而带着厌恶的情绪欲除之而后快。问题是期望状态与现状之间的差距，事实上，让你不满意的只是现状，问题背后藏着你的期望、目标和未被满足的需求，这些都代表了你对工作、生活的美好憧憬。因此，不要气馁，问题也正是你实现美好憧憬的机会。

不要用怨妇思维去对待企业经营管理活动中的问题，当企业开辟第二曲线，进入新的业务领域，开发一款全新的产品时，总是会出现一大堆不满足现有经营模式和管理制度的问题，这些都是企业在业务发展过程中必然会出现的问题。危机中有危也有机，通过对机会进行识别和利用，推动业务高质量发展，上述问题便可迎刃而解。

一旦转变了观念，将问题视为机会，你将不再被动响应问题，而是主动出击去解决问题。也因此，当问题发生时，你才会积极地将其视为可以帮助自己提高问题解决能力并积累经验，然后让自己成长为高手的机会。

建议八：从累积小成功开始你的成长之旅

调整好看待问题的心态，并学习了解决问题的各种工具和方法，现在，是时候开启你提升问题解决能力的成长之旅了。但是，以假设驱动问题解决的思考方式，与我们平时所惯用的推论思考方式有着极大的不同，因此，你可能会很不习惯，并且成长缓慢。罗马不是一天建成的，问题解决高手也是在长期的学习和实践中自我成长起来的。不积跬步，无以至千里，问题解决高手的成长之旅需要从累积小成功开始。

你可以先从识别有本质性的议题开始锻炼自己的洞察力，找到一个好的议题，问题也就解决了一半。我们初次接触的问题，绝大多数都不是真正值得解决的议题，你可以借助问题树和议题树来找出真正应该解决的根议题和主议题。

在假设构建和论证的过程中，不要害怕将远未成熟的想法拿出来供大家讨论，而应当将其视为一次检验你的经验和直觉是否正确的绝佳机会。通过一次访谈挖掘出有价值的事实依据，画出一张图表推动方案的讨论更加深入，运用批判性思维提出一个好的质疑等都是一次小小的成功。

当然，你也可以从训练自己的结构化思维入手，以金字塔原理为基础，试着以归类结构或论述结构重新组织最近将要汇报的一份材料，这方面有相当多的网上资料和已出版的书籍可供你参考。

请不要自我设限，每个人的成长潜力和为企业创造价值的能力都是不可估量的，笔者真诚地祝愿你成长为问题解决高手的那一天早日到来。

附录　对书中某些概念的澄清和说明

本书使用了大量与逻辑思考相关的概念和术语，尽管都是人们常用的，但如果不给出本书自己的定义和说明，极易造成误解，故在此附录中予以澄清。

问题（Problem，Complication）：期望状态与现状之间的差距，常用冲突、矛盾、痛点、不良症状、顽疾、困境等来提示差距的大小或问题的严重程度。它包括了 What、Why、How 和 Which 四种类型的问题，其中的 What 型问题还包含了 Who、When、Where 等信息。

议题、课题（Issue，Question）：逻辑学称为论题，是含有对问题解决方向或切入角度的假设的 how 型问题，议题或课题才是真正要解决的问题。

观点、论点（Opinion）：逻辑学称为断言或判断，是对立场、态度、看法和主张的一种陈述。观点一般在讨论和论证过程中作为口语化术语被使用，论点一般在正式的解决方案或提案中作为专业术语被使用。观点和论点都是论证过程的中间结果。

证据（Evidence）：有时也称为事实依据，是用以支持某一观点或结论的一系列由信息和数据所组成的事实，它是观点或结论之所以成立的基础。证据在最基础的层面支撑论据，进而支撑观点和结论。

论据（Grounds of Argument）：论据由事实依据和一系列信念、原则、原理或者基本假设所组成，在逻辑推理中被称为前提。

结论（Conclusion）：结论是由其他论据和论点（或观点）所支撑的一个决策建议，结论中含有明确的价值判断（如对错、应不应该等）或者建议应采取的行动举措，结论来源于论证，是论证后的最终结果。

论证（Argument）：由各种论据和论点（或观点）推导出一个结论的逻辑推理过程。

解决方案、提案（Solution，Proposal）：解决方案在本书中是指由期望目标、关键议题、基本方针（或总体策略）、行动举措四个基本要素所构成的解决问题的一整套策划，提案是指提交给利益相关方进行沟通、汇报时所用的材料。某个问题的最终解决方案只有一个，而提案可以针对不同的沟通对象存在多个。

行动方案（Action Plan）：行动方案由解决方案中的期望目标、基本方针（或总体策略）、行动举措三个要素组成，因此，解决方案包括了由关键议题所确定的问题解决方向和具体的行动方案两个部分。

核心建议（Core Recommendation）：核心建议由解决方案中的期望目标和基本方针（或总体策略）两个要素组成。

缩略语表

[1] ADSL，Asymmetric Digital Subscriber Line，非对称数字用户线路。

[2] BEM，Business strategy Execution Model，业务战略执行模型。

[3] BLM，Business Leadership Model，业务领先模型。

[4] CEO，Chief Executive Officer，首席执行官。

[5] CMMI，Capability Maturity Model Integration，能力成熟度模型集成。

[6] CT，Computer Tomography，电子计算机断层扫描。

[7] GAPMB，Goal（目标）、Assume（认知）、Policy（政策）、Measure（绩效衡量方式）、Behavior（行为）的缩写。

[8] GMV，Gross Merchandise Volume，综合订单销售额。

[9] IPD，Integrated Product Development，集成产品开发。

[10] ISO，International Organization for Standardization，美国生产力与质量中心。

[11] ITR，Issue To Resolution，从问题到解决方案。

[12] KPI，Key Performance Indicator，关键绩效指标。

[13] LTC，Lead To Cash，从线索到回款。

[14] MECE，Mutually Exclusive Collectively Exhaustive，不重复无遗漏。

[15] MVP，Minimum Viable Product，最小可行产品。

[16] OEM，Original Equipment Manufacturer，原始设备制造商。

[17] ODM，Original Design Manufacture，原始设计制造商。

[18] PBS，Product Breakdown Structure，产品分解结构。

[19] PESTEL，Political（政治）、Economic（经济）、Social（社会）、Technological（技术）、Environment（生态环境）、Legal（法律法规）

的缩写。

[20] PMP，Project Management Professional，国际注册项目管理师。

[21] PQA，Product Quality Assurance，产品质量保证工程师。

[22] RDPM，R&D Project Management Methods，研发项目管理方法。

[23] SCQA，Situation（背景）、Complication（冲突或问题）、Question（议题）、Answer（解决方案）的缩写。

[24] SMART，Specific（明确的）、Measurable（可衡量的）、Attainable（可达成的）、Relevant（有相关性的）、Time-bound（有期限的）的缩写。

[25] SWOT，Strength（优势）、Weakness（劣势）、Opportunity（机会）、Threat（威胁）的缩写。

[26] TNT，trinitrotoluene，三硝基甲苯。

[27] $APPEALS，价格（$Price）、可获得性（Availability）、包装（Packaging）、性能（Performance）、易用性（Ease of use）、保证（Assurances）、生命周期成本（Life cycle costs）、社会接受程度（Social acceptance）八个要素的缩写。

参考文献

[1] 安宅和人. 麦肯锡教我的思考武器 [M]. 郭菀琪, 译. 郑州: 大象出版社, 2020.

[2] 加雷特, 菲尔普斯, 西博尼. 像高手一样解决问题 [M]. 魏薇, 孙经纬, 译. 杭州: 浙江教育出版社, 2021.

[3] 康恩, 麦克林. 所有问题, 七步解决 [M]. 杨清波, 译. 北京: 中信出版社, 2021.

[4] 费廖洛. 极简思考: 来自世界顶尖咨询公司的高效工作法 [M]. 世宜, 译. 北京: 九州出版社, 2018.

[5] 斋藤嘉则. 工作的原理: 发现问题篇 [M]. 朱悦玮, 译. 北京: 民主与建设出版社, 2020.

[6] 斋藤嘉则. 工作的原理: 解决问题篇 [M]. 朱悦玮, 译. 北京: 民主与建设出版社, 2020.

[7] 内田和成. 波士顿咨询工作法: 精准发现问题 [M]. 萧秋梅, 译. 北京: 中国友谊出版公司, 2022.

[8] 内田和成. 波士顿咨询工作法: 精准预测答案 [M]. 林慧如, 译. 北京: 中国友谊出版公司, 2022.

[9] 佩拉德. 战略思维 [M]. 王建志, 译. 北京: 中信出版集团, 2022.

[10] 明托. 金字塔原理 [M]. 汪洱, 高愉, 译. 海口: 南海出版公司, 2019.

[11] 弗里嘉. 麦肯锡工具 [M]. 赵银德, 季莹, 译. 北京: 机械工业出版社, 2010.

[12] 拉塞尔, 弗里嘉. 麦肯锡意识 [M]. 龚华燕, 译. 北京: 机械工业出版社, 2010.

[13] 拉塞尔.麦肯锡方法[M].张薇薇,译.北京:机械工业出版社,2010.

[14] 山梨广一.麦肯锡战略管理[M].朱悦伟,译.北京:时代华文书局,2023.

[15] 大岛祥誉.麦肯锡笔记思考法[M].沈海泳,译.南昌:江西人民出版社,2017.

[16] 齐藤显一,竹内里子.麦肯锡图表工作法[M].金磊,译.北京:中国友谊出版公司,2017.

[17] 珀尔,麦肯齐.为什么:关于因果关系的新科学[M].江生,于华,译.北京:中信出版社,2019.

[18] 布朗,基利.学会提问(原书第12版)[M].许蔚翰,吴礼敬,译.北京:机械工业出版社,2021.

[19] 高斯,温伯格.你的灯亮着吗?发现问题的真正所在[M].俞月圆,译.北京:人民邮电出版社,2014.

[20] 多贝里.清醒思考的艺术:你最好让别人去犯的52种思维错误[M].朱刘华,译.北京:中信出版社,2013.

[21] 纳福利克.用数据讲故事(修订版)[M].陆昊,吴梦颖,译.北京:人民邮电出版社,2022.

[22] Blank.四步创业法[M].七印部落,译.武汉:华中科技大学出版社,2012.

[23] 周建武.科学推理:逻辑与科学思维方法[M].北京:化学工业出版社,2017.